BRUNO WALTER

Von der Musik und vom

Musizieren

S. FISCHER VERLAG

© 1957 Bruno Walter
Druck und Einband:
Franz Spiegel Buch GmbH, Ulm
Printed in Germany 1986
ISBN 3-10-090506-7

INHALT

EINFÜHRUNG

Dies Buch ist als *Finale* zu »Thema und Variationen«, meiner Selbstbiographie, gedacht. Ich hatte ihr ursprünglich den Untertitel »Erinnerungen und Gedanken« gegeben, mußte aber während der Arbeit erkennen, daß sie nicht, oder nur zum Teil, halten würde, was jener Untertitel versprach: des Musikers Erinnerungen ließen seinen *Gedanken* zu wenig Raum. Aber ich fühlte mich als Biograph vor allem der Forderung des Zeitlichen, des Lebensverlaufs zwischen Kindheit und Alter, verpflichtet, und so kam es, daß die *Variationen*, das heißt die wechselvolle Folge von Erlebnissen, Ereignissen und Wandlungen in meinem Leben, den Hauptinhalt meines Berichts bildeten, während das *Thema*, mein Musiker-Ich, mehr indirekt aus den Variationen kenntlich wurde, als daß es, wie der Untertitel ankündigte, aus einer entsprechenden Fülle gedanklicher Äußerungen sich auch als Persönlichkeit vorgestellt hätte. Wie aber hätte ich außer den Erinnerungen des Musikers auch seine *Gedanken* im Rahmen einer Selbstbiographie darlegen können, ohne diesen zu sprengen? Das wird wohl aus dem Inhalt und Umfang der vorliegenden Ausführungen ersichtlich — denn diese enthalten solche Gedanken, wie sie eigentlich in den Plan meines früheren Buches gehörten, deren Darlegung ich aber damals aus dem erwähnten Grunde beträchtlich einzuschränken genötigt war. Ohnehin mangelt es »Thema und Variationen« nicht an nachdenklichen oder selbstbekennerischen Unterbrechungen des erzählenden Verlaufes: längere Strecken aber solch verweilenden Inhalts hätten sich als *Gewichtsverlagerung* ausgewirkt, unter der die Einheit und Geschlossenheit des Buches wohl zerbrochen wäre.

Diese Final-Variation nun soll die Fortsetzung und Ergänzung meiner Autobiographie bilden: Fortsetzung insofern, als meine Gedanken über Musik und Musizieren aus dem Musiker-Leben resultieren, von dem jenes frühere Buch erzählt, und daher gleichfalls autobiographischen Sinn haben — Ergänzung, weil meine Erkenntnisse in den letzten Jahren mancherlei Vermehrung und Vertiefung erfahren haben, wie das wohl auch meinem Alter gemäß ist.

Was mir meine Tätigkeit als dramatisch und symphonisch ausübender Musiker an musikhaftem Geistesgut eingebracht hat — eine stets wachsende und reifende Fülle an Erfahrungen, Einsichten, Gedanken und so weiter — will ich versuchen, hier schriftlich zu bewahren, so wie ein sorgsamer Haushälter bemüht ist, Erspartes nicht verlorengehen zu lassen. Auf formelle Geschlossenheit konnte ich freilich in einem Buch kaum zielen, das aus solcher Sammeltätigkeit entstanden ist. Aber mag seinem lockeren Zusammenhang auch die feste Fügung fehlen, so wird es dem tieferdringenden Blick, wie ich hoffe, doch seinen konzentrisch einheitlichen Sinn offenbaren. Denn all sein verschiedenartiger Inhalt entstand aus der einen Bemühung: in das Wesen der Musik und den Sinn des Musizierens einzudringen und das, was mir an dieser Altersmeditation mitteilbar und mitteilenswert erschien, auszusagen.

Die dem Dirigenten geltenden Kapitel sollen natürlich in erster Linie meinen jüngeren Kollegen und solchen Musikern, die sich unserem Berufe widmen wollen, zu praktischem Nutzen dienen. Trotzdem ist auch dieser Teil meiner Ausführungen nicht als *Lehrbuch* in der engeren Bedeutung des Wortes gemeint — wie alle anderen Kapitel sollen auch sie nur eine aus lebendigem Mitteilungsbedürfnis entstandene Darlegung von Erkenntnissen bieten. Ich wende mich damit also durchaus nicht nur an Musiker, sondern an alle, die Musik lieben, die in ihr leben, denen sie unentbehrliche Seelennahrung ist. Ich will berichten, bekennen, auch beraten — aber ich maße mir nicht an, zu belehren. Ja, eigentlich gilt für alles, was ich hier dem Leser zu sagen versuche, das Wort Wotans zu Brünnhilde: »Mit mir nur rat' ich, red' ich zu dir.«

Gedanken über den Ursprung der Musik

Vor zweieinhalb Jahrtausenden verkündete Pythagoras die Lehre von der Harmonie der Sphären. Niemals habe ich diese einem hohen Geist gewordene Offenbarung nur als das phantasievolle Erzeugnis erhabener Imagination aufgefaßt. Ich glaube daran, daß dem großen Menschheitslehrer sich Urtiefen der Natur im Klang eröffneten, daß er — wenn auch nicht mit dem physischen Ohr — die Harmonie der Sphären wirklich vernahm. Seine bedeutenden Einsichten und Lehren auf den Gebieten der Astronomie, der Mathematik, der Physik — verdanken wir ihm doch zum Beispiel eine klare Definition der musikalischen Intervalle — sprechen für den feierlichen Ernst auch jener Lehre. Denn was wir von der geistigen Persönlichkeit, dem Lebensschicksal und den Lehren des Pythagoras wissen, schließt aus, daß seine *Harmonie der Sphären* nur eine aus babylonischen Theorien übernommene, trocken physikalische Intervall-Beziehung zwischen den kreisenden Himmelskörpern bedeuten sollte. Wir brauchen wohl nicht zu bezweifeln, daß Pythagoras, die zentrale Gestalt einer religiösen Gemeinschaft, Verkünder von Unsterblichkeit und Seelenwanderung, wahrhaft vertraut mit den Gestirnen und ihren Bahnen und hingegeben tiefen geistigen Forschungen — wir brauchen wohl nicht zu bezweifeln, daß ein so hoch inspirierter Geist dazu veranlagt war, die Harmonie der Sphären mit dem inneren Ohr zu hören und als seelenbewegendes Geschehen zu erleben. Wenn die Schwingungen jener Urmusik sich keinem physischen Ohr mitteilen konnten, der höher organisierten Natur des Pythagoras dürfen wir die Gabe der Hellhörigkeit für das Ertönen der Sphären wohl zuschreiben.

Goethes Prolog zum Faust beginnt mit den Worten:

> Die Sonne tönt, nach alter Weise,
> In Brudersphären Wettgesang,

und wenn Ariel im zweiten Teil des Faust vom Sonnenaufgang sagt:

> Tönend wird für Geistesohren
> Schon der neue Tag geboren.

so dürfen wir auch hierin nicht etwa nur poetische Metaphern, sondern gleichfalls die Offenbarungen eines hellhörigen Eindringens in kosmische Vorgänge erkennen.

Der Alltag ist freilich geneigt, solche Erkenntnisse und Bekundungen einer gesteigerten Wahrnehmungsfähigkeit als »Schwärmende Einbildungen« abzutun, anstatt die klarere Erleuchtung und die weiteren Horizonte reicher veranlagter Naturen lernbereit und verehrend anzuerkennen. Doch auch der Alltagsnaturen dürfte es nicht allzu viele geben, die unter dem gestirnten Nachthimmel völlig unzugänglich blieben für eine erhabenere Deutung ihrer eigenen Berührtheit von jener Umwelt – ja, ich bin fast sicher, daß eigentlich die Seele jedes, nicht gänzlich stumpfen Menschen sich von der Macht des nächtlichen Firmaments in geheimnisvoller, musikhaft harmonischer Weise bewegt fühlt. Vielleicht deutet auch die Verbindung des »gestirnten Himmels über mir« mit dem »moralischen Gesetz in mir« in Kants edlem Wort auf einen Einfluß der Offenbarung des Pythagoras hin.

Der Gedanke einer zwar für das sinnliche Gehör nicht wahrnehmbaren, aber im Kosmos tönenden und waltenden Urmusik, wie sie Pytharogas' und Goethes Geistesohren erklang, ist mir mehr und mehr überzeugend geworden; denn aus solch hohem Ursprung begann ich das Werden und das Wesen unserer Kunst und ihre elementare Macht über des Menschen Seele allmählich tiefer zu begreifen. Als Geschöpf der Natur den Einwirkungen der kosmischen Vorgänge auf alles Irdische unterworfen, mußte der Mensch von früher Menschenkindheit an unter dem Einfluß jener Musik des Universums stehen; sein Organismus schwang in ihren klingenden Vibrationen mit und empfing ihre rhythmischen Impulse. Aus jenen, vom inneren Wesen der Welt kündenden sphärischen Vorgängen und von ihrer Auswirkung auf des Menschen Entwicklung stammt wohl seine musikalische Grundanlage, die dann — von einem dafür geeigneten Reifestadium seiner Sinneswachheit und geistigen Bewußtheit an — zur musikalischen Äußerung in lebendigem Klang aufblühen konnte.

Daraus würde folgen, daß von Natur aus jeder Mensch »musikalisch« sei — und das will ich in der Tat behaupten; aber nur in ähnlichem Sinn und Grade, wie er von Natur aus zum Sprechen oder zum Verstehen von Gesprochenem die Anlage hat. Wer eine einfache musikalische Phrase als eine zusammenhanglose Folge von Lauten empfände, wäre so völlig unmusikalisch, wie jemand gänzlich vernunftlos wäre, der einen einfachen, klaren Satz nicht nach seinem Sinn, sondern nur als eine Reihe unzusammenhängender Worte auffaßte. Eines dürfte so selten wie das andere vorkommen, und so darf man wohl die menschliche Fähigkeit, die Zusammengehörigkeit einer musikalischen Phrase oder eines gesprochenen Satzes als solche aufzufassen, normal und allgemein nennen. Ich will nicht die Möglichkeit leugnen, daß jemand Musik nur als unverständliches Geräusch empfinden könnte. Dabei aber handelte es sich dann um eine Verkümmerung oder das Fehlen einer zum vollen Wesen des Menschen gehörigen Fähigkeit, und solche Anomalie müßte als eine Ausnahme von einem allgemeingültigen Naturgesetz angesehen werden. Daß der Mensch elementar musikalisch veranlagt ist, schließt aber natürlich ebensowenig spezifisch musikalisches Talent ein, wie eine normale Sprech- und Denkfähigkeit eine dichterische Anlage. Worauf ich deuten will, ist die Musikhaftigkeit des Kosmos — die sich natürlich im Wesen seiner höheren Geschöpfe, der Menschen, auswirken muß — oder, in anderen Worten, die innere Beziehung zwischen Natur und Musik.

Die Entwicklung der Musik von einem elementar Lebendigen zur Kunst in unserem Sinn hängt eng mit der Seelengeschichte des Menschen zusammen und gewährt vielleicht einen tieferen Einblick in die Entfaltung seiner inneren Anlagen als seine Fortschritte auf anderen Kulturgebieten. In dem Werden der Tonkunst von dem früher erwähnten beginnenden Reifestadium an bis zur Schaffung unserer großen musikalischen Kunstwerke, offenbaren sich gleicherweise die schöpferischen Fähigkeiten des Menschen, wie der hohe Ursprung der Musik: denn nur der schöpferische Mensch vermochte die elementaren Möglichkeiten der Musik zu solcher Entwicklung zu bringen und sie im Lauf der Jahrhunderte zur ausdrucksmächtigen Seelensprache zu gestalten; und nur aus ursprunghaft transzendenten Kräften in der Musik läßt sich die entscheidende Anfachung seiner musikalischen Schaffenstriebe und die Richtung, die dann zu unserer Musik führen mußte, verstehen. Im Gegensatz zum Bildhauer, der lebloses Material zum Kunstwerk formt, hat der Komponist sein Werk aus lebendigen, immateriellen Tönen zu gestalten, deren wesenseigene Gesetze seinem Schaffen ihre Impulse mitteilen. So erklingt in dem Werk der schöpferischen Phantasie des Komponisten zugleich das

Eigenwesen der Musik als ein überpersönlicher unirdischer Laut, der in der persönlichen, sich im Irdischen ereignenden Tonsprache unserer großen Meister mitschwingt und von ihrer hohen Ursprungssphäre kündet.

Auch Musiker haben für jenes innere Ertönen des Universums Zeugnis abgelegt. Mit den Worten des Gellertschen Gedichtes »Die Ehre Gottes in der Natur« bestätigt die elementare Tonsprache Beethovens, aus der feierliche Überzeugung klingt, die Wahrbotschaft des frommen Dichters: »Die Himmel rühmen des Ewigen Ehre — *Ihr Schall* pflanzt seinen Namen fort.« — Ein verwandtes Dichterzeugnis vom inneren Tönen der Welt hat einen anderen schöpferischen Musiker, Robert Schumann, zu so ahnungsvollem Verstehen erleuchtet, daß er seiner Zustimmung und Ergriffenheit in der hoch inspirierten Klavierphantasie in C-Dur Ausdruck gegeben hat. Die seltsamen Verse Friedrich Schlegels, denen wir Schumanns tiefes Werk verdanken, und die er ihm als Motto vorangestellt hat, lauten:

> Durch alle Töne tönet
> Im bunten Erdentraum
> Ein leiser Ton gezogen
> Für den, der heimlich lauscht.

Der Dichter kann mit »allen Tönen im bunten Erdentraum« nur die sinnlich hörbaren Laute entweder des menschlichen Treibens oder der irdischen Natur meinen, wie Rauschen des Waldes, Branden des Meeres, Vogelruf, Donner, Sturm und andere Register des Tönenden in der Buntheit des Erdentraumes. Durch all dies elementarische Getön aber vernimmt der »heimlich«-innerlich Lauschende einen Klang aus anderen als den irdischen Sphären. Von lebhaft bewegten Tonstücken an, deren Rhythmen und Melodien den Menschen sogar bis ins Körperliche tänzerisch beschwingen, über das weite Reich der musikalischen Ausdrucksgebiete hin bis zur

Verklärtheit eines Brucknerschen langsamen Satzes weist alle schaffende und nachschaffende musikalische Betätigung des Menschen auf ihren Ursprung aus den Sphären der kreisenden Gestirne. So ist unsere Musik, in deren zeitlichem Ertönen ihr ewiges Wesen als Urlaut mitschwingt, nicht nur eine Kunst von bestimmendem Einfluß auf unser kulturelles Leben — sie ist auch eine Botschaft aus außerirdischen Regionen, die uns auf unsere eigene höhere Abkunft mahnend hinweist.

Gedanken über das Wesen der Musik

Ich habe von Jugend an geahnt, daß es mit der Musik noch eine andere Bewandtnis als die nur künstlerische haben müsse. Schon damals widerstrebte mir, sie als Kunst den anderen Künsten an die Seite zu stellen. Die Natur bietet dem *bildenden* künstlerischen Talent des Menschen in den sichtbaren Formen und Farben ihrer Reiche Gegenstände und Vorgänge, die durch sein Auge auf seine Seele wirken; aus der Fülle des Sichtbaren springt der mächtige Antrieb zu seiner künstlerischen Darstellung über auf das schaffende Talent. Nichts dem Entsprechendes empfängt der Sinn des Gehörs von der Natur: was sich in ihr an sinnlich Hörbarem ereignet, kann nicht als Antrieb zu künstlerischer Wiedergabe — analog dem Vorgang im Reich des Sichtbaren — auf das Talent eines Hörenden überspringen. So konnte es denn auch nie das sinnlich Hörbare sein — außer in gelegentlichen Sonderfällen, wie Vogelruf und Gewitter in Beethovens Pastorale —, das zum Gegenstand des musikalischen Schaffens wurde. Denn es ist ja nicht das sinnliche Ohr — obgleich es ein seelennäheres Organ ist als das Auge —, dem jenes »innere Wesen der Welt« erklingt, das, gemäß einer tiefen philosophischen Definition, von der Musik dargestellt wird; ein Seelenorgan, das wir mit gutem Recht ein *inneres Ohr* nennen dürfen, empfängt den mächtigen Antrieb zur musikalischen Darstellung, der ihm aus dem *inneren* Wesen der Schöpfung zuströmt.

So wurde mir aus meinem täglichen Erleben und wachsend tiefem Erfühlen der Musik allmählich immer klarer, daß sie eine Welt für sich sei, fern den anderen Künsten, daß der mächtige offenbare Strom unserer Musik aus einem eigensten verborgenen Quellengebiet stamme und sich nähre, das nicht in der realen Welt liegt. Immer erklang mir aus der Musik etwas geheimnisvoll Jenseitiges, das mir tief das Herz bewegte und mit beredter Überzeugungskraft auf einen transzendenten Inhalt hinwies.

Ich spreche hier natürlich von der Musik im allgemeinen, das heißt von der absoluten sowohl, die nichts als Musik ist, wie von der vokalen, die vom Wort beeinflußt wird. Doch nur scheinbar ist die letztere eine gegenständliche darstellende Kunst, deren Aufgabe hauptsächlich etwa in der schildernden Vertonung der Worte bestünde; tatsächlich vermag sie, während sie dem Sinn des Wortes Genüge tut, zugleich ihre volle eigengesetzlich musikalische Macht jenseits des Bereiches des Wortes zu entfalten. Sie nimmt das Wort mit auf ihren Flug durch ihr grenzenloses Eigengebiet, sie wandelt seinen Sinn in Musik, löst ihn in Musik auf, und so ist auch die Vokalmusik, wenigstens in den Werken der großen Meister, voll und ganz Musik. Die Tonkunst, aus kosmischen Ursprüngen stammend, empfing im Laufe ihrer Entwicklung durch das schöpferisch musikalische Genie des Menschen eine Steigerung ihrer Ausdrucksmacht bis ins Menschlich-Persönlichste, so daß Schopenhauer von ihr sagen konnte, sie gälte nichts anderem als »unserem Wohl und Wehe«. Das aber ist — in seinem weitesten Sinn — überhaupt ein Grundthema jedes Menschenlebens, und so erklärt sich die unvergleichlich innige Beziehung des fühlenden Menschen zur Musik daraus, daß er in ihrem mächtigen symphonischen Weltenlaut zugleich sein eigenes Herz vernimmt.

Sehen wir ab von dem, was die Musik *ausdrückt*, wenden wir unseren Blick auf sie selbst, auf ihr Wesen, auf die hohe Ordnung in dem klingenden, bewegten Universum, das wir Musik nennen, in dem unverkennbar ein schaffendes Geistiges wirkt und sich offenbart, so erscheint sie uns als ein Gleichnis zur Schöpfung selber, in der der Logos waltet. Ich glaube sogar, daß dem Menschen kein unmittelbarerer Zugang zum Erahnen des Logos und seines Wirkens gegeben ist als durch die Musik, die von seinem göttlich schöpferischen und ordnenden Wesen tönende Kunde gibt.

Nicht nur musikfremde Naturen mögen es ablehnen, den Begriff der Musik, des musikalischen Schaffens und der nachschöpferischen Aufgaben in eine so hohe Vergleichslinie zu stellen. Man kann im gewöhnlichen Sinne des Wortes musikalisch sein, man kann Musik lieben und sogar mit Talent ausüben, und doch eine höhere als die rein-künstlerische Einschätzung der Musik *verstiegen* finden. Woher aber kommt es, sollten sich solche Skeptiker fragen, daß seit jeher die Musik zu fast jeder bedeutenden gemeinsamen Feierlichkeit im Leben der Völker und insbesondere zu jenen feierlichen Handlungen, deren Sinn über das Irdische hinausweist, herangezogen wurde? Ist uns doch die kultische Verwendung der Musik zum Beispiel bei den Griechen bis zurück zur Zeit Homers bekannt. Diese Wirkung der Musik als Erhöhung der Feierlichkeit kann, glaube ich, nur daraus verstanden werden, daß sie *nach oben* weist; der tröstende Einfluß, den sie auf leidende Menschen ausübt, mag daher rühren, daß der oft als so sinnlos und quälend empfundene *Text* des Lebens — um in Schopenhauers kühner Metapher zu bleiben — in der Deutung durch die *Melodie* als sinnvoll

erahnt wird. So ist auch seit jeher die Komposition geistlicher Texte wie der musikalische Teil des Gottesdienstes
als eine legitime Anwendung der Musik betrachtet worden,
und selbst diejenigen, die eine andere als die nur ästhetische
Einschätzung der Musik ablehnen, dürften die Vertonung
geistlicher Texte als *natürlich* und zum Gebiet der Musik
gehörend empfinden. Der religiösen Gesinnung ebenso wie
der *nur-musikalischen* Einstellung ist denn auch die Verbindung von Musik mit Religion durchaus einleuchtend gewesen. Die Weltbedeutung von Werken wie Bachs Matthäus-Passion oder seiner h-Moll-Messe, Mozarts Requiem,
Beethovens Missa Solemnis, Händels Messias, Bruckners
Tedeum und so weiter, erwächst nicht nur aus der Bewunderung für ihre besondere künstlerische Höhe, sondern auch
aus der allgemeinen Überzeugung, daß das Wesen der Musik dem Religiösen angemessen ist.

Aus dieser Wesensnähe zur Religion folgt natürlich keineswegs, daß die Musik nur in Verbindung mit Worten
oder Vorstellungen aus der Sphäre des Religiösen an unsere
Seele mit ihrer transzendentalen Kunde rührt. Im Gegenteil! Sie vollbringt das unvergleichlich machtvoller noch
allein, denn sie entfaltet ihre Beredsamkeit zur höchsten
Eindringlichkeit in der absoluten, vor allem in der symphonischen Musik. Es sind gerade die Höchstformen der absoluten Musik, in denen sich das Walten des Logos am klarsten spiegelt und von uns gleichnishaft erahnt werden kann.
Angesichts der unübersehbaren Mannigfaltigkeit und der
Weite ihres Gebietes entstehen aber zugleich Fragen wie
die: ist der Musik die transzendentale Bedeutung durchaus
eigen, oder kommt sie nur ihren höchsten Äußerungen zu?
Und wie ist es denn überhaupt zu verstehen, daß sie, die
Hohe, heruntersteigen kann bis ins Banale und Vulgäre,
daß man auch noch das Musik nennen soll, was da dröh-
nend aus Tanz- und Trink-Lokalen schallt oder uns aus der

karikaturhaften Melodik, Harmonik, Rhythmik und Instrumentation des Jazz oder ihm verwandter Tanzmusik entgegenkreischt oder -winselt?

Darauf wäre zunächst zu erwidern, daß es ja »Musik an sich« nicht gibt, sondern daß sie nur als Schöpfung von Komponisten in deren Werken existiert und somit der Kunstwert und der Gesamtcharakter jeder Komposition vom Talent und Können, von der Inspiration und Intention, von den geistigen und ethischen Qualitäten ihres Schöpfers abhängt — das Wesen der Musik, wie das jeder anderen Kunst, kann also von erlesenen Persönlichkeiten zum höchsten gesteigert, von unfähigen, abirrenden oder minderwertigen bis zur Unkenntlichkeit herabgewürdigt werden.

Doch ist die Musik, worauf ich bereits hingewiesen habe, nicht bloßes *Material*, der Hand des Komponisten wehrlos zu jeder beliebigen Verwendung zur Verfügung, so wie der gestaltlose tote Ton der Hand des Bildhauers. Die Elemente, aus denen die Musik besteht, sozusagen die Zellen, aus denen die musikalischen Organismen gebildet werden, haben ihr eigenes Leben, sie lassen sich nur im Sinne einer ihnen innewohnenden Gesetzlichkeit verbinden, der die musikalische Sprache unterworfen ist, wie die Wortsprache der Grammatik. Da sind die zwölf Töne, aus deren Verbindungen zu Zusammenklängen und Folgen, aus deren zeitlichen Beziehungen untereinander, deren Gruppierungen und so weiter, der Komponist sein Musikstück bilden muß. Und in den kühnsten wie einfachsten Kombinationen walten lebendig jene Elementargesetze, deren Erkenntnis und Klarlegung sich die Musiktheorie zur Aufgabe gemacht hat. Der Komponist, der unbewußt oder bewußt gegen diese Urregeln verstoßen würde, könnte nur *Unmusik* schreiben.

Ich rede hier nur von der tonalen Musik, denn ein musikalischer Ablauf ohne tonale Beziehungen, in einem imaginären atonalen Bereiche, erscheint mir amusikalisch. Jene

Urregeln sind seit jeher jedem musikalischen Sinn als natürlich, das heißt als im Wesen der Musik begründet, erschienen, und die Rebellion der Atonalen gegen sie ist nicht sinnvoller als es eine Auflehnung gegen physikalische Gesetze
wäre.

Vertrautheit mit der erwähnten immanenten Gesetzlichkeit in der Funktion der musikalischen Elemente war mir,
wie jedem Musiker, angeboren, und theoretische Studien
konnten uns nur bestätigen, was wir von Natur aus wuß-
ten und im täglichen Musizieren erfuhren. Und wie ich in
meiner Schrift »Von den moralischen Kräften in der Musik«
ausführte, scheint mir an jenem Eigenleben der musikalischen Elemente vor allem bedeutungsvoll das Streben der
Dissonanz nach Auflösung in die Konsonanz. Ein Konflikt
erstrebt Lösung, Unruhe wünscht in die Ruhe überzugehen.
Ich glaube, mich nicht zu irren, wenn ich hierin ein Gleichnis
zu einem inneren Weltgesetz erblicke, ich vermute sogar,
daß ein tieferer Blick als der meine in diesem *Elementar-
Vorgang* in der Musik, dem Drang zum Frieden hin und zur
Versöhnung, eine Qualität findet, die ihrer Eignung zum
Träger der hohen Botschaft, von der ich sprach, zugrunde
liegen mag.

Da nun jede Komposition aus einer Verbindung solcher
Elemente besteht, in der die immanenten Gesetze wirksam
sind, so sollte eigentlich auch das niedrigste Musikstück
durch das Wirken jener elementaren Eigenkräfte immer
noch eine Spur des Hohen zeigen, das der Musik wesens-
eigen ist. Und oft schon habe ich mich gefragt, ob dem nicht
wirklich so ist und ob vielleicht gerade aus dem kontrastie-
renden Beigeschmack, den der himmlische Tropfen auch dem
trivialsten musikalischen Gebräu gibt, dessen beklagens-
werte Anziehungskraft herrühren mag.

Während die Elementargesetze der Wortsprache, die wir
Grammatik nennen, rationaler Art sind, erkenne ich in

denen der musikalischen Sprache eine emotionale Qualität. Das Streben aus der Bewegtheit, der Unruhe, dem Konflikt, zum Frieden, zur Ruhe, hat, da ja nach vorübergehenden Befriedigungen in der Konsonanz und erneuten Konflikten am Schluß stets die endgültige Konsonanz erreicht wird, die optimistische Grundbedeutung einer Verheißung. Und so mag es sich vielleicht erklären, daß auch das düsterste Musikstück uns nicht trostlos entläßt. Durch das *Nein* einer tragischen Komposition hindurch vernehmen wir das tröstende *Ja* des Elementes selbst, in dem sie sich ausdrückt, und wir finden in der Musik bestätigt, was sich Nietzsches mitternächtlichem Blick in die Welt erschloß: »Lust ist tiefer als Herzeleid.«

In der meisterhaften Novelle Grillparzers »Der arme Spielmann« lesen wir, wie er diesen demütigsten Anbeter der Musik bei verzücktem, einsamem Musizieren auf der Geige belauschte; ein einzelner Ton war es, den er immer wieder griff und anstrich, in intensivem An- und Abschwellen genießend aushielt, dann mit der Quart, dann mit der Quint, dann mit der Terz abwechselte und in dieser einfachsten Erzeugung von einzelnen Tönen und gelegentlichem Wechsel augenscheinlich ein tiefes Glück empfand.

Und muß man dem armen Spielmann nicht zugeben, daß der bloße Klang auf bestimmter Tonhöhe — im Gegensatz zu der unbestimmten des gesprochenen Wortes — bereits auf unser Gefühl einwirkt? Selbst der einzelne musikalische Ton, dieser bescheidenste Bote aus der hohen Sphäre der Musik, enthält also ein wenig von der emotionalen Qualität, die wir in ihren Elementen finden und die aus den gewaltigen Werken der musikalischen Schöpfer, zu seelischen Offenbarungen gesteigert, uns entgegenflutet und unsere Herzen erschüttert.

VOM MUSIZIEREN

Ich und der Andere

Von der musikalischen Interpretation

Aus meiner Kindheit erinnere ich mich deutlich, wie ich mit
meinen Fortschritten im Klavierspiel mir immer klarer meiner eigenen Seele, meines Ich, bewußt wurde. *Mich* fühlte
ich immer drängender, *mich* hörte ich immer vernehmlicher
in meinem schwelgerischen Musizieren, und wenn ich auch
mit Freude, ja oft mit Rührung und Ergriffenheit, die Musikstücke in mein Herz aufnahm, die ich spielte, so blieb es
doch durch Jahre meiner Kindheit vorwiegend der Genuß
an meinem eigenen Klavierspiel, der mein Verhältnis zur
Musik bestimmte. Die Lust daran, daß ich die Macht der
Töne mit meinen Händen, mit meinem Herzen entfesseln
konnte, beglückte mich; und was es war, das ich spielte, nur
insofern, als ich darin meiner eigenen Begabung und meinen eigenen Gefühlen Ausdruck geben konnte. Ich schwelgte
darin, den Glanz des Forte, die Sanftheit des Piano mit meinen Fingern hervorzubringen, ich war glücklich, wenn es
mir gelang, die lyrischen Themen in sorgfältigem legato
singen zu machen, ich genoß die Geläufigkeit der Finger, die
Lebendigkeit rhythmischen Schwunges. Immer mehr stand
mein ganzes Wesen im Bann des Musizierens, mein Tempe-
rament brannte darin auf, und mein Herz goß seine Wärme
hinein. So erinnere ich mich also mit aller Sicherheit, daß

ich als Kind nicht mittels meines Talentes zum Verständnis und Genuß der Werke zu gelangen strebte, sondern daß, umgekehrt, die Werke mir zunächst nur dazu dienten, mich an meinem eigenen Talent zu erfreuen.

In späteren Jahren der Kindheit änderte sich dann allmählich meine Beziehung zur Musik: die Mozartsche Klavier-Phantasie in c-Moll sagte mir bald mehr als ich noch damit zu sagen wußte. Ohne zu spielen saß ich vor dem cis-Moll-Präludium des Wohltemperierten Klaviers und versank in seine Melancholie. Je bedeutender die Werke wurden, mit denen ich mich beschäftigte, desto entschiedener veränderte sich nun in mir das Verhältnis zwischen Ausführen und Ausgeführtem. Die romantische Erfülltheit der Schumann-schen Klavier-Phantasie in C-Dur wurde mir zum Ent-zücken, unendlich tiefer als die bloße Freude an einem idealen Objekt zur Betätigung pianistischen Ausdrucksreich-tums. Diese definitive Wendung zur Suprematie des Wer-kes in meinem Musikerdasein vollendete sich dann, als — etwa in den Jahren der Adoleszenz — die symphonische Literatur und die Quartette Beethovens mir ihre Welt er-öffnet hatten.

Vom psychologischen Blickpunkt aus betrachtet erscheint jenes Stadium der Entwicklung durchaus verständlich, in welchem dem jungen Musiker die Kompositionen, die er zum Klingen bringt, hauptsächlich dazu dienen, seine eige-nen Flügel zu entfalten und seine Flugkraft zu betätigen. Noch kann er ja weder die musikalische noch die geistige Reife erlangt haben, in die Tiefen eines Kunstwerks einzu-dringen, noch fehlt es ihm an Erfahrung, Kenntnis und Wissen, es in seinen Einzelheiten oder gar in seiner Gesamt-heit zu würdigen. Was ist natürlicher, als daß sich das musi-kalische Talent zuerst hauptsächlich als *Musizierlust an sich* äußert? Im Musizieren können sich jugendliches Tempera-ment und Enthusiasmus des Musizierenden, können sich

Singseligkeit und rhythmisches Feuer ausleben, im Musizieren befreit sich die junge, hochstrebende Seele vom Alltag, wird vom Element der Musik erhoben und getragen — das Ich fühlt sich und seine Kräfte.

Wenn dann nach Jahren des Reifens, des allmählichen Erfassens des Werks als Offenbarung schöpferischer Inspiration, der Komponist und sein Schaffen zur *beherrschenden* Macht in unserem Innenleben geworden sind, wenn wir unser Ich in den *Dienst* an diesem Anderen und seinem Werk gestellt haben — wird dann wohl aus unserem Musizieren der Ich-Klang verschwinden? Wird die Lust an der Ausübung des eigenen Talentes nicht mehr zu den Antrieben beim Musizieren gehören? Ist sie etwa einer demütigen Unterordnung unter die Intentionen des Anderen gewichen? Die Antwort darauf ist ein emphatisches Nein. Wenn der Pianist in seiner Interpretation des Beethovenschen Es-Dur-Konzertes völlig Beethovens Genius dienen und dessen dithyrambisches Werk zum Klingen bringen will, so bedeutet das keinen Akt unterwürfiger Selbstausschaltung. Im Gegenteil: Das Vorhaben kann ihm sogar nur gelingen bei voller Entfaltung seines Ich, durch dessen Steigerung zu seinen äußersten Möglichkeiten. Was denn hat er einzusetzen, um das Feuer, die Anmut, die Schwermut, die Leidenschaft im Werk des Komponisten zur Wirkung zu bringen als das eigene Feuer, die eigene Anmut, Schwermut und Leidenschaft? Je bedeutender der Ausführende, desto mächtiger vermag er das Werk wiederzugeben. Der unbedeutende Interpret zieht die bedeutende Komposition in seine laue persönliche Sphäre herunter, seine Schwäche trübt ihre Schönheit und verhüllt ihre Tiefe; in seiner Unklarheit verwirrt sich ihre Klarheit. Es bedarf der Größe, um Größe zu verstehen und auszudrücken; es bedarf eigener Zartheit und Leidenschaft, um *des Anderen* Zartheit und Leidenschaft zu empfinden und wiederzugeben; es bedarf des

Feuers des Apostels, um das Feuer des Propheten zu verbreiten. Kurz — worauf ich schon in meiner Schrift über Gustav Mahler hingewiesen habe —, nur ein bedeutendes nachschöpferisches Ich vermag in das Werk eines großen schöpferischen Anderen einzudringen und es zu verkünden.

Der ideale musikalische Interpret wird also der sein, der, ganz vom Werk erfüllt, ganz auf das Werk gerichtet ist, *zugleich* aber die volle Kraft der eigenen Persönlichkeit, damit auch die Lust an der Betätigung des eigenen Talentes für die Wiedergabe des Werkes einsetzt, der also die Musizierlust seiner jungen Jahre bewahrt hat und sein eigenstes Wesen in die Interpretation ergießen darf, weil es mit dem des Komponisten eine innige Verbindung eingegangen ist. Wenn ich aber auch Beethovens Hammerklaviersonate völlig erfaßt habe, das heißt wenn ich in den musikalischen Sinn, in die emotionale Tiefe jeder Einzelheit eingedrungen bin, wenn mir ihre Form klar geworden ist, so folgt daraus noch immer nicht, daß ich sie nun auch *beethovenisch* spielen kann, daß ihre prometheische Herkunft aus meiner Interpretation erklingen wird. Das vielfältige Bemühen um die unzähligen Einzelheiten mag uns immer wieder mit Beethoven selbst in Berührung bringen, wir mögen uns in die einmalige Sphäre gerade dieses Werks eingefühlt haben — jedes große Kunstwerk ist eine Welt für sich —, noch immer ist damit erst die Vorbedingung für eine authentische Interpretation gegeben.

Denn das Nachschaffen vollzieht sich in zwei Akten mit entgegengesetzten Vorzeichen: *Aufnehmen* heißt es beim ersten, *Wiedergeben* beim zweiten. Das Gelingen dieses zweiten Aktes hängt zwar von dem des ersten ab, folgt aber noch keineswegs daraus. Ein teilweiser *Schichtwechsel* findet zwischen beiden statt, andere seelische Kräfte wirken in der Wiedergabe als in der Aufnahme, und vom Gleichgewicht jener Kräftegruppen hängt das Gelingen unserer Aufgabe ab. Häufig finden wir in Musikern die Fähigkeit des Aufnehmens stärker entwickelt als die des Ausführens, und es erregt dann unser Mitgefühl, zu sehen, wie jemand ein Kunstwerk tief verstehen und doch in der Ausführung versagen kann. Wie oft erleben wir es, daß sogar der Komponist dem eigenen, ihm doch gewiß tief vertrauten Werk ein schwacher Interpret ist. Auch das umgekehrte Mißverhältnis zwischen Erfassen und Wiedergeben begegnet uns, wenngleich vielleicht seltener; wir finden manche charakteristischen Vorzüge des ausführenden Musikers, die sich mitteilende Kraft einer interessanten Persönlichkeit, Feuer, Farbigkeit, Energie, lyrischen Sinn und Brillanz vereint in einem Interpreten, der in den wahren Sinn der Werke nicht einzudringen vermag oder nicht mit allem Ernst darum bemüht ist. Hier sehen wir den Typus des Virtuosen, dem es gemäß seiner Anlage weit mehr auf den Reiz der Ausführung als auf die Erschließung des Werks ankommt; das Werk wird in dem Schatten bleiben, den seine glänzende Persönlichkeit wirft.

Wie aber folgt im Glücksfall des Gleichgewichts in unserem Kräfte-Haushalt die Ausführung aus der Einfühlung? Wie setzt sich der geistig betonte, in allmählichem Fortschritt verlaufende erste Akt — die Erfassung des Werkes — in den dynamischen, zeitlich fest gebundenen Akt II — die Ausführung — um? Nun, das spezifisch interpretative Talent kennt eine nachschöpferische Inspiration, die das gesamte vielfältige Ergebnis des allmählichen Studiums eines Werkes, die Annäherung an den Komponisten, in *einen* Akt des spontanen Ergießens zusammenfaßt — kennt eine Inspiration, die in ihm die gleiche besondere Sphäre nachschafft, in der sich die *schöpferische* Inspiration ereignet hatte. Auf diese Weise entsteht, was wir eine authentische Aufführung nennen dürfen. Und nur wenn ich eine Komposition so spiele, daß aus allen Einzelheiten meiner Aufführung der schöpferische Impuls nachklingt, der sie hervorgerufen, dann habe ich das Werk authentisch wiedergegeben.

Werfen wir einen Blick in das andersartige, aber doch verwandte Gebiet des Schauspiels — verwandt, weil auch hier ein in der Niederschrift überliefertes Kunstwerk durch nachschaffendes Talent zu der vom Autor geplanten lebendigen Wirklichkeit erstehen soll. Der Schauspieler, der sich mit Hamlet, seinem Charakter, seinen Problemen, seinen Leiden, seinem Schicksal aus Shakespeares Drama ganz vertraut gemacht hat, der die Verse, die er zu sprechen hat, beherrscht, der sich seinem Helden im Wesen, oder wenigstens in charakteristischen Zügen, verwandt fühlt, wird dadurch noch immer nicht befähigt sein, Shakespeares Hamlet auf der Bühne darzustellen. All das ist auch im Falle des Schauspielers erst Vorbereitung und Vorbedingung, aus denen die nachschöpferische Inspiration entspringen muß. In ihr wird sich dann die Summe all jener Erkenntnisse zu einer Gesamt-Vision von Hamlet verdichten, zu einem klaren Bild der Phantasie, in das sich der Schauspieler so *hineinversetzen* kann, daß er unwillkürlich zum Hamlet wird. Aussehen, Gang, Gebärden, Sprechweise, modeln sich nach diesem inneren Phantasiebild, in das er sich nun *verwandelt*.

In meiner Autobiographie erwähnte ich das schauspielerische Genie Mitterwurzers und nannte ihn einen Proteus. Er konnte durch einen elementaren Impuls seines Talentes zu einem völlig anderen Menschen in Erscheinung, Stimme, Gang und Gestikulation werden, und seine Verwandlungsfähigkeit bewährte sich an grundverschiedenen Figuren, wie Goethes Mephisto, Schillers Wallenstein, der drolligen Gestalt eines sächsischen Theaterdirektors und so weiter. Ein ähnlich erstaunliches Talent fand ich in Albert Bassermann: der Ulrik Brendel des damals noch ziemlich jungen Schauspielers war ganz und gar die erschütternde Gestalt eines

Gealterten und Verfallenden mit den Spuren ehemaliger Größe und Gewalt, und die tief glaubhafte Leistung in Ibsens »Rosmersholm« konnte in ihrer geschlossenen Einheitlichkeit nichts anderes sein als das Resultat eines *plötzlichen* visionären Erfassens der Ibsenschen Figur und daraus folgender spontaner Verwandlung in sie.

Die Aufgabe des Schauspielers gleicht der des nachschaffenden Musikers insofern, als es auch in seinem Fall der »Andere« ist, der Schöpferische, der Dichter, in den er sich einzufühlen, an dessen Phantasie er die seine zu entzünden hat, dessen Werk, in stumme Schriftzeichen gebannt, er mit den Kräften seines Ich zu vollem Leben in Bewegung und Rede erwecken soll. Seine Aufgabe besteht also, wie die unsere, im Aufnehmen und Wiedergeben. Doch läßt sich aus den stummen Schriftzeichen der Musik, aus dem Notenbild und den Vorschriften des Komponisten, ein unvergleichlich höherer Grad der Sicherheit für eine authentische Wiedergabe gewinnen als aus den Worten und Anweisungen eines dramatischen Dichters. Nichts enthalten diese letzteren über den Wechsel in der Tonhöhe, der doch so wichtig für Sinngebung und Beseelung des Gesprochenen ist, nichts Bestimmtes über das Tempo der Szene, nichts über das Verweilen auf diesem Wort, das Eilen in jenem Satz, als höchstens allgemeine, vieldeutige Angaben. Welch genaue Hinweise auf Sinn und Ausdruck einer Phrase dagegen enthält die musikalische Niederschrift, die durch eindeutige Notierung der Tonhöhe und der rhythmischen Beziehungen der Töne untereinander ein so viel klareres Bild der Intentionen des Autors zu geben vermag, und deren dynamische Bezeichnungen, Tempo-Vorschriften und so weiter uns als ebenso viele Wegweiser zur Wiedergabe des Werkes im Sinn des Komponisten dienen!

Wieviel komplexer noch müssen uns überhaupt die Probleme des Schauspielers erscheinen als die des nachschaffenden Musikers, wenn wir die *sichtbare* Seite seiner Aufgabe in Betracht ziehen! Aus den im Vergleich mit dem Notenbild so kargen Hinweisen der Wortschrift auf das Phantasiebild des Dichters soll ihm ja nicht nur Sinn und Seele der Worte, nein, ihm müssen daraus die Gestalten der Dramen leiblich erscheinen, er soll sie vor sich sehen, wie sie sich bewegen, wie sie gestikulieren, wie sie sich gegeneinander verhalten, und dabei soll seine Phantasie sich stets in der Sphäre des Nachschaffens halten, seine Vision soll gebunden bleiben an die des Dichters, wie sie sich in dessen Werk und Wort offenbart.

Der Vergleich will nicht *ganz* stimmen — ich weiß es wohl. Des Schauspielers nachschaffendes Bemühen gilt ja nur *einer* der Gestalten im Drama, während es beim Musiker um die Wiedergabe eines ganzen Werkes geht. Das Ganze des *Dramas* aus der Schrift ins Leben zu rufen ist aber Sache des Schauspielregisseurs, und somit schiene eigentlich er geeigneter für den Vergleich mit dem nachschaffenden Musiker als der Schauspieler. Doch bleibt die Verlebendigung des Dramas durch den Regisseur *indirekt*; zwischen ihm und dem Anderen, dessen Werk er nachschaffen soll, steht ein Dritter: der Schauspieler; und der ist es, der sich selbst, sein Ich, in die vom Dichter geschaffene Gestalt verwandeln, der ihr Leben mit seinem Leben erfüllen muß. So bot sich mir der Schauspieler — trotz seiner nur partiellen Aufgabe im Vergleich mit der totalen des Musikers — eher zum Vergleich zwischen zwei Formen des Nachschaffens, denen wir bei aller Verschiedenheit ihre Verwandtschaft im Wesentlichen zuerkennen müssen.

Während aber dem Schauspieler aus den Worten des Dichters Gestalten erstehen, die aussehen, reden und sich bewegen, wie er es an Menschen der hellen, wirklichen Welt erfahren hat, steigt für uns Musiker aus dem Notenbild die dunkle Welt des Klanges auf, mit ihren irrationalen Gebilden, eine Art faustischen »Reichs der Mütter«, zu dem uns nur der magische Schlüssel des musikalischen Talents den Zugang schafft. Da finden wir eine geheimnisvollere Wirklichkeit als die der von Menschen erfüllten Welt des Schauspielers, und doch ist sie uns Musikern nicht minder vertraut als ihm die seine. Wir erfassen ihre Gebilde und deren Abwandlungen, Verschlingungen, Entwicklungen als ein Lebendiges, in das wir uns *hineinversetzen* können so wie er in Wesen und Schicksal der dramatischen Gestalten. Und so gibt es auch für den nachschaffenden Musiker einen Weg von der Einfühlung in seinen Gegenstand zur Wiedergabe — analog dem des Schauspielers — einen Weg vom Ich in den Anderen. Denn auch wir *verwandeln* uns: der Pianist identifiziert sich mit dem Beethovenschen Es-Dur-Konzert, wenn er es spielt, die Trennung zwischen dem *Ich* des Ausführenden und dem des *Anderen*, des Komponisten, wird aufgehoben. Das Principium individuationis schmilzt im Feuer solcher mystisch-musikalischen Vereinigung, und nichts kann realer sein, nichts können wir mit so tiefer Sicherheit empfinden als diesen geheimnisvollen Akt der Einswerdung zwischen uns, dem Werk und seinem Schöpfer.

»Ich! Ich fahre ja«, ruft Dostojewskijs Dmitri Karamasow in höchster Ekstase dem Fahrer des Schlittens zu, als er dahinjagt zur Entscheidung seines Lebens. Und *so* fühlt auch der nachschaffende Musiker in seinem großen Moment, wenn ein bedeutendes Werk alle seine Kräfte aufruft. Nicht klein und bescheiden macht ihn die Aufgabe, wie könnte Kleinheit und Bescheidenheit das Mächtige überzeugend verkünden? Nein, *sein* Ich steigert sich, steigert sich zum Äußersten. »Er! Er fährt ja«, das heißt er steht im Mittelpunkt des Geschehens, von ihm geht es aus, er ist alles. »Ich« und Werk und Schöpfer, und es gibt da keinen »Anderen« und kein »Anderes« mehr in diesem gesteigerten, verwandelten »Ich« und in dem, was aus ihm klingt.

Ich muß aber hinzufügen, daß kein Ringen um den inneren Sinn, den Stil, die Eigenheit eines Werkes erfolgreich sein kann, wenn nicht Wesensverwandtschaft des Ausführenden mit dem Komponisten ihm den Weg in des letzteren Schaffens-Sphäre eröffnet. Ohne den angeborenen Gleichklang ihrer Herzen wird die Interpretation fremd, kalt und unglaubhaft klingen müssen. Das Scherzo der Schubertschen C-Dur-Symphonie kann ich mir nur zu eigen machen, wenn die stürmische Lebenskraft des ersten Themas und die schwebende Seligkeit des Seitenthemas auch meine Seele Schuberthaft bewegen und ihr Aufruf unmittelbare freudige Gefolgschaft in mir weckt; der Schluß des Trauermarsches in Beethovens Eroica kann nur mein werden, wenn mein eigenes Herz jenem einzigartigen tragischen Dunkel sich nahe fühlt.

Auf welche Weise aber man zur *Einverleibung* des Anderen gelangt, zu jener Einswerdung von Interpret und Werk, zur Identifikation, dazu vermag ich keinen praktischen Rat zu geben. Die erfolgt als eine Art Gnade, wenn ein echter Musiker sich demütig und intensiv um ein Werk bemüht, dem er wesensverwandt ist. Ich bin mir wohl bewußt, daß meine Darstellung des Vorgangs recht kompliziert klingt und vielleicht den jungen Musiker entmutigen könnte. So wäre es aber auch, wenn jemand den Prozeß des Gehens schildern wollte. Jedem gesunden Körper aber ist der zweckmäßige Gebrauch der Beine angeboren, und ebenso weist auch der musikalische *Instinkt* dem echten Musiker den Gebrauch seines Talentes, und er vermag das Ziel jener Einswerdung mit dem Werk auf unmittelbare Weise zu erreichen. Keine Unterweisung könnte ihm dabei helfen. Meine Darlegung war auch nicht als Unterweisung in solchem Sinn gedacht — es handelte sich mir darum, die Wichtigkeit des Ichgefühls im Nachschaffen zu betonen, den Interpreten in der vollen Betätigung des eigenen Talentes beim Musizieren zu ermutigen, indem ich ihn auf die Möglichkeit seiner Identifikation mit Werk und Autor hinwies; ich wollte ihn schützen vor der Einschüchterung, die für ihn aus einer irrigen Auffassung vom »selbstlosen Dienst am Werk« folgen könnte. Von der anderen Gefahr für den Interpreten, dem weit bedenklicheren und häufigeren Fall der Überbetonung seines Ich zu Ungunsten des Werkes, werde ich später sprechen. Hier will ich nur feststellen, daß der Interpret seine Aufgabe nur erfüllen kann, wenn er sich als voll verantwortlicher Träger des Werkes fühlt, daß er in gefühls- und sinnerfülltem Musizieren der Musik nur dann ein überzeugender, kraftvoller Mittler sein wird, wenn auch seine eigene Seele aus dem Werk tönt, das er in Treue wiedergibt.

Vom Tempo

In seinem Aufsatz »Über das Dirigieren« schreibt Richard Wagner: »Nur die richtige Erfassung des Melos gibt aber auch das richtige Zeitmaß an; beide sind unzertrennlich, eines bedingt das andere.« Und: »Will man alles zusammenfassen, worauf es für die richtige Aufführung eines Tonstückes von seiten des Dirigenten ankommt, so ist dies darin enthalten, daß er immer das richtige Tempo angebe, denn die Wahl und Bestimmung desselben läßt uns sofort erkennen, ob der Dirigent das Tonstück verstanden hat oder nicht. Das richtige Tempo gibt guten Musikern bei genauerem Bekanntwerden mit dem Tonstück es fast von selbst auch an die Hand, den richtigen Vortrag dafür zu finden, denn jenes schließt bereits die Erkenntnis dieses letzteren von seiten des Dirigenten in sich ein. Wie wenig leicht es aber ist, das richtige Tempo zu bestimmen, erhellt eben hieraus, daß nur aus der Erkenntnis des richtigen Vortrages in jeder Beziehung auch das richtige Zeitmaß gefunden werden kann.«

Kein Musiker kann sich der axiomatischen Bedeutung dieser Sätze verschließen, und die daraus folgenden Ausführungen Wagners, die er mit beweiskräftigen Beispielen begleitet, haben in der Tat Schule gemacht.

Die nächste Generation der Dirigenten folgte Wagners autoritativem Wort mit solchem Bemühen, daß er an ihren Leistungen kaum noch jene undifferenzierte Tempoführung zu rügen gehabt hätte, gegen die sich seine Schrift im wesentlichen wendet. Doch ist leider unter dem Einfluß seiner Lehre und in mißverstehender und übertriebener Anwendung derselben ein beträchtlicher Teil der musikalischen Interpreten in den entgegengesetzten Fehler verfallen: während den Dirigenten, gegen die sich Wagners Philippika richtet, die Notwendigkeit der Modifikationen des Tempos nicht aufgegangen war und der lebendige Reichtum der großen Werke oft einer sinnlosen Gleichmäßigkeit der Tempi zum Opfer fiel, scheint es seither eher geboten, einer nicht minder sinnlosen Unruhe und Willkür der Tempoführung, einer Übertreibung in den Modifikationen entgegenzutreten. Dem Typus des Philisters, dessen Herz von der lebendig-schöpferischen Inspiration im Werke nicht mitbewegt werden konnte, ist der des Virtuosen gefolgt, dem die Eigenlebendigkeit des musikalischen Verlaufes nicht genügte und der sie durch Überdifferenzierung von Tempo und Vortrag zu steigern suchte. Dem Zuwenig folgte das Zuviel, und es scheint mir heute gerade im Sinn der Wagnerschen Lehre geboten, ebenso vor dem Zuviel zu warnen, wie er sich gegen das Zuwenig gewendet hatte.

Woran erkennen wir jenes *richtige* Tempo, dessen Erfassung Wagner für die wichtigste Aufgabe des Dirigenten hält? Daran, daß in ihm der musikalische Sinn und die Gefühlsbedeutung einer Phrase am besten zur Geltung gelangen, und daß es technische Genauigkeit ermöglicht. Da nun aber im Verlauf eines Tonstückes musikalischer Inhalt, Gefühl und technische Anforderungen sich fortwährend verändern, so hat das Tempo sich ihrem Wechsel anzupassen, um immer *richtig* zu bleiben. Stellen wir also fest, daß der Begriff vom richtigen Tempo für ein Tonstück relativ ist, ungefähr wie der von einer richtigen Kleidung für eine Reise, während der er mit dem Wetter und anderen Umständen wechseln muß. Trotzdem heißt unser Problem nicht *Tempi*, sondern bleibt das *Tempo*. Denn dem in geschlossener Form fest gefügten Tonstück — und nur von ihm spreche ich in diesem Zusammenhang — entspricht der Begriff *eines* Haupttempos, das sich mit dem wechselnden Verlauf zwar ändert, aber doch eine Kontinuität wahrt, wie sie der symphonischen Kontinuität der Komposition entspricht. Und daraus folgt ergänzend, daß wir solange im gleichen Tempo zu bleiben haben, bis uns ein Wechsel im musikalischen Verlauf zur Modifikation zwingt. Der richtige Vortrag, den uns das richtige Tempo ermöglichen soll, bedarf einer unstarren Kontinuität der Tempoführung — nennen wir sie »anscheinende Kontinuität«. Auf sie weisen Wagners Lehren dem Sinne nach hin, und auf sie vor allem zielen auch meine Ausführungen, die selbstverständlich wie dem Dirigenten, so jedem interpretierenden Musiker gelten.

Abgesehen von Stücken wie dem dritten Satz von Beethovens Klaviersonate in d-Moll, opus 31, oder wie dem Cis-Dur-Präludium aus dem ersten Teil von Bachs Wohltemperiertem Klavier — Kompositionen, deren musikalischen Sinn uns gerade die von Anfang bis Ende gewahrte strenge Gleichmäßigkeit im Fluß der Sechzehntel erschließt — abgesehen von solchen Stücken also, strömt alle Musik in wechselvollem Inhalt dahin und bedarf daher auch entsprechender Fluktuationen oder Modifikationen des Tempos. Für Vorgänge im musikalischen Verlauf, die merkliche Änderungen im Tempo erfordern, hat der Komponist durch Anweisungen wie ritardando, accelerando, piu mosso usw. selbst Sorge getragen. Gerade daraus aber folgt, daß merkliche Tempoänderungen, außer den vom Komponisten vorgeschriebenen, gegen seine Intentionen verstoßen würden, es sei denn, daß ein treu bemühter Interpret die Überzeugung erlangt hat, daß ein solcher Wechsel aus dem Sinn des Werkes und der Intention des Autors folgen sollte und letzterer nur vernachlässigt oder vergessen hat, ihn vorzuschreiben. Alle anderen Modifikationen in der Tempoführung, wie sie dem lebensvollen Wesen der Musik entsprechen, müssen also unmerklicher Art sein. In anderen Worten: Kontinuität des Tempos gehört zu den wichtigsten Grundsätzen des Musizierens. Und daß es sich hierbei wegen jenes unmerklichen Auf und Ab nur um die erwähnte, anscheinende Kontinuität handelt, ändert nichts an der absoluten Gültigkeit des Prinzips.

Ich mache den ausführenden Musiker, der sich unbedenklich Tempo-Änderungen wie ritardando oder accelerando, meno mosso oder piu mosso erlaubt, auf die daraus entstehende Umdeutung des Sinnes an den Stellen aufmerksam, die vom Komponisten im gleichmäßigen Tempo gedacht waren. Denn ritardando und accelerando sind nicht reine Bewegungs-Bezeichnungen; sie haben auch die gefühlsmäßigen Bedeutungen des Zögerns und Drängens; auch wirkt sich ein plötzlicher Eintritt eines meno mosso oder eines piu mosso nicht nur stimmungsmäßig aus, sondern macht meist auch den Eindruck eines Form-Abschnitts, einer Brechung im Verlauf. Ich muß wohl nicht näher ausführen, daß wir, die Nachschaffenden, uns nicht solche Akte willkürlicher Eingriffe erlauben dürfen, die sowohl an die Seele, wie an die Form des Werkes rühren.

Merkliche Änderungen im Tempo, die nicht vom Komponisten gefordert werden, bedeuten also eine Entstellung; ob sie aus *Besserwissen* oder reiner Willkür erfolgen, sie sind Abweichungen von Intentionen des Autors und daher vom Sinn des Nachschaffens.

»Welche Pedanterie!« wird mir mancher Musiker entgegnen. »Soll denn eine Aufführung nicht Spontaneität haben und wie eine Improvisation wirken? Wenn wir aber immer streng im Tempo bleiben, außer wo der Komponist selbst die Kontinuität unterbricht, dann wird der Zwang, unter dem wir das Tempo führen, unserer Interpretation jede Unmittelbarkeit nehmen. Warum darf ich nicht meinem Herzen folgen, wenn es hier zurückhalten, dort vorwärtsdrängen, diese Phrase langsamer, jene eiliger nehmen will? Meine Aufführung wird spontan wirken, weil die Musik darin so erklingen wird, wie ich sie fühle, nicht wie der Komponist mich zwingt, sie auszuführen.«

Darauf antworte ich: die Tempovorschriften des Komponisten sind ein integrierender Teil der Niederschrift eines Tonstückes; die von ihm geforderte Tempoänderung gehört zur Komposition.

Diese Stelle aus dem vierten Satz der Neunten von Beethoven zeigt, was ich damit sagen will. Die Musik drückt hier ein Zögern fast bis zum Stillstehen aus, bis die Entschlossenheit im Tempo I dem Zögern ein Ende macht und in den wilden Ausbruch des Presto überleitet. Die Musik ohne diese poco ritenuto, poco adagio, Tempo I gespielt, würde die dramatische Bedeutung verlieren, wie sie hier in Beethovens Intention liegt. Jene Bezeichnungen sind also nicht *von außen* hinzugefügt, sie gehörten *vom Moment der Konzeption an zur Komposition*, die ohne sie ihren Sinn verlöre. Die von ihnen geforderten Tempo-Änderungen nicht ausführen, heißt den Sinn der so bezeichneten Stelle unkenntlich machen, ihr ihre seelische Bedeutung nehmen.

Wenn nun Tempo-Änderungen einen solchen Einfluß auf den Sinn einer musikalischen Phrase haben, dann sollten wir uns wohl hüten, aus Gründen persönlichen Geschmacks oder »weil unser Herz es so fühlt«, das Tempo zu wechseln, wo der Komponist es nicht vorschreibt. Da Bezeichnungen wie die oben angeführten aus Beethovens Neunter zur Komposition selbst gehören, so bedeutet ihre Nichtbeachtung — und nicht weniger die Einfügung von Tempo-Änderungen, wo der Komponist keine solchen vorschreibt — *einen Eingriff in die Komposition selbst*. Und wo wäre dann die Grenze für solche Eingriffe? Wenn wir hier der Phrase den Sinn nehmen dürfen, den ihr des Autors Bezeichnung gibt, dort ihr einen Sinn geben, den er nicht verlangt hat, warum sollten wir dann nicht auch kühn unserem Herzen folgen, wenn es in einer Stelle andere Noten oder andere Rhythmen wünscht als die vom Komponisten vorgeschriebenen?

Meine Begriffe von Spontaneität und improvisatorischem Charakter einer Aufführung sind andere. Gewiß, wir sollen uns durchaus keinem Zwang beim Musizieren unterwerfen. Frei müssen wir uns fühlen, aber frei innerhalb der Gesetze, deren Verbindlichkeit für uns wir anerkannt haben, als wir wählten, Nachschaffende zu sein. Wenn wir die immanenten Gesetze eines musikalischen Kunstwerks als Zwang empfinden, dann eignen wir uns nicht zu seinem Interpreten.

Das Kriterium unserer Begabung zum nachschaffenden Musiker ist ja gerade die Fähigkeit, uns das Fremde so zu eigen zu machen, daß die Anforderungen des Werkes uns nicht nur keinen Zwang bedeuten, sondern daß wir sie als die unseren empfinden. Dann werden wir uns innerhalb seiner, vom Autor stammenden, Gesetzmäßigkeit frei fühlen, und unser Musizieren wird spontan wirken, weil wir dabei unserem eigenen Herzen folgen, das im Einklang mit dem des Komponisten zu schlagen gelernt hat.

Ich möchte nochmals betonen, daß die Kontinuität des Tempos, auf die ich dringe, kein Element des Zwanges oder gar der metronomischen Starre enthalten darf. Ein Tempo, das immer *richtig* ist, weil es sich in fast unmerklichen Modifikationen dem wechselnden Inhalt der Musik anfügt, wird lebendig und natürlich dahinströmen und niemals starr wirken können. *Und gerade dieses natürliche Dahinströmen ist es, worauf ich ziele.*

Gleich fern vom Zwang einer fühllosen Gleichmäßigkeit einerseits, wie von der Gewaltsamkeit willkürlicher Wechsels andererseits, haben wir unser richtiges Tempo zu finden, das den lebendig natürlichen Vortrag der Musik ermöglicht. Als Beispiel für die so verbreitete Neigung zu willkürlichen Tempo-Änderungen führe ich folgende Stelle aus dem ersten Satz der Beethovenschen Eroica an, die wir häufig in derart beträchtlicher Verzögerung, namentlich in Takt 10—13, hören, daß ihre Zugehörigkeit zu dem Haupttempo des Satzes, ihre Einordnung in seinen Gesamtcharakter kaum mehr zu fühlen ist.

Richard Wagner zitiert das gleiche Beispiel, aber mit der entgegengesetzten Absicht, nämlich um daran zu zeigen, wie es durch das Herunterspielen im Haupttempo, ohne Modifikation, seinen Sinn verliert. Wie könnte ich anders als ihm von ganzem Herzen zustimmen, wenn er für den Vortrag dieser Stelle eine entsprechende Modifikation des Tempos verlangt, so wie sie die Eindringlichkeit des Ausdrucks und die Vorbereitung der sforzandi erfordert. Ebenso sicher aber dürfte ich mich wiederum der Zustimmung Wagners fühlen, wenn ich verlange, die klare Beethovensche Intention hier mittels jener leichten, fast unmerklichen Modifikation des Tempos auszudrücken, die der formellen Geschlossenheit des Satzes keinen Abbruch tut, und das vielfach übliche, deutliche ritenuto zu vermeiden, welches die Kontinuität so empfindlich stört.

Vom Allegro der Freischütz-Ouverture sagt Wagner, daß er sich durch den zarteren Vortrag des zweiten Themas in keiner Weise gebunden fühle, weil er sich zutraute, das Tempo unmerklich dafür zu ermäßigen. *Unmerklich* — darauf kommt es bei den Freiheiten an, mittels deren wir das Tempo »richtig« erhalten.

Störend drastische Tempoänderungen, die die Kontinuität unterbrechen, müssen wir nun aber durchaus nicht immer als eine von Sündern begangene Sünde, als willkürliches Vorgehen, als launenhafte Umdeutung klarer Intentionen des Komponisten beurteilen. Häufig wird diese Sünde auch aus reinen Motiven begangen, aus der Überzeugung nämlich, den innig gefühlten Sinn einer Stelle nicht anders als durch Tempoänderung ausdrücken zu können, aus dem Wunsch, eine wichtige Einzelheit zu besonders starker Wirkung zu bringen. Ich spreche aus Erfahrung, denn ich selbst habe mich als junger Musiker oft solcher Sünden schuldig gemacht und war gewiß meiner Gesinnung nach kein Sünder, eher das Opfer einer übergroßen Sensitivität.

Es war kein leichter Weg, auf dem ich zur Überzeugung von der entscheidenden Wichtigkeit jener anscheinenden Kontinuität in der Tempoführung gelangt bin. Er führte von meinen Irrtümern und Verfehlungen als junger Dirigent, über hartnäckige Kämpfe gegen angeborene Neigungen zur Überschwenglichkeit, nur ganz allmählich zur Besserung, und es dauerte lange, bis ich aus Schaden klug genug wurde, meine Fehler korrigieren zu können und zu einem reineren Stil des Musizierens zu gelangen. Es lag nun einmal in meiner Natur, mich in jede einzelne Schönheit der Komposition zu verlieben, sie mit aller Intensität des Ausdrucks, deren ich fähig war, wiederzugeben und darüber die wichtige Aufgabe einer authentischen Aufführung, die Synthese, die Einheitlichkeit, zu vernachlässigen. Mein Enthusiasmus für Einzelheiten war größer als meine Fähigkeit, sie in eine höhere Ordnung einzufügen.

So folgte damals in meinem Musizieren eine Ausdrucksphase der anderen ohne feste Führung, ein Höhepunkt dem anderen ohne Einordnung in eine Gesamtform, und der Vortrag litt daher unter einer Art Weichheit, ja Weichlichkeit, deren ich mir allmählich schmerzlich bewußt wurde, ohne einen Ausweg zu finden. Die Wendung zum Besseren trat erst ein, als ich schließlich klar erkannte, daß, was meinem Musizieren fehlte, die Richtung auf das Ganze des Werks war, ohne die sich seine Größe, sein Ernst, seine Einheit nicht offenbaren können. Es wurde mir klar, daß Gefühlsüberschwang eines unreifen Herzens an der Vernachlässigung jener Hauptrichtung und damit des symphonischen Stils schuld gewesen war, daß ich, ohnmächtig gegen den emotionalen Zwang, alles, alles ausdrücken zu müssen, der musikalischen Form geschadet hatte. Und ich gewann festen Boden unter den Füßen, als mir offenbar wurde, daß es eine höhere, edlere, der Größe des Werkes angemessenere Methode der Interpretation gab, als die einer schwärmerischen Hingabe und Schwelgerei: die Methode, die größte Aufmerksamkeit auf den Gesamtverlauf des Werkes, auf seinen formellen Bau, seine allgemeine Gefühlssphäre zu richten und nie diese Gesichtspunkte über der intensiven

Ausführung der Einzelheiten außer acht zu lassen. Und als unentbehrliches und sicherstes Mittel, zu diesem Ziel zu gelangen, erkannte ich damals solche Führung des Tempos, daß es wie ein gutsitzendes Kleid den gesunden Körper, das heißt die organische Form des Kunstwerks kenntlich macht, während Unterbrechungen der Kontinuität oder willkürliche Abweichungen von ihr, wie ungeordnete Falten das klare Erkennen jener Form verhindern. Von dieser inneren Erkenntnis aber bis zur praktischen Überwindung meiner bisherigen Neigungen und der Beherrschung jener höheren Methode brauchte es Zeit, und so ist es mir erst verhältnismäßig spät gelungen, meine musikalische Leistung der moralisch-geistigen des Familienvaters anzugleichen, der die berechtigten Wünsche jedes Kindes mit den Forderungen des Wohlseins und der Harmonie im vielköpfigen Familienkreis als Ganzem in Einklang zu bringen weiß. Daß das nicht ohne Härten gegen die Kinder im einzelnen gelingen kann, wissen er und ich, aber ich habe schließlich — ohne Vergleich gesprochen — verstanden, das Ganze des Werkes in Form und Inhalt den Einzelheiten überzuordnen, ohne sie zu vergewaltigen, wobei mir Nietzsches herrliches Wort von der »heiligen Nüchternheit«, das heißt von der Besonnenheit in der Begeisterung, hilfreich gegenwärtig war.

Ich will noch an einigen Beispielen zeigen, wo meine Probleme lagen. Zunächst natürlich überall da, wo die verschiedenen Hauptthemen eines symphonischen Stückes einen drastischen Unterschied in der Temponahme zu fordern schienen, wie zum Beispiel in Beethovens Leonoren-Ouverture Nr. 3. Wir haben hier im Allegro ein zweites Thema, dessen edel-pathetischer Charakter aus dem Gefühls- und Tempobereich der langsamen Einleitung stammt und nicht ohne eine gewisse Gewaltsamkeit in das Allegro eingepaßt werden kann. Hier beging ich lange Zeit hindurch den meiner früheren Schwäche entgegengesetzten Fehler, das innige zweite Thema in das energisch-feurige Tempo des ersten — ganz richtig von mir als Haupttempo empfundenen — zwingen zu wollen. Mir war seine unverhältnismäßige Verlangsamung und die Störung, die sie im Verlauf des Allegro verursachte, aus einer schlechten Aufführung, die ich gehört, im Gedächtnis geblieben, und um den gleichen Fehler zu vermeiden, verfiel ich in den entgegengesetzten. Erst später vermochte ich dem Gesangsthema durch beseelten Vortrag zu seinem Recht zu verhelfen, ohne die Allegro-Sphäre merklich zu verlassen. All den häufigen Schwierigkeiten dieser Art läßt sich mittels jenes Prinzips der unmerklichen, mehr oder weniger allmählichen Modifikationen des Haupttempos beikommen.

So wie nun der richtige Vortrag uns das richtige Tempo einer Komposition lehrt, in welchem dann — mittels leichter Abweichungen — alle Einzelheiten ihrem musikalischen und emotionalen Sinn gemäß zur vollen Wirkung gelangen, so vermag dieses Tempo wiederum uns da zu richtigem Vortrag zu verhelfen, wo wir über den Sinn einer einzelnen Phrase im Zweifel waren.

Als Beispiel für die Wechselbeziehung zwischen Tempo und Vortrag und den Nutzen, den wir aus ihr ziehen können, wähle ich den ersten Satz des Schumannschen Klavierkonzertes in a-Moll, der — so oft von seinem Interpreten gründlich mißverstanden — jener Tempo*freiheit* zum Opfer fällt, deren Bekämpfung ich mir in diesen Bemerkungen zur Aufgabe gemacht habe.

Allegro affettuoso $\downarrow$ = 84 steht darüber, und ich fordere alle Zuhörer auf, mir zu bezeugen, daß es gewöhnlich schon vom vierten Takt an, nach den drei feurigen Einleitungstakten des Klaviers, mit dem Allegro ein Ende hat. Ohne im begonnenen Zeitmaß fortzufahren, beginnt der Dirigent nun das erste Thema in langsamerem Tempo und weichem, zum Sentimentalen neigenden Ausdruck, der sich in den Achteln im zweiten Takt besonders bemerkbar macht. Ihm folgt dann der Pianist mit dem meist noch gedehnteren und weicheren Vortrag desselben Themas. Und nun bitte ich meine Leser, sich durch einen Blick in die Noten zu überzeugen, daß bis zum Forte des zweiundvierzigsten Taktes keine Tempoänderung von Schumann vorgesehen ist.

Erst hier, erst mit diesem Forte aber wird in fast allen Aufführungen wieder das Allegro der Anfangstakte erreicht, um schon nach sechs Takten von neuem einer sentimentalen Verlangsamung zu weichen. Ein solches »ad libitum« widerspricht dem Geist und dem Notenbild dieses Satzes, den Schumann mit klaren Tempo-Bezeichnungen versehen hat, und der außerdem durch seine Form vor solchen Entstellungen geschützt sein sollte. Die Form ist dreiteilig: Allegro 4/4, Andante 6/4, Allegro 4/4. Die Klarheit dieser Form wird verwischt, wenn wir die lyrische Variante des Hauptthemas, die Schumann dem Andante 6/4 zugewiesen hat, bereits im ersten Teil, dem Allegro, durch Verlangsamung vorwegnehmen und in der Reprise fortsetzen. Kann ein Komponist seine Intentionen klarer offenbaren, als mit der Dreiteilung »Bewegt, Ruhig, Bewegt«, die in diesem Fall zugleich eine entsprechende emotionale Dreiteilung bedeutet? Sie verschwimmt in den Aufführungen, von denen ich sprach, in denen das Thema nur im animato des Allegro einen frischen Ausdruck annimmt, sich sonst aber stets in der Gefühlssphäre des Andante hält.

Wie aber, wenn wir einmal versuchten, uns an Schumanns Vorschriften zu halten?

Dann schlösse sich das Tempo des Themas genau dem der drei feurigen Einleitungstakte an, die drei Achtel des zweiten Taktes würden schwungvoll gespielt, und bis zum Eintritt des Solos ginge es fort in männlich bewegtem Vortrag, wie es der Bezeichnung Allegro affettuoso entspricht. Das Solo des Pianisten folgte dann im gleichen Ausdruck, vielleicht dem von Schumann vorgeschriebenen espressivo gemäß mit einer leichten Modifikation zur Ruhe hin. Und nun käme, statt des üblichen sentimentalen, der erregte Vortrag jener romantisch dunklen Episode:

(wie ist es nur möglich, daß ein Musiker ihre Erregung nicht fühlte?) und alles hält sich im Haupttempo, von dem un poco ritardando Schumanns ein wenig zurückgehalten, vom animato in ein bewegteres Fahrwasser gebracht, bis wir mittels eines überleitenden ritardando das Andante espressivo 6/4 erreichen. Hier nun verwandelt sich das Hauptthema: in ausgesprochenem Gegensatz zu dem jugendlich schwungvollen Ausdruck im Allegro affettuoso erklingt es jetzt ruhig, sanft, schwärmerisch (bitte auch hier die Achtel im Takt zu spielen!), ergeht sich in zärtlichem Gespräch mit der Klarinette, bis das Tempo I der lyrisch gesangvollen Episode ein plötzliches Ende macht und über die Reprise zur Cadenza führt. In dieser Cadenza bezeichnet Schumann das Wiederauftauchen des Hauptthemas un poco andante, das heißt also nicht so bewegt wie im Allegro affettuoso, aber auch nicht so langsam wie im Andante espressivo, und wir verstehen sein *un poco* aus dem sechsten Takte, dessen Sechzehntel die Brillanz verlieren würden, wenn man das Tempo wirklich andante nähme.

Von solchen bewegten Passagen, wie diese Sechzehntel, geht oft ein deutlicher Hinweis auf das Tempo aus, die Rücksicht auf die Klarheit der Figuration verhindert eine übertriebene Schnelligkeit, ihr virtuoser Charakter erlaubt wiederum nicht, sie ruhig zu nehmen. Ein so eng nach oben und unten begrenztes Tempo ergibt sich leicht und aus ihm folgt ohne weiteres das Zeitmaß für die Gesamtphrase, welche die Figuration enthält. Es sei denn, daß ein Pianist, wie ich es auch schon erlebt habe, die erwähnten Sechzehntel so schnell ausführte, wie es nur irgend seine Finger erlaubten, und die vorhergehenden und nachfolgenden Takte in langsamerem Tempo spielte, womit denn in der Tat die Anarchie in der Tempoführung ihren Höhepunkt erreichte.

Einen tiefer gegründeten Hinweis auf das richtige Tempo als den, den uns die Figuration gewähren kann, haben wir gewonnen, sobald wir das Tempo irgendeiner besonders charakteristischen Einzelheit eines Stückes mit Sicherheit erfaßt haben. Halten wir diesen Zipfel, so gehört uns der Mantel. Es gibt nämlich in fast allen Kompositionen, auch den schwer zugänglichen, eine Stelle, ein paar Takte, deren Tempo uns sogleich unzweideutig klar wird. Ich weise auf die oben zitierten Forte-Takte in F-Dur aus dem Schumannschen Klavierkonzert als Beispiel hin, in deren Tempo man sich kaum irren kann. Nach dem Gesetz der Kontinuität haben wir hiermit das Haupttempo des Satzes gewonnen, das nun mittels leichter Modifikationen für dessen Gesamtheit gilt, soweit nicht der Komponist Änderungen in Tempo oder Taktart vorgeschrieben hat.

In diesem Zusammenhang möchte ich aber noch auf ein psychologisches Phänomen hinweisen, mit dem wohl alle begabteren nachschaffenden Musiker vertraut sind: war ich längere Zeit hindurch im Zweifel über das richtige Tempo einer musikalischen Phrase oder Episode gewesen, so traf mich plötzlich, wie aus einer tieferen Region meines Innern her, eine Entscheidung; wie in einem Moment der Erleuchtung war mir das richtige Tempo aufgegangen und ein Gefühl der Sicherheit gegeben, das mich vom Zweifel befreite und mir dann — in den meisten Fällen — für immer gewonnen war. Charakteristisch für den Vorgang war die Plötzlichkeit dieses inneren Diktates und das Gefühl definitiver Klarheit, mit dem es mich erfüllte. Ich kann mich nicht erinnern, daß die Nachprüfung solcher Erkenntnis, das heißt die Anwendung des Tempos auf den verschiedenartigen Verlauf des Satzes, mich je wieder schwankend gemacht hätte.

Ich glaube, ich sollte erwähnen, daß auch eine *Phantasie* oder *Rhapsodie,* oder jedes wie immer bezeichnete Tonstück, von uns dieselbe Wahrung der Kontinuität des Tempos und das gleiche, treue Bemühen um die Intentionen des Komponisten fordert, wie der symphonisch geschlossene Satz. Kein freieres Dahinfließen, kein lockerer Zusammenhang, ja nicht einmal eine anscheinend willkürliche und erratische Formung eines Musikstückes erlaubt uns, in seiner Ausführung auch unserer eigenen Willkür freien Lauf zu lassen. Die Chromatische Fantasie von Bach, so irregulär, ausschweifend, improvisierend sie erscheint, ist planvoll, und ihre scheinbar so lockere Fügung darf uns nicht minder gesetzhaft erscheinen als die fest geformte Fuge, mit der sie schließt, oder irgendein symphonischer Organismus. Unsere Wiedergabe der freiesten Phantasie oder Rhapsodie eines Komponisten wird den improvisatorischen Geist des Stückes nur zum Ausdruck bringen, wenn wir uns mit ihm völlig vertraut gemacht haben und es treu seinem Sinn wiedergeben — wir würden es nur verwirren und entstellen, wenn wir mit unserer Willkür in seine eigene, aus künstlerischer Intuition stammende — scheinbare — Willkür Unordnung brächten. Denn *das Wesen aller Kunst ist Ordnung:* die künstlerische Darstellung von Willkür, sogar von Verwirrung, selbst von planlosem Durcheinander, ist entstanden aus planender, ordnender Schaffenskraft, und so ordnend und planvoll muß unsere Aufführung sein. Der Eindruck der Verwirrung und des entfesselten Durcheinanders in der Prügelszene der Wagnerschen Meistersinger ist nur durch planvolle Anordnungen des szenischen Leiters zu erreichen, der das innere *Gesetz* dieser dramatischen Szene erfaßt hat und es in äußere Erscheinung umzusetzen weiß, das heißt in diesem Fall in jene vom Autor geforderte und vom Regisseur anzuordnende szenische Darstellung eines *wirren Durcheinanders.*

Daß die freieren Formen in der Musik, wie die Phantasie oder Rhapsodie, auch häufigeren Wechsel in Takt-Arten und Tempo-Bezeichnungen aufweisen, lockert ebensowenig das Gesetz von der Kontinuität des Tempos wie die zahlreichen Wechsel in neueren und neuesten symphonischen Sätzen. Die Gleichmäßigkeit des Flusses gehört integral zum Begriff des Tempos, ob es sich über zwei Takte oder einen ganzen Satz erstreckt. So bietet uns also keine Komposition Gelegenheit zur Willkür in der Tempoführung, es sei denn da, wo uns der Komponist dazu einlädt: in der Kadenz. Ihr Bezirk ist eine Art musikalischen *Niemandslands,* nicht mehr ins eigentliche Gebiet des Schaffens gehörig und seinen Gesetzen unterworfen, und doch nicht völlig der Herrschaft des Ausführenden ausgeliefert. Jedenfalls aber überläßt uns hier der Autor die Zügel, er befreit uns von der Strenge des Taktes und entläßt uns aus dem Dienst an seinen Intentionen. *Ad libitum* ruft er uns zu und fordert uns auf, die Noten der Kadenz improvisatorisch und nach unserem Gutdünken vorzutragen. Nicht ganz so frei wie in der Kadenz, für welche die ältere Oper bis einschließlich Händel dem Sänger oft sogar die Rolle des Komponisten überließ, dürfen wir uns im »recitativo« fühlen. In der Chromatischen Fantasie von Bach zum Beispiel enthält es, neben der kadenzhaften Figuration, eine emotional bewegte Beredsamkeit, die uns an Bachs Intentionen bindet. Und gar im Rezitativ der Celli und Bässe im Schlußsatz der Neunten Symphonie von Beethoven dürfen wir nur einen sehr begrenzten Gebrauch von der Freiheit der Tempoführung machen, wollen wir nicht mit den klaren Intentionen Beethovens in bezug auf den Vortrag der Stelle in Konflikt geraten. Wenn wir uns nur gefühlsmäßig in die Stimmung eines Improvisierenden versetzen, dann wird unsere *korrekte* Aufführung improvisatorisch gemeinter Musik wie jenes Baß-Rezitativs oder der Chromatischen Fantasie dem Sinn des Nachschaffens genugtun. Wenn wir aber den Eindruck des Improvisatorischen durch aus Eigenem hinzugefügte drastische Tempo-Freiheiten steigern wollten, so hätten wir die Grenzen reproduktiven Musizierens überschritten.

Und nochmals: der Begriff des Tempos kann ohne den der Kontinuität nicht bestehen. Das erhellt am klarsten gerade aus den vom Komponisten vorgeschriebenen Tempo-Änderungen. Was bedeutete sein *ritenuto*, wenn das Tempo in sich ungleichmäßig verliefe? Daß die Kontinuität, das heißt der gleichmäßige Verlauf, zum Begriff des Tempos gehört, macht erst die ritenuto und accelerando, meno mosso und piu mosso zu dem, was sie sein sollen, gibt ihnen ihren Sinn. Freilich — »nur der Geist macht lebendig«. Wie wenig ist doch mit solchen Bezeichnungen ausgesagt! Kein poco ritenuto kann mich lehren, *wie* wenig ich zurückhalten soll, kein forte wie stark, kein allegro con brio wie schnell, kein largo wie langsam ich spielen soll. Diese Bezeichnungen haben also nur einen vagen, quantitativen Sinn, der zunächst gerade genügt, dem Interpreten die Richtung zu weisen, die ihn zum Verständnis der Komposition führen und in ihrer Ausführung vor drastischen Mißgriffen bewahren mag. Die Bezeichnung allegro non troppo zum Beispiel wird ihn veranlassen, das erste Thema des ersten Satzes der Vierten Symphonie von Brahms in bewegtem, aber nicht eilendem Tempo zu denken. Wie sehr bewegt aber, in welchem Ausmaß, wird ihm erst klar werden, wenn er

nun den zwischen Schwermut und Erregung liegenden Charakter des Themas verstehen gelernt hat. Durch den richtigen Vortrag gewinnt die anfangs vage und quantitative
Bedeutung der Tempo-Bezeichnung einen qualitativen Sinn
— das schwache Dämmerlicht, das von den Worten allegro
non troppo auf die Musik fiel, steigert sich dadurch zu der
höheren Klarheit, die nun von ihr aus auf die Bezeichnung
zurückfällt. Nur der richtige Vortrag also gibt uns das richtige Tempo, das seinerseits wieder den richtigen Vortrag
ermöglicht. »Eines bedingt das andere«, wie Richard Wagner sagt. Der Komponist ist bemüht, uns zur Erfassung des
Zeitmaßes behilflich zu sein durch Tempo-Bezeichnungen.
Aber nicht einmal die scheinbar so klare, quantitativ bestimmte Tempo-Anweisung durch eine metronomische Zif-
fer gibt uns eine sichere Kenntnis des Zeitmaßes. Eine Vorschrift wie $\downarrow$ = 92 gibt ein Tempo an, das für die ersten
Takte richtig sein mag, seine Geltung aber verlieren muß,
sobald ein Wechsel des Ausdrucks die Modifikation des
Zeitmaßes erfordert. Das erste Tempo *mag* richtig sein,
sagte ich — es *muß* nicht der Fall sein. Denn *Tempo* ist — ich
wiederhole es — im wesentlichen ein qualitativer Begriff,
das richtige Tempo ergibt sich eigentlich nur aus dem Sinn
der Musik, und wenn wir es einmal durch eine metronomische Angabe gefunden haben, so war das ein Zufalls-
treffer.

Glücklicherweise ist das richtige Tempo nicht so eindeutig
im quantitativen Sinn, dem Vortrag nicht derart eng angemessen, daß bereits die kleinste Beschleunigung oder Verlangsamung die Entstellung einer musikalischen Phrase
bedeuten muß. Gewiß, unter einem wirklich falschen Tempo
verkümmert ein musikalisches Thema wie eine Pflanze
unter ungemäßer Lichtzuteilung oder sonst ungünstigen
Lebensbedingungen. Wie aber — so lautet unsere schwere
Aufgabe — dem vielfältigen Inhalt eines großen Tonstückes

die jeder Einzelheit gemäßen Lebensbedingungen schaffen, wie die oft so disparaten Elemente eines Satzes mittels des stets richtigen Tempos zur symphonischen Einheit binden? Diese Quadratur des Zirkels kann eben nur gelingen, wenn der Begriff vom richtigen Tempo elastisch ist. Und das ist er in der Tat. Wenn ich an drei aufeinanderfolgenden Tagen drei Aufführungen der Bachschen h-Moll-Messe zu dirigieren habe, kann es nicht ausbleiben, daß ich die gleichen Stellen, von der gleichen Intention erfüllt, in leicht verschiedenen Tempi nehme, und alle drei können richtig sein. Auch pflegen wir in der Jugend im allgemeinen zu langsameren Tempi zu neigen als im Alter. Welche waren nun falsch? Diese Fragen lassen sich beantworten, sobald wir erkennen, daß Tempo eine Qualität ist, die sich quantitativ äußert. Mit quantitativer Äußerung meine ich das Maß von Schnelligkeit oder Langsamkeit des Flusses, das ja sogar zahlenmäßig, das heißt metronomisch, faßbar ist; unter Qualität verstehe ich den musikalischen und emotionalen Sinn, dem das Tempo entspricht. Einer klaren Auffassung eines Stückes entspräche also ein qualitativ bestimmtes Tempo, dessen quantitative Äußerung sich den praktischen Bedingungen der Ausführung elastisch anpassen kann, ohne von der Qualität abzuweichen. Zu diesen praktischen Bedingungen gehört zum Beispiel das Volumen des Klanges: ein vollerer Streichkörper erlaubt ein langsameres Tempo als ein dünn besetzter, ein intensiverer Ausdruck erlaubt eine Breite des Zeitmaßes, die bei geringerer Intensität nicht tragbar wäre — und der Grad der Intensität mag sehr wohl von dem Talent, dem Können, dem Eifer der Ausführenden abhängen. Daß wir im Alter dieselben Tonstücke schneller nehmen als in der Jugend, muß keineswegs auf einen Wechsel in unserer Auffassung deuten, sondern zeigt vielleicht nur, daß Autorität und Reife die gleiche Ausdrucks-Intensität, von der die Richtigkeit des Vortrags abhängt, in fließendem Tempo zu erzeugen vermag, für die der Jüngere eine größere Breite des Zeitmaßes nötig hat.

Ich sprach davon, daß ein Tempo von bestimmter Qualität sich in leicht verschiedenen Tempo-Quantitäten äußern kann. Seien wir uns aber überdies auch noch klar, daß nicht jede Komposition durchweg nur eine Auffassung zuläßt, daß manchmal der Komponist selbst verschiedenen Auffassungen in seinem Stück zuzustimmen bereit wäre, daß also dann, wenn verschiedene Auffassungen zulässig sind, diesen auch verschiedene Tempi — als Qualitäten — entsprechen würden. Ferner mag ein qualitativ ungeeignetes Tempo, mit innerer Sicherheit vorgetragen, eine solche Überzeugungskraft ausüben, daß ihm auch der Komponist Berechtigung zuerkennen müßte. — In Kürze: der Begriff der Elastizität darf keinesfalls ausgeschaltet werden, wenn wir von dem *richtigen Tempo* sprechen, das dem richtigen Vortrag entspricht.

Jedenfalls steht und fällt der Begriff vom richtigen Tempo mit der Anerkennung des Prinzips der *anscheinenden Kontinuität*. Wenn ich mich aber weder durch die Vorschrift des Komponisten, noch durch Treue gegen den Geist der Musik gebunden fühle, ein Tempo zu *halten*, wenn ich willkürlich von ihm abweiche, Vorschriften des Autors befolge oder nicht befolge, je nachdem es mir gutdünkt, dann ist Anarchie in den Bereich einer hohen Ordnung verwüstend eingebrochen, und kaum wird in dem Zerrbild noch das Werk kenntlich sein, das in tief sinnvoller Planung geschaffen war und nur ebenso sinnvoll nachgeschaffen werden darf.

Vom Rhythmus

Die Musik, das »Mädchen aus der Fremde« unter den Musen, diese gegenstandslose, wirklichkeitsferne, dem Begriff unzugängliche Kunst, steht trotz ihrer hohen Besonderheit durch eines ihrer Wesenselemente in *Familienbeziehungen*, die sie mit anderen Bereichen verbinden. Dieses Element ist der Rhythmus, und in ihm offenbaren sich verwandtschaftliche Beziehungen unserer Kunst, deren nähere Grade sich unserer sinnlichen Wahrnehmung oder unserer Einsicht offenbaren, auf deren entferntere Grade tiefere Erwägungen hinweisen.

Klar offenbart sich aus dem Rhythmus natürlich die »Verwandtschaft ersten Grades« der Musik mit dem Tanz. Die musikalischen Rhythmen erregen und beherrschen die Rhythmen des Tanzes, er empfängt seine zeitlichen Maße und seine Akzente von den Rhythmen der Musik. Gewiß wirkt sich auch das Ganze der Musik — melodische Gestaltung, Gefühlsgehalt, dynamische Abstufungen usw. — im Gesamtcharakter wie in vielfältigen Einzelheiten des Tanzes aus, aber entscheidend für den nahen Verwandtschaftsgrad von Musik und Tanz ist die eindeutige Unmittelbarkeit der Bindung zwischen ihnen durch den Rhythmus. Sie erweist sich als unmittelbar, indem sie in ihrer zeitlich körperlichen Auswirkung von Auge und Ohr gleichzeitig und gemeinsam wahrgenommen wird, und ferner, weil sie auf einer festen Grundlage beruht: der Meßbarkeit beider. Der Tanz zeigt sich darin meßbar, daß seine Bewegungen zeitlich exakt zu regeln sind, unter dem Kommando des Zählens geübt werden können und sich den Maßen des musikalischen Taktes anpassen lassen. — Und die Musik? Kann man von ihr als Ganzem mit Wagners Hans Sachs sagen »wie wollt' ich auch messen, was unermeßlich mir schien«, so bietet sie uns doch eben im Rhythmus einen meßbaren Teil

ihres Wesens, dessen wir uns mit Sicherheit bemächtigen
können — zum Unterschied von der seelenhaften Art unserer Annäherung an ihre sonstige Unermeßlichkeit.

Die Beziehungen zwischen lang und kurz der Notenwerte
einer zusammengehörigen Tonfolge, in denen sich der
Rhythmus ausdrückt, sind arithmetisch meßbar. ♪. steht zu
♪ im Verhältnis von drei zu eins, ♩.. steht zu ♪ im Verhältnis von sieben zu eins. ♪ ♫ ♫ ♫ ♪ ♫ ♫ ist arithme-
tisch $1^{1/2} : {}^{1/2} : 1$, $1 : 1 : 1$, $1^{1/2} : {}^{1/2} : 1$. Es handelt sich hier,
wie man sieht, um unkomplizierte Beziehungen zwischen
Notenwerten, die ohne irgendwelchen Aufwand an rechneri-
scher Bemühung von jedem normalen Zahlensinn und Zeitgefühl unmittelbar aufgefaßt werden können. Doch will ich
schon hier einschränkend bemerken, daß das Zeitgefühl für
Notenwerte und deren einfache Unterteilungen nicht völlig
identisch ist mit der Erfassung jener Werte als musikalisch-
rhythmischer Elemente.

Der Sinn des Rhythmus — in seiner engeren Bedeutung —
äußert sich in zusammengehörigen kurzen Tongruppen von
innerer Einheit, wie zum Beispiel in dem oben aufgeführten
9/8-Takt. Der Eindruck rhythmischer Zusammengehörigkeit entsteht im wesentlichen aus der Betonung einer der
Noten, gefolgt von der entsprechenden Anpassung oder Unterordnung unbetonter oder weniger betonter Noten unter
diese als Thesis, wobei natürlich die Betonung ebenso aus
dem melodischen oder dem Ausdrucksgehalt wie aus dem
rhythmischen Sinn der Phrase folgen kann. Auch kommt es
vor, daß, während gewöhnlich der Akzent auf die lange
Note fällt und die kurzen unbetont bleiben, zuweilen interessante rhythmische Wirkungen gerade aus der Betonung
der kurzen Note entstehen — die Ausführung hat also der
Frage der Betonung sowie ihrer Abstufung die größte Sorgfalt zuzuwenden und keine geringere der des staccato, das,
ein unentbehrliches Mittel zur Verdeutlichung des rhyth-

mischen Sinnes einer Tongruppe, durch Abstufung von *scharf* und *weniger scharf* ihre rhythmische Wirkung zu besonderer Lebendigkeit steigert. Aus der Folge also von lang und kurz, schwer und leicht, tenuto und staccato besteht das rhythmische Leben der Musik, und in der sinngemäßen Abstufung dieser Elemente — in geistiger Einheit mit dem melodisch-harmonischen Gehalt der Tongruppen — liegt die rhythmische Aufgabe des Musizierenden.

Aufschlußreich für das Wesen des Rhythmus ist, daß solche rhythmischen Gruppen, wie wir ihnen im zeitlichen Ablauf der Musik begegnen, auch frei von melodischem und harmonischem Gehalt noch als Rhythmus aufgefaßt werden können, daß sie auch als bloße Geräusche vermögen, regelnd, beherrschend und erregend auf tänzerische Bewegung einzuwirken. Rhythmen, auf Schlaginstrumenten erzeugt, begleiten die Tänze primitiver Völker, ja eine mit intensivem rhythmischem Gefühl auf einem Tisch geklopfte Lautgruppe wird eine bis ins Physische dringende Wirkung ausüben können. Trotzdem haben wir es dabei nicht mit einem *Rhythmus an sich,* das heißt mit einem zwar zeitlich geregelten, aber völlig musikfremden Geräusch zu tun. Woher wohl sollte die zeitliche Formung herrühren, wenn nicht aus einem ursprünglich musikalischen Drang? Ich glaube, daß es ein latenter musikalischer Vorgang ist, der sich in solchem geklopften oder geschlagenen Rhythmus äußert.

In dem Händeklatschen und Fußstampfen, mit dem eifrig Tanzende und teilnehmende Zuschauer die rhythmischen Akzente ländlicher Tanzmusik begleiten, offenbart sich heute noch etwas von jener inneren Nötigung, einem erregten musikalisch-rhythmischen Gefühl durch geräuschhafte Äußerung Luft zu machen. — Wir ersehen jedenfalls, daß die seelenhaft immaterielle Kunst der Musik im Rhythmus ein bis ins Physische wirkendes Element hat, faßbarer, erdnäher, weniger immateriell als ihr sonstiges Wesen. Diese physische Wirkung zeigt sich im Jazz zu extremem Ausmaß entartet; hier wird der Rhythmus — namentlich in seinen synkopierten Formen — zum Despoten, der die seelenhaften Elemente der Musik unterdrückt und vergewaltigt, verzerrt oder überhaupt vernichtet.

Es ist kaum zu bezweifeln, daß die ins Körperliche wirkenden Kräfte des musikalischen Rhythmus aus seiner Wesensverwandtschaft mit dem rhythmischen Eigenleben des Körpers, dem Herzschlag und der Atmung, verstanden werden müssen. Beschleunigen nicht feurige Marschrhythmen oder erregende schnelle Tanzrhythmen unseren Puls und unsere Atmung? Bedeutet das nicht, daß mit der seelischen Wirkung der Musik auf uns eine animalische verbunden ist, die wohl nur vom Rhythmus ausgehen und durch ihn das artverwandte rhythmische Leben unseres Körpers impulsieren kann?

Eine Verwandtschaft etwas ferneren Grades besteht zwischen Musik und Poesie. In den majestätisch strömenden Rhythmen der Hexameter, den erregenden von Daktylus und Anapäst, den inspirierten der freien Versgestaltungen wie in anderen Arten, hat sich seit frühen Epochen ein rhythmisches Gefühl der Dichter ausgelebt, das zweifellos mit dem der Musiker in Verwandtschaftsbeziehung steht. Gleich diesem äußert es sich in Betonungen und in künstlerisch inspiriertem Wechsel zwischen lang und kurz, nur sind die Beziehungen zwischen lang und kurz im Vers nicht arithmetisch meßbar, sondern entstehen, wie Art und Grad der Betonungen, aus dem Silbenverhältnis im Wort und dem Sinn und Gefühlsgehalt des Verses. Wenn in frühmittelalterlichen Kompositionen die Betonung und das Verhältnis von *lang* zu *kurz* in der melodischen Linie nicht aus musikalisch-rhythmischem Gefühl, sondern aus den sprachlichen Rhythmen der Texte folgten, so ist das aus der Primitivität und Begrenztheit der musikalischen Sprache jener Epoche zu verstehen; noch war sie nicht völlig Musik in unserem Sinn, ihr rhythmisches Eigenleben stand erst vor seiner Entwicklung. Diese Entwicklung ermöglichte dann das Entstehen unserer Notenschrift, die sowohl Tonhöhe wie Tondauer klar bezeichnet, aus der also der rhythmische Verlauf ebenso deutlich erkennbar ist wie der melodisch-harmonische.

In dem fließenden Verlauf jener geistigen Einheit von Melodie, Harmonie (oder Polyphonie) und Rhythmus, die wir Musik nennen, tritt bald das eine, bald das andere jener Elemente bedeutender hervor. Im Adagio der Beethovenschen Neunten zum Beispiel herrschen der innige Gesang und seine edle Harmonik; die Beziehungen zwischen Halben, Vierteln, punktierten Vierteln und Achteln, das heißt das Verhältnis der Notenwerte zueinander wird neben dem melodisch-harmonischen Verlauf kaum als rhythmischer Vorgang empfunden. Im Scherzo des gleichen Werkes dagegen erkennen wir als das Wesentliche der thematischen Substanz wie ihrer Durcharbeitung und der Gesamtgestaltung des Satzes die heftige rhythmische Bewegtheit. Zwischen solchen Extremen liegen die verschiedenartigsten Grade des Überwiegens eines dieser Elemente über das andere, und während im allgemeinen eine genaue, aber unauffällige Ausführung der Notenwerte den Ansprüchen an eine sinngemäße musikalische Interpretation Genüge tut, fordern Tonstücke, die besonders durch rhythmische Lebendigkeit charakterisiert sind, eine entsprechende Hervorhebung der letzteren in der Ausführung. Ist also die rhythmische Lebendigkeit ein wesentlicher Charakterzug einer Komposition, so hat der Ausführende sein eigenes rhythmisches Gefühl mit aller Energie dafür einzusetzen. Und dabei zeigt es sich, daß solche persönliche Rhythmik in einem bestimmten, mit Worten nicht zu erfassenden Sinn über die notierte meßbare Rhythmik »hinausgeht«, das heißt nämlich den wahren, von der Notierung nur anzudeutenden rhythmischen Sinn einer Tongruppe offenbart. Dieses persönliche rhythmische Gefühl wäre natürlich bedeutungslos, wenn der rhythmische Sinn einer musikalischen Phrase aus der genauen Meßbarkeit der Beziehungen zwischen den Notenwerten, das heißt aus deren Notierung, restlos erkannt werden könnte. Das eben ist nicht der Fall — der musikalische Rhythmus ist, wie vorhin angedeutet, nur annähernd meßbar, also auch nur annähernd aus der Notenschrift zu erkennen. Das angeborene rhythmische Gefühl hält sich nicht an zahlenmäßige Genauigkeit im Verhältnis von lang zu kurz, von kurz zu lang, wie die Notenschrift sie bestimmt; es weicht von ihr ab zugunsten eines inneren Impulses, der — instinkthaft — aus dem Muß einer höheren, nicht arithmetischen, sondern unmittelbaren Erfassung des musikalisch-rhythmischen Sinnes jener Notengruppen folgt. Die Energie, die solche spontane Rhythmik impulsiert, gibt erst dem musikalischen Vortrag jene Ursprünglichkeit und Vitalität, die einer nur auf arithmetisch meßbare Genauigkeit zielenden Ausführung fehlen muß. Letztere wird im Vergleich mit der ersteren matt klingen. — Dabei handelt es sich natürlich nur um minimale Unterschiede, denn der unmittelbar aus dem musikalischen Gefühl stammende Rhythmus ist, wie gesagt, *annähernd* meßbar.

Die Abweichung von der arithmetischen Genauigkeit betrifft hauptsächlich die kurzen Notenwerte in punktierten Rhythmen, welche ein lebendig rhythmisch Fühlender etwas kürzer empfindet und daher auch etwas später eintreten läßt als die Notierung vorschreibt. Unter den mannigfachen überlieferten Hinweisen auf diesen Punkt möchte ich hier nur die klare Vorschrift Philipp Emanuel Bachs in seinem »Versuch über die wahre Art, das Klavier zu spielen«, erwähnen, kurze Noten nach punktierten (also zum Beispiel ♪♪ ♪♪ ♪) kürzer auszuführen, als die Notierung angibt. Seine Autorität bestätigt damit, was wohl jedem rhythmischen Gefühl nur natürlich erscheint — welcher gute Musiker hätte nicht unbewußt von Jugend auf aus der Freude an so energischer Ausführung die punktierten Rhythmen auf diese Weise gespielt?

Es bedarf wohl kaum der Erwähnung, daß diese freie Ausführung der kurzen Noten nur bei mäßigem Tempo in Betracht kommt. In schnellem Zeitmaß verlöre sie ihren Sinn. — Doch sind es keineswegs nur die kurzen Noten punktierter Rhythmen, in deren freier Ausführung ein kräftiges rhythmisches Gefühl sich von der strengen Anpassung an die Notierung frei macht. Es verschiebt auch den Walzerrhythmus der Begleitung durch verfrühtes Eintreten des zweiten Viertels — es gibt einem starken Akzent vermehrtes Gewicht durch ein *ausholendes* Warten vor seinem Eintritt, und so weiter, kurz, es trotzt den Fesseln der arithmetischen Korrektheit, indem es den musikalischen Rhythmus zur spontanen Äußerung lebendiger Energie macht. Dabei würzt, wie schon erwähnt, die elementare Musikalität die gefühlsmäßig erfaßten Zeitbeziehungen zwischen den Notenwerten mit den beiden unentbehrlichen Ingredienzien des rhythmischen Musizierens: dem Akzent und dem staccato — unentbehrlich, weil ohne ihre wohl abgestufte Verwendung dem Rhythmus die unmittelbar überzeugende mitreißende Wirkung fehlen würde.

Je warmblütiger der Musiker, je elementarer seine Musikfreudigkeit, desto lebendiger und unmittelbarer wird sich seine Rhythmik äußern. Denn rhythmisch spielen heißt eigentlich: Freude am Rhythmus zum Ausdruck bringen. Man denke an den köstlichen Marsch in D-Dur von Schubert, an den ersten Satz der Siebenten von Beethoven, den Aufmarsch der Janitscharen in Mozarts »Entführung aus dem Serail«, an Wagners Walkürenritt — es ist eine Art Lebenslust, die sich in der gefühlsmäßigen Wiedergabe solcher Rhythmen äußert, und keine bloße Erfassung arithmetischer

Wertbeziehungen innerhalb solcher Tongruppen genügt oder befähigt zu ihrer sinngemäßen Ausführung. Wie selten doch hört man den erwähnten ersten Satz der Beethovenschen Siebenten mit dem rhythmischen Schwung ausgeführt, der nur aus dem unmittelbaren Erfühlen von ♪♩♩ ♪♩♩ entstehen kann. Man sollte meinen, daß das arithmetische Verhältnis von ♪ zu ♪ ♪ jedem verständlich sein müsse, der »bis drei zählen kann«. Und doch — wie häufig entartet nach kurzem der 6/8-Rhythmus zum 4/8, das ♪♩♩ zum ♫♩! Dieselbe peinliche Erfahrung macht der Dirigent unter anderen im Scherzo der Neunten von Beethoven mit dem Oktavensprung der Streicher, der meist bald zum 2/4 ermattet. Ich habe bei allen Bewerbungen von Musikern um Orchesteranstellung in der Oper stets eine korrekte Ausführung des *Nibelungen-Rhythmus* zur Bedingung gemacht, und wie selten fand ich eine befriedigende Ausführung von ♪♩♩ ♫♩ ♪♩♩! Das Verständnis für diesen dithyrambischen Rhythmus besitzt eben nur das dithyrambische Gefühl, er kann nicht arithmetisch errechnet werden.

Auch die zahlenmäßig klarste Erfassung arithmetischer Beziehungen zwischen Notenwerten eröffnet also nicht den Zugang zum musikalischen Rhythmus, ja genügt in schwierigeren Fällen nicht einmal zu einer nur korrekten Aufführung. Musikalischer Rhythmus hat eben eine qualitativ arteigene, eine höhere als quantitative Bedeutung, die er jedoch in sich schließt. Während also das arithmetische Verständnis für die Gruppe ♪♩ ♩ nicht ihre Entartung zu einer so gründlich falschen Ausführung wie ♫♩ zu hindern vermag, ist ihre musikalisch einwandfreie Wiedergabe der gesunden rhythmischen Veranlagung ohne weiteres gegeben — und ohne Anwendung von arithmetischen Methoden. Wenn aber auch die Meßbarkeit der Notenwerte nicht zum rhythmischen Musizieren genügt oder verhilft, so bleibt sie doch ein nützlicher Wegweiser dorthin, sowie ein Schutz vor gröberen rhythmischen Verstößen, und abgesehen von Tonstücken, die durch rhythmische Lebendigkeit charakterisiert sind, bedeutet die Notierung der Tonwerte und ihrer Beziehungen zueinander im allgemeinen eine genügend zuverlässige Grundlage des musikalischen Verlaufs.

Die vorstehenden Ausführungen gelten dem Rhythmus im engeren Sinn, das heißt dem rhythmischen Leben der Musik, wo es als solches den Charakter eines Tonstücks bestimmt. Aber auch wo er nicht hervortritt, überall ist der Rhythmus integraler Teil des musikalischen Verlaufs. Jeder musikalische Vorgang hat seinen rhythmischen Gehalt, und damit spreche ich nun vom Rhythmus im weiteren Sinn. Selbst der stillste, unmerklichste Wechsel von Notenwerten im Fluß der Komposition, ja auch eine Folge gleichmäßiger Noten, wie zum Beispiel die Akkordbegleitung in Hugo Wolfs Lied »Du bist Orplid, mein Land«, bedeutet rhythmisches Leben und muß als Rhythmus verstanden und bezeichnet werden. Seine Verdeutlichung oder Hervorhebung ist genau in dem Grade erforderlich, den der besondere Charakter des Tonstücks verlangt. So bedarf zum Beispiel der Trauerchor im Anfang des Gluckschen Orpheus der Deutlichmachung der gleichmäßigen Viertel in den Bässen, ohne die der tragische Charakter des Stücks nicht zum Ausdruck gelangen könnte.

Ein Wort auch über die Bedeutung der Synkope für die rhythmische Bewegtheit eines musikalischen Verlaufs; ihr schwebendes Wesen wirkt gegen den Eindruck der Schwere, sie rebelliert als Hebung gegen die Tyrannei der Senkung; durch ihr Hinken, Nachschlagen, durch ihre Bewegung zwischen den Betonungen bereichert sie das rhythmische Leben, und ihre komplizierteren Formen vermögen es zu heftiger blutvoller Erregung zu steigern.

Ich sprach am Anfang dieses Kapitels von entfernteren

Verwandtschaftsbeziehungen des musikalischen Rhythmus, auf die tiefere Erwägungen hinweisen. Ich dachte dabei vor allem an die makrokosmischen Rhythmen, an Ebbe und Flut, an den Wechsel der Jahreszeiten, an die planetarischen Bewegungen usw. — auch an die Rhythmen körperlicher Vorgänge. Besteht zwischen ihnen und den musikalischen Rhythmen eine andere als eine bloße Vergleichsbeziehung, äußert sich im rhythmischen Leben der Tonkunst vielleicht eine Erbanlage aus kosmischen Urzeiten? — Es wird uns Musikern schwer, unseren aus der Musik stammenden Begriff von Rhythmus wiederzuerkennen in seiner vielfachen Anwendung auf die erwähnten, und sogar auf noch entferntere Gebiete, wo wir den uns vertrauten Sinn desselben fast bis zur Unkenntlichkeit verwandelt finden. Denn wir sind uns der gewichtigen Bedeutung des prinzipiellen Unterschieds zwischen den Rhythmen der Natur und denen der Musik bewußt: das rhythmische System des Körpers ist unabhängig vom geistigen Ich, unser Herz schlägt nach naturbedingten Gesetzen, frei von unserer Willkür — der Wechsel von Ebbe und Flut, von Jahreszeit zu Jahreszeit, und so weiter, folgt aus Naturgesetzen. Die musikalischen Rhythmen einer Komposition dagegen stammen aus der schöpferischen Freiheit des Komponisten, sie bilden eine integrale Einheit mit der melodisch-harmonischen Substanz, zu der sie gehören — jedes musikalische Gebilde ist zugleich ein rhythmisches, und statt aus der Naturgesetzlichkeit, die den rhythmischen Verlauf terrestrischer oder kosmischer Vorgänge regelt, folgt die rhythmische Gestaltung eines Tonstücks aus der freien künstlerischen Phantasie des Menschen. Daraus erklärt sich denn auch der Reichtum des rhythmischen Lebens der Musik, sein von keiner Regel abhängiger freier Wechsel, sein Reiz — kurz, der musikalische Rhythmus ist künstlerischer Art, der physische oder terrestrisch-kosmische ein Natur-Vorgang.

Trotzdem darf man die Möglichkeit, ja Wahrscheinlichkeit einer Verwandtschaft nicht in Abrede stellen. Rhythmus im weitesten Sinne ist geregelter zeitlicher Verlauf. In diesem Sinne besteht in der Tat eine Beziehung zwischen musikalischen und Welt-Rhythmen. Vielleicht drückt sich in unserer Freude am musikalischen Rhythmus etwas von jener Urlust des Werdens aus, das die Welten rhythmisch bewegt.

Ich bin mir der Unzulänglichkeit des vorliegenden Versuches klar bewußt. Das geheimnisvoll vielfältige Wesen des musikalischen Rhythmus entzieht sich dem Wort, weil er, wie ich zu zeigen bemüht war, meßbar-unmeßbar ist, Geschöpf der künstlerisch schaffenden Phantasie und doch in begrenztem Maße mathematischen Gesetzen unterworfen, naturverwandt und auch seelenhaft musisches Element. Zart bis zur Unmerklichkeit pulsiert er in schwebenden Seelenlauten der Musik und kommandiert als Tyrann die wilden Ausbrüche ihrer Lust oder ihrer finsteren Gewalt, sein Bereich erstreckt sich vom Geistigen bis ins bluthaft Animalische. Nur aus dem gefühlsmäßigen Verständnis für diese Weite, Vielfalt und Gegensätzlichkeit im Wesen des Rhythmus kann jene höchste Lebendigkeit des musikalischen Vortrags entstehen, ohne die das Kunstwerk nicht in seiner Fülle und Ursprünglichkeit zu Klang werden kann. Die notwendige Grundlage des rhythmischen Musizierens ist die arithmetische Genauigkeit der Wertbeziehungen zwischen den Tönen, die dann, um als elementare Rhythmik zu wirken, jener Verlebendigung durch den Ausführenden bedarf, über die ich mich hier geäußert habe.

Meine frühesten musikalischen Erlebnisse rührten vom Singen her. Ich hörte meiner Mutter zu, wenn sie Lieder sang und sich am Klavier dazu begleitete. Mein Vater führte mich zu sommerlichen Opernvorstellungen bei »Kroll« in Berlin, wo ich in Aufführungen von Mozartschen, Verdischen und anderen Opern die edlen Stimmen und den schönen Gesang der Marcella Sembrich, des Francesco d'Andrade und anderer oft vortrefflicher Sänger genoß. Ich selbst sang vor mich hin, was mir von eindrucksvollen Gesangsphrasen oder auch anderen Melodien im Gedächtnis haftete. Als ich etwa vierzehn Jahre alt war, machte mich die Direktorin und Gesangsmeisterin des Sternschen Konservatoriums, dessen Schüler ich war, zum Klavierbegleiter in ihren Gesangsstunden, und so lernte ich Lieder und Arien, in denen sie die Schüler und Schülerinnen unterwies, nicht nur musikalisch, sondern auch als gesangstechnische Aufgaben kennen. Ich sang in den Chorübungen des Konservatoriums mit, begeisterte mich am chorischen Klang, und zu gleicher Zeit etwa begann ich, so oft es mir nur meine schmalen Mittel erlaubten, die Vorstellungen im Berliner Opernhaus zu besuchen, wo sich mir zu den vokalen Charakteren und Möglichkeiten der menschlichen Stimmen ihre dramatische Ausdruckskraft in Werken wie Fidelio und Zauberflöte, in Orpheus und Freischütz, in Rigoletto und Aida, in anderen Opern verschiedener Stile und im Wagnerschen Musikdrama erschloß. Musik bedeutete also zu jener Zeit für mich eigentlich eine Welt des Gesanges und — vielleicht weil ich ihr so besonders nahe als Klavierbegleiter gekommen war und auch im Opernhaus die Stimmen stets im Zusammenklang mit dem Orchester hörte — erschien meinem kindlichen Sinn alle Musik damals eigentlich als eine Art *Melodie mit Begleitung*. Kein Wunder, daß ich die Klavierliteratur, die mich beschäftigte, auch die Klavier-Violinsonaten, die Klaviertrios usw., die ich mit meinen Mitschülern spielte, zunächst in demselben Sinn auffaßte, wobei in den Kammermusikwerken *Melodie* und *Begleitung* natürlich zwischen den Instrumenten abwechselten. — Auch den Partituren Haydnscher Symphonien und anderer klassischer Orchesterwerke näherte ich mich geraume Zeit hindurch mit der gleichen naiven Betrachtungsweise.

Erst die Fugen des Wohltemperierten Klaviers von Bach wollten sich dem Begriff der *Melodie mit Begleitung* durchaus nicht fügen, obgleich die Methode, nach der sie damals in der Regel gespielt wurden, einer derartigen Einstellung durchaus entsprochen hätte. Nach dieser Methode nämlich wurde das Thema der Fuge als einzig wichtiger Teil der Komposition zur Geltung gebracht, während die anderen zwei oder drei Stimmen ihm dynamisch völlig untergeordnet wurden und somit eine Art Begleitung zu einem stets wiederholten, kurzen Thema bildeten. Sehr bald bemerkte ich, daß mit dieser Behandlung der Fuge Unrecht geschah, und ich suchte nach einer Ausführung, wie ihr Stil sie zu fordern schien. Ich begann damit, daß ich mich von dem verwirrenden Eindruck der Notierung eines vierstimmigen Stückes auf zwei Systemen befreite, indem ich es auf vier Systemen ausschrieb und zunächst jede Stimme einzeln für sich durchspielte und mich dadurch sowohl mit deren besonderem Inhalt vertraut machte, wie ihre relative Selbständigkeit erkannte; dann spielte ich die Fuge als Ganzes und versuchte dabei, den Verlauf der einzelnen Stimmen gegen das stets wiederholte Thema klanglich durchzusetzen und sie gegeneinander abzustimmen. Mit der Bemühung, meinen Fingern eine dynamisch so komplizierte Leistung abzugewinnen, entwickelte sich so allmählich mein Sinn für die Mehrstimmigkeit. An ihr erweiterte und vertiefte sich mein Verständnis für das Wesen der Musik, und damit schärfte sich mein Blick für den Bau des musikalischen Satzes überhaupt, für das Verhältnis der thematischen Linien zu dem, was mit ihnen zugleich erklingt, mit ihnen verbunden ist, sie trägt und ergänzt, sich ihnen entgegensetzt. Und bald begann ich auch den Sinn des symphonischen Stils zu ahnen, mit seinem Wechsel zwischen Polyphonie und Homophonie, seinem Reichtum an thematischem und harmonischem Leben, wie an rhythmischer Bewegtheit, seiner Verbindung gegensätzlicher Elemente zu einheitlicher Bedeutung und dem vielfältigen *Material* schöpferischer Einfälle, aus denen das kunstreiche Gebäude in seiner Gesamtheit erstanden war.

Immer deutlicher offenbarte sich meinem tiefer dringenden Blick der Sinn der Vertikalität und Horizontalität, immer überwältigender empfand ich die lebensvolle Vielfalt der strukturellen Elemente des Symphonischen und in dieser mir neuen Welt hatten meine früheren, kindlich unklaren Begriffe von Melodie und Begleitung allmählich ihre Geltung verloren. Der Gedanke der *Begleitung*, den ich ohnehin nie dem klaren Wortsinn nach, sondern eher in dem unklaren und negativen einer Zusammenfassung alles dessen, was »nicht Melodie« war, verstand, war untergegangen in den bedeutenden Begriffen der Mehrstimmigkeit und des symphonischen Stils. Die Idee der *Melodie* aber — die mir ja eigentlich nur das Singbare bedeutete — hatte sich mir zum Begriff einer führenden musikalischen Hauptlinie in umfassendem Sinn erweitert, in der Sing- wie Spielbares in musikalisch-logischem Zusammenhang dahinströmend enthalten ist.

Dies vertiefte Verständnis für den musikalischen Satz bewirkte aber weder in meinem praktischen Musizieren, noch in meinem musikalischen Fühlen eine Entthronung des Gesanglichen. Das blieb für mich, meiner Anlage nach, wie dem oben geschilderten Werdegang zufolge, die sozusagen musikalischste Äußerung der Musik. Daher kam es, daß

innerhalb der grenzenlosen Verschiedenartigkeit themati-
scher Bildungen aller Art, der männlich energischen, leidenschaftlich bewegten, der anmutig reizvollen, patheti-
schen, zarten — alle nahm ich durstig in mich auf —, daß von
aller Thematik am stärksten die der langsamen Sätze, vor
allem des Beethovenschen Adagio, zu mir sprach. Mir war,
als ob in ihm sich mir das tiefste Geheimnis der Musik
offenbarte. Doch konnte es nicht fehlen, daß ich Spuren
dieses »Ewig Weiblichen« in der Musik, das uns hinan-
zieht, bis weit jenseits des Gebietes der langsamen Sätze,
ja auch in zahlreichen thematischen Bildungen der schnellen
Sätze empfand. Eigentlich schien mir jedes Thema oder Motiv, auch das energisch-männlichste, noch Spuren aus jener
Welt des gesanglich Urmusikhaften zu enthalten, so wie
wiederum fast alle Gesangsphrasen auch Elemente von Bewegtheit und rhythmischem Leben aufwiesen. Aus der instinktiven Erkenntnis dieser blumenhaften Zweigeschlechtigkeit der musikalischen Thematik, die sich — mit Ausnahme gewisser Grenzgebiete — eigentlich über ihr ganzes
Reich erstreckt, folgte für mein praktisches Musizieren, was
ich eine fortwährende Singbereitschaft nennen möchte, die
dabei in keiner Weise meine wache Empfindlichkeit für die
Elemente energischer Männlichkeit in fast allen Ausdrucks-
gebieten beeinträchtigte.

Daß sich in solcher steten Singbereitschaft im Musizieren
nicht etwa nur eine persönliche Neigung ausdrückt, sondern
daß wir sie als eine dem Wesen der Musik entsprechende
elementare Anlage des ausübenden Musikers im allgemeinen anzusehen haben, ergibt sich aus dem Begriff des Gesanglichen, wenn wir ihn — berechtigterweise — zu dem des
Lyrischen erweitern, oder vielmehr ihn dadurch ersetzen.
Denn es wäre falsch, unter *Gesangsthema* nur zu verstehen,
was wir wirklich singen können, das heißt eine Phrase,
deren Wiedergabe menschlicher Stimmumfang und vokale

Technik gewachsen sind. Können wir doch auch Phrasen singen, die durchaus nicht gesanglich im Sinn der Lyrik genannt werden können, wie Rezitative, Musik dramatisch bewegten Charakters, zum Beispiel Telramunds Verzweiflungsausbrüche im zweiten Akt des Lohengrin, Pizarros Arie in Fidelio usw. *Gesanglich* in eigentlichem Sinn ist also alles, was von Instrument oder Stimme in singendem Ausdruck — cantabile — vorgetragen werden kann und soll, und genau das ist es, was wir unter dem Begriff des Lyrischen zu verstehen haben. Das Gebiet der musikalischen Lyrik ist fast unbegrenzt und, obgleich zweifellos vokalen Ursprungs, macht sich diese Abkunft kaum noch vernehmlich in der universellen Bedeutung des cantabile. Und noch über den weiten und vielfältigen Bezirk der eigentlichen Lyrik hinaus wirken gesangliche Elemente hinein in thematische und motivische Bildungen entgegengesetzten Charakters, so daß wir einen so betont männlichen, unlyrischen Satz wie den ersten der Beethovenschen Fünften Symphonie — nur das zweite Thema schweift ins Gesangliche ab — als eine Ausnahme ansehen dürfen. Und ist nicht das erste Thema der Weberschen Euryanthen-Ouvertüre

ein wahres Musterbeispiel für einen männlichen, scharf rhythmisierten Einfall, der zugleich ein lyrisches Element hymnischen Schwunges enthält? Doch nicht nur an derartige Muster der Zweigeschlechtigkeit, für die auch der Anfang der Rheinischen Symphonie von Schumann

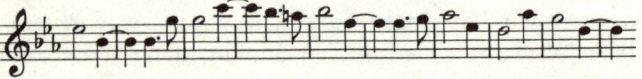

68

ein weiteres charakteristisches Beispiel wäre, denke ich in diesem Zusammenhang. Finden wir denn nicht im ganzen Verlauf symphonischer Sätze — man betrachte selbst ein so *männliches* Stück wie den ersten Satz der Eroica — eine Fülle gesanglicher Elemente, denen die Aufführung ihr cantabiles Recht verschaffen muß, soll sie nicht zu saftloser Dürre verarmen. Und fühlen wir nicht sogar im Passagenwerk, sei es brillant oder träumerisch, wie oft bei Chopin, sei es elegant, ritterlich, wie zum Beispiel in Webers Konzertstück

eine *latente* Lyrik, die wir in der Wiedergabe zur Geltung zu bringen haben? Und so müssen wir der Lyrik fast eine Art Allgegenwart im Reich der Musik zusprechen, ohne es jedoch dadurch zum Matriarchat zu machen; denn den Haushalt der Musik führt die Lyrik der weiblichen Elemente gemeinsam mit der Rhythmik und Dynamik der männlichen, und in jedem großen musikalischen Meisterwerk finden wir die Ebenbürtigkeit jener gegensätzlichen Kräfte bestätigt, aus deren Wechsel, deren Gegeneinander und Miteinander, der wogende Reichtum seines Inhaltes besteht.

In der Fülle der musikalischen Anlagen, deren der ausübende Musiker bedarf, steht also jene, oben erwähnte, stete Singbereitschaft mit an erster Stelle — das fast allgegenwärtige lyrische Element im wechselvollen musikalischen Verlauf lebt von ihr und müßte ohne sie verkümmern. Doch behaupte ich durchaus nicht, daß nur ein Weg wie der meine — aus einer vom Geist des Gesanges beschwingten Jugend her — zu solcher Art des Musizierens führen könne, in deren Ausdrucks-Vielfalt die musikalische Lyrik die ihr gebührende Bedeutung erhielte. Ich kann mich sehr wohl in den grundverschiedenen Entwicklungsgang eines Musikers versetzen, der seine ersten Eindrücke und Anregungen von instrumentalen Klängen empfing, und dessen frühe Neigungen einem scharf rhythmisierten Musizieren und schnell bewegten Tonstücken zugewandt waren. Es handelt sich ja hier durchaus nicht etwa um einen totalen Gegensatz: denn meine ausgesprochene jugendliche Neigung zum Gesanglichen verhinderte keineswegs meine Freude an rhythmisch energischer oder stürmisch bewegter Musik und des Anderen vorwiegend gegensätzliche frühe Richtung könnte sich sehr wohl mit allmählicher Erschlossenheit für lyrische Reize verbinden. Jedoch mag es sein, daß meine Anlage mich wohl öfters zu einer fatalen Art von Sentimentalität und Mangel an Präzision im Musizieren in den Epochen des Suchens und der Entwicklung getrieben hat, während die gegensätzliche Richtung sich eher in einer gewissen Trockenheit und Härte des Musizierens in solchem Stadium geäußert haben mag. Warum aber sollten sich die beiden Wege nicht in der Mitte begegnen, warum sollte die Verschiedenheit der Ausgangspunkte eine Übereinstimmung der gereiften Musiker in wichtigen Grundfragen dauernd verhindern? Ich bin überzeugt, daß alle wahren Musiker, aus welcher Richtung auch sie ihren Weg genommen, über die urmusikalische Bedeutung jener stets wachen Singbereitschaft nur einer Meinung sein können.

Jedenfalls aber stellt die Lyrik — bei all ihrer tiefen Bedeutung und der Weite ihres Gebietes — doch nur eine Seite der Musik dar, und somit verlangt das Musizieren, weit über die bloße Singbereitschaft hinaus, einen Reichtum musikalischer Anlagen von uns, wie er dem vielfältigen und kontrastreichen Wesen der Musik entspricht. Wahre nachschaffende Begabung ist so komplex wie die Musik selbst, und nur ein steter *Alarmzustand* des vollen Talentes, wie aller emotionalen Kräfte der Seele und des Blutes, kann den Forderungen der Musik an den ausübenden Musiker gerecht werden.

Das erste Ziel unserer Aufmerksamkeit muß natürlich der *Hauptlinie* gelten, die, wie ich vorhin sagte, in musikalisch-logischem Verlauf dahinfließt. Ihr vor allem gehört unsere Bereitschaft zu gesangvollem wie energisch rhythmischem Vortrag in allem Wechsel der Ausdrucksgebiete, durch die sie strömt, und wir müssen uns darüber klar sein, daß ihr als Hauptlinie wirklich die beherrschende Bedeutung zukommt. Denn der Begriff der Vielstimmigkeit schließt keineswegs den der Koordination, der Gleichbedeutung der Stimmen ein. Die Führung kann von einer zur anderen übergehen, die Hauptlinie mag jetzt oben, dann unten, dann in der Mitte liegen — wesentlich für unsere Betrachtung der Aufgabe des Interpreten ist, daß es meist nur die eine Hauptlinie gibt, deren Ausführung er sich vor allem hinzugeben, der er die anderen Stimmen dynamisch und im Ausdruck anzupassen hat.

Und so wäre denn die Musik, trotz aller Satzkunst, bei aller linearen Polyphonie, im Grunde doch — homophon? Das ist sie in der Tat. Nicht nur muß sie der ausübende Musiker so ansehen, weil in der praktischen Ausführung die Klarheit davon abhängt, daß die Hauptstimme nicht übertönt wird, sondern stets hörbar bleibt; nein, auch das kunstvollste Gewebe der Stimmen ist vom Komponisten niemals anders gemeint als eine organische Einheit — von einem Sinn beherrscht — die sich in so komplexer Form äußert. Die musikalische Polyphonie ist — man verzeihe die Paradoxie — eine kunstvolle Form der Homophonie, das heißt in jedem Moment ihres Verlaufs kommt doch immer einer der Stimmen eine höhere Bedeutung zu — und sei es auch nur in geringem Maß — als den anderen.

Es kann auch nicht anders sein, weil nämlich die Perzeptionsfähigkeit der menschlichen Seele einer unausgeglichenen Vielstimmigkeit nicht gewachsen wäre. Für die Abstufung im Stimmgewebe, falls sie nicht durch die Instrumentation gegeben oder ermöglicht ist, muß also der Dirigent aus eigener Bemühung Sorge tragen. Prüfen wir unsere Reaktion auf Mehrstimmigkeit und beobachten wir uns, wenn wir gegen Schluß des Meistersinger-Vorspiels die drei Themen zugleich hören: Unser Ohr ist vom Preislied-Thema der Geigen und Celli hauptsächlich angezogen, wir empfinden dabei zugleich den Reiz des flotten Lehrbuben-Motivs, ohne es ebenso klar aufzunehmen und das Meister-Thema in Tuba und Bässen dringt ebenfalls an unser Bewußtsein, aber noch etwas dumpfer. Die größte Deutlichkeit, die sorgfältigste dynamische Klarmachung der drei Stimmen ermöglicht uns nicht, unser Bewußtsein allen dreien in gleicher Konzentration zuzuwenden; das Preislied-Thema wird die Hauptlinie bleiben, der sich die anderen anpassen. Ich möchte nicht dahin mißverstanden werden, als ob ich unser Bewußtsein für streng eindimensional hielte. Unsere Aufnahmefähigkeit entspricht durchaus jener musikalischen Polyphonie, die einem homophonen Sinn dient. In die Hauptlinie des Denkens oder Fühlens oder Wahrnehmens, die unser Geist verfolgt, wirken andere Linien gleichzeitiger Vorgänge mehr oder weniger bedeutend hinein, sie können mit ihr wechseln, sie können ihre Bedeutung übernehmen, aber sie werden sich ihr nicht genau koordinieren. Diese Neigung zur *Einlinigkeit* in unserer Perzeption innerhalb der Fähigkeit, verschiedene Eindrücke gleichzeitig zu bemerken, zeigt sich besonders deutlich in unserer Reaktion auf die komplexe Vielfalt einer Opernaufführung: jetzt hören wir eines Sängers schöner Stimme zu und *sind ganz Ohr*, das heißt wir sehen kaum, was auf der Szene vorgeht; da ertönt auf der Bühne ein dramatisch erregendes Wort, es ergreift unsere Seele, und die Musik, die gleichzeitig ertönt, sinkt in eine etwas dämmerigere Sphäre unseres Bewußtseins hinunter. Das Bühnenbild verwandelt sich überraschend, und wir werden in diesem Moment *ganz Auge*. Kurz, die *Hauptlinie* unserer Aufmerksamkeit springt vom Gesang zur Szene, vom Wort zur Aktion, vom Gebiet des Ohres zu dem des Auges, und immer wirken verschiedenartige Vorgänge in unsere Wahrnehmung der Hauptlinie zwar merklich, aber in etwas geringerer Intensität hinein. Und jede musikalische Interpretation hat dieser Art unseres Aufnehmens durch die Ordnung des Verhältnisses der Hauptlinie zu den anderen Stimmen, oder zu dem mit ihr zugleich erklingenden musikalischen Komplex, Rechnung zu tragen.

Intuitiv war ich mir schon frühzeitig der Notwendigkeit einer solchen klanglichen Abstufung bewußt. Die Aufgabe war leicht, wenn es sich um die Klavierbegleitung zu einem Lied oder einer Arie, oder um ein Nocturne von Chopin handelte. Hier hatte ich wirklich meist mit Melodie und Begleitung zu tun; und wenn die letztere dynamisch sich der ersteren anpaßte, sie im forte kraftvoll unterstützte und ihr im piano zart nachgab, mit ihr crescendierte und decrescendierte, etwaige Gegenstimmen oder Imitationen ausdrucksvoll hörbar machte, ohne die Melodie zuzudecken, so schien mir alles in Ordnung. Anspruchsvoller aber waren die Kompositionen eines dem Symphonischen zugehörigen Stils, wie Sonaten und Kammermusikwerke, und durchaus verschieden davon Tonwerke ausgesprochener Mehrstimmigkeit. Aber ob ich Fugen oder Sonaten oder Kammermusik spielte, immer suchte ich die Hauptlinie, verfolgte sie von Anfang bis Ende, bemühte mich, gegen sie und gegeneinander dynamisch abzustufen, was musikalisch mit ihr verbunden war, und trachtete stets, das Wichtigere dem weniger Wichtigen klanglich überzuordnen. Es ging mir dabei natürlich um eine höhere Klarheit als nur die des Klanges; um die Klarheit des Sinnes.

Und auch heute wüßte ich nichts Besseres zu erstreben und zu raten, als Klarheit des Klanges zu erzielen durch Abstufung des gleichzeitig Erklingenden, je nach der Wichtigkeit des Einzelnen und im wohl abgewogenen Verhältnis desselben zur Hauptstimme. Ob es sich um polyphonen oder homophonen Stil oder den Wechsel zwischen beiden handelt, wie wir ihn im größten Teil des symphonischen Schaffens finden — in Klavier- oder Kammermusik, in der Oper oder anderen Vokalwerken — immer müssen wir die dynamische Nuancierung und den Ausdruck des Klanggewebes der Hauptlinie und deren Gefühlsgehalt so anpassen, daß die letztere darin die klangliche und emotionale Unterstützung findet, deren sie bedarf, und daß zugleich alles musikalisch Wichtige zur Geltung kommt, ohne die Hauptlinie zu stören. Auch die tiefste Vertrautheit mit einer Komposition, auch ihre innerlichste und gefühlsstärkste Wiedergabe können nicht zur Wirkung kommen, wenn wir nicht durch jene dynamische Ausgeglichenheit für Klarheit gesorgt haben. Sie ist in entscheidendem Sinn eine der Hauptforderungen der musikalischen Interpretation.

Der Organist verfügt über die reich differenzierten Möglichkeiten, die ihm die Wahl unter der Vielfalt der Register, der Wechsel zwischen den Manualen bieten. Die gleichzeitige Verwendung der in Dynamik und Klangfarbe so verschiedenen Mittel seines Instruments hilft ihm, das polyphone Gewebe einer Komposition zur Klarheit zu bringen und die Stimmen ihrer Bedeutung gemäß gegeneinander abzustufen.

Der Pianist verfügt zwar nur über ein Instrument von einheitlichem Klangcharakter, dem er die Abtönung in Dynamik und Klang abzwingen muß; dafür aber steht ihm — im Gegensatz zum Organisten — die unmittelbare Reaktion des Instruments auf den Anschlag der zu Seelenwerkzeugen erzogenen Finger zur Verfügung, und wahre Wunder an dynamischer Differenziertheit im gleichzeitigen Anschlag haben wir von sensitiven Pianisten schon erlebt! In solcher hohen Art der Klarheit, weit mehr als im sinnlichen Klangreiz, liegt das Anschlagsproblem des Klavierspielers, und wir haben dem scheinbar so unbefriedigenden Instrument viel abzubitten, wenn wir bedenken, welch gesangvolles legato, welchen Farbenreichtum und welche Differenziertheit in der Dynamik pianistisches Talent dem Mechanismus von Taste, Hammer und Saite abgewonnen hat.

Im Ensemblespiel der Kammermusik wird jene Ausgeglichenheit des Klanges dadurch erreicht, daß die einzelnen Instrumente je nach der Bedeutung ihrer Stimme für das Ganze abwechselnd bald beherrschend hervortreten, bald sich deutlich bemerkbar machen, bald gerade nur hörbar werden, bald im Ensemble untertauchen. Eine Verständigung unter den Spielern kann unschwer dies Resultat erzielen.

Ganz anders aber sieht es damit in der orchestralen Musik aus. Auf ihrem Gebiet wird die Erzielung der *Balance* oft zum Problem und zu einem, dessen Lösung zu den vordringlichsten Aufgaben des Dirigenten gehört. Nicht nur aber hat er die Klarheit eines oft komplexen Tongewebes — statt, wie der Instrumentalist, mittels der eigenen zehn Finger — mit dem vielköpfigen Instrument des Orchesters und dessen dynamisch so unterschiedlichen Instrumenten und Instrumentgruppen zu erzielen; ihm ist auch der Klang und sind die Klangelemente, die er untereinander auszugleichen hat, durch die Partitur des Komponisten vorgeschrieben. Und da mag es wohl sein — ja es ist leider häufig der Fall —, daß die Instrumentation jener Klarheit und dynamischen Ausgeglichenheit Hindernisse bereitet. In Oper und Oratorium bietet sich uns das Problem noch in besonderer Form:

der klangliche Ausgleich zwischen der menschlichen Stimme und dem Orchester stellt dem Dirigenten oft sehr schwierige, ja gelegentlich fast unlösbare Aufgaben. Namentlich dem Opernkapellmeister bedeuten sie eine *chronische* Sorge, die sich gelegentlich zur akuten verschärft, wenn er das Volumen des Orchesterklanges einer zarteren Stimme, oder der eines indisponierten Sängers, improvisatorisch anpassen muß. Auch auf dem Konzertpodium muß der Dirigent es verstehen, in Instrumentalkonzerten dem Soloinstrument, der Geige, dem Cello, dem Klavier oder anderen, das Orchester dynamisch anzugleichen und dem letzteren dabei stets die Bedeutung zu wahren, die ihm vom Komponisten zugedacht ist.

Ich werde auf die Frage der dynamischen Klarheit, wie sie sich in der orchestralen Musik darstellt, in meinen Ausführungen über den Dirigenten zurückkommen. Hier will ich nur nochmals auf ihre eminente Bedeutung für jeden ausübenden Musiker hinweisen und meiner Überzeugung Ausdruck geben, daß Klarheit die Grundlage der musikalischen Interpretation ist und jeder seelenhaften Erfülltheit vorauszugehen hat.

Vom Ausdruck

Musik war niemals und nirgends nur ein leeres Spiel von Tönen. Die Schwingungen bereits, die wir als musikalischen Klang empfinden, sind nicht rein materieller Natur — in ihnen tönen Elemente seelenhafter Art mit, die dem, was erklingt, zu innerem Sinn und Zusammenhang verhelfen — erst dadurch wird das Nacheinander und Miteinander von Tönen zur musikalischen Sprache, deren Beredsamkeit auf die menschliche Seele wirkt. Musik ist also kein »tönend Erz oder klingende Schelle« — die Welt der Klänge ist erfüllt von diesen seelenhaften Elementen, deren unendlich wechselvolle innere Beziehungen den bloßen Tonfolgen eine geistige Bedeutung geben und dahin wirken, sich zu einer seelischen Einheit besonderer Art, dem musikalischen Gefühlsausdruck, zu verdichten. Es könnte keinen seelischen Ausdruck in der Musik geben, wenn nicht das *Material* der Musik, der Klang, mit seiner wesenseigenen, seelenhaften Qualität sich dazu böte. Aus dieser elementaren Richtung der Musik ins »Gefühl« ist es zu verstehen, daß — lange vor den Zeiten unserer Tonkunst — tönende Formen längst vergangener Epochen, eben jener latenten Beseelung wegen, schon als musikalische Sprache wirkten, die an das Gefühlsleben der Hörer rührte.

Daß alles, was in musikalischen Tönen erklingt, Ausdruck hat und die menschliche Seele erregt, ersehen wir aus der Wirkung auch der nichteuropäischen Musik auf ihre Hörer, der Tatsache ihrer kultischen Verwendung, den Berichten über ihren emotionalen Einfluß im öffentlichen Leben ferner Völker. Aus der Vergangenheit dringt noch zu uns die beredte Botschaft von der Seelenmacht der griechischen Musik, von ihrer ungeheuren Popularität, von der Breite und Tiefe ihrer Wirkung. Plato spricht von den »süßen und klagereichen Harmonien, welche die Musik durch die Ohren wie durch ein Schallrohr in die Seele hineinspielt und hineinströmen läßt« — wobei er zweifellos mit »Harmonie« Musik im allgemeinen meint —, und berichtet von der bald niederdrückenden, bald freudig erhebenden Wirkung der Musik. Und Jacob Burckhardt schreibt von den »heftigen und leidenschaftlichen Trauerweisen, die in Delphi auf Flöten geblasen wurden, von der Kriegsmusik, die dem Kriege, von der heiligen Musik, die dem Kultus auf Schritt und Tritt folgten«, und so weiter.

Ich erwähne diese Tatsachen, um die Ausdruckskraft der Musik als solcher festzustellen, auch einer Musik, die wie jene der Griechen, fundamental verschieden von unserer Tonkunst war. Außer den griechischen Skalen, die wir in unseren Kirchentonarten übernommen haben, findet sich von jener gefühlsstarken griechischen Tonkunst kein Nachklang in unserer Musik, und auch der nichteuropäischen Musik hat die unsere, von gelegentlichen äußerlichen Anregungen abgesehen, kaum etwas zu danken. So hat sich unsere Musik aus wesenseigener Triebkraft von Kindheitsphasen her zu ihrer heutigen Großmachtstellung im Bereich der Seele entwickelt, und ich scheue mich nicht, zu behaupten, daß in ihren Offenbarungen die Menschheit sich selbst tiefer verstehen gelernt, oder sagen wir, daß sie durch die Musik einen neuen und tieferen Begriff von der Menschenseele gewonnen hat. Die Musik berichtet in ihrer unvergleichlich eindringlichen Beredsamkeit von Gründen und Abgründen des menschlichen Herzens, die erst sie zu erschließen und darzustellen vermocht hat. Haben wir als eine der bewunderungswürdigsten Errungenschaften des menschlichen Geistes die Wortsprache und ihre Entwicklung anzusehen, so müssen wir die Schaffung der musikalischen Sprache und gerade unserer metrischen, melodisch-rhythmisch-harmonischen, vielstimmigen, symphonisch geformten, zur Subjektivität intensivierten Musik, als eine gewaltige Leistung der menschlichen Seele bewundern, die sich in dieser Musik so eindringlich beredsam wie noch nie zuvor auszudrücken gelernt hat.

Die vertiefte Selbsterkenntnis und das gleichnishafte Weltbild, die sich der Genius der Menschheit mit der Steigerung der Musik zur Höhe ihrer Ausdrucksmacht gewonnen hatte, bedeuten eine wichtige Epoche in der inneren Geschichte des Menschen, und ich glaube, daß eine spätere Zeit in der Entdeckung dieses Neulandes eines der bedeutendsten Ereignisse auf dem kühnen Eroberungszuge der Menschheit durch die grenzenlose Welt des Geistes erkennen wird.

Die Geschichte unserer Musik ist somit zum großen Teil eigentlich eine Geschichte des Ausdrucks in der Musik. Wären nicht Elemente der Beseelung im Klang enthalten, hätte sich — ich wiederhole es — kein Gefühlsausdruck in der Musik entwickeln können. Jedoch war es ein weiter Weg von einer Musik, deren elementaren Fluten eine verborgene Unterströmung seelenhafter Abkunft die Richtung gab, bis zu Kompositionen wie Wagners Vorspiel zu »Tristan und Isolde«. Werke dieser Art sind, obwohl auch rein musikalisch inspiriert, doch kaum weniger als der musikalischen Erfülltheit des Schaffenden, dem seelischen Drang nach Ausdruck zu danken. Aus solcher Musik tönt vernehmlich und unmißverständlich der leidenschaftlich bekenntnishafte Erguß eines brennenden Herzens, das sich der Musik als Sprache bedient — ja vielleicht *übertönt* sozusagen der Ausdruck hier die Musik. Es gibt eine Anschauung — und ihr ist auch von ernsten und tiefen Musikern beigestimmt worden —, daß das Anwachsen des Ausdrucks in der Musik ihren Verfall bedeute, daß Musik nur solange ihr wahres Selbst bewahrt habe, als sie aus rein musikalischer Inspiration geflossen, ihr Verlauf, ihre Formen von rein musikalischen Antrieben bestimmt wurden — und der Ausdruck sich nicht als Beherrscher oder gar als Zweck des musikalischen Schaffens bemerkbar machte. Daraus würde folgen, daß die Musik unter der allmählichen Überbelastung mit Ausdruck ihre Reinheit verloren, immer weniger Musik als Ausdruck geworden wäre, und — so geht diese Anschauung — daß mit Beethoven jener Weg der schädlichen Umwandlung von einer reinen zu einer angewandten Kunst, von der elementaren Musik zur musikalischen Vermittlerin des Ausdrucks, begonnen habe.

Hierauf wäre zunächst zu erwidern, daß, wie ich schon früher bemerkt, es überhaupt nie eine ausdruckslose Musik gegeben hat; ferner aber, daß das Schaffen Bachs, Händels,

Haydns, Mozarts usw. neben Lauten jener elementar musikalischen Art Musik tiefster Beseeltheit in überwältigender Fülle aufweist, daß auch zum Beispiel all ihre Vokalkompositionen zugleich als reine Musik anzusehen sind, die doch eigentlich stets um des Ausdrucks willen, den der Text enthielt, komponiert wurden, deren Inspiration also bereits vom Ausdruck beeinflußt oder sogar hervorgerufen war. Was wirklich erst mit Beethoven zu beginnen scheint, ist also nicht der Ausdruck in der Musik, es ist der Selbst-Ausdruck, die Subjektivität, das Bekenntnis. Aber auch hier spreche ich nur von einem *scheint*: wer wollte behaupten, daß Mozart im ersten Satz der g-Moll-Symphonie oder im überleitenden Adagio des g-Moll-Quintetts, daß Bach im *Air* der D-Dur-Suite nicht von ihren eigenen Herzen gesprochen, daß solche Musik nicht auch schon der subjektiv bekenntnishafte Niederschlag einer nach Äußerung drängenden Seelenverfassung war? Und wer wollte einen Vierzigjährigen entartet finden, weil aus ihm nicht mehr die unschuldvolle Reinheit oder Naivität des Fünfzehnjährigen spricht, sondern die Seelenreife eines Lebenserfahrenen? So wie jede Jahreszeit in der Natur, so wie jede Lebensepoche des Menschen ihre besonderen Vorzüge und Nachteile hat, die der natürliche Verlauf mit sich bringt, so bietet auch in unserer Musik der Wechsel vom Stadium der Jugend zu dem der Reife einfach das Bild einer ihrem Wesen gemäßen Entwicklung. Vielleicht mögen ihr auch Epochen beschieden sein, wie Mensch und Natur sie als Herbst und Winter, als Welken und Erstarren kennen. Von der Ausdrucksmusik aber dürfen wir wohl mit gutem Grund feststellen, daß sie die *Mannesreife* unserer Kunst darstellt: der rein musikalische Inhalt der Werke hat Elemente des persönlichen Erlebens, der menschlichen Erfahrungen in sich aufgenommen, die Musik spricht nicht mehr von sich allein, sondern auch von Mensch und Welt. Und wie es den Wanderer in der

Natur plötzlich heimisch berührt und herzlich erwärmt, wenn er in der Einsamkeit die Spur des Menschen erblickt, die Lichtung im Walde, den Rauch aus der Hütte, das Haus mit Garten, so ergreift es inniger und mächtiger das Herz des Hörers, wenn er in der elementaren Sprache der Musik auch den menschlichen Laut des Herzens vernimmt, das sie mit seinem *Wohl und Wehe* erfüllt hat.

Zum Verfalls-Symptom wird die Betonung des Gefühls in der Musik erst, wenn es zur Überordnung wird, das heißt wenn die musikalische Inspiration den Seelenantrieben nicht ebenbürtig geblieben ist, wenn die Gefühlsbedeutung eines Musikstückes die musikalische überwiegt. Und in der Tat hat es sich seit dem Anwachsen der Ausdruckskraft der Musik häufig ereignet, daß Komponisten glaubten, mit der Innigkeit ihres Gefühls die Schwäche ihrer musikalischen Potenz verdecken oder kompensieren zu können. Wenn aber eine Komposition in der Erfindung und ihrer Aus-gestaltung nicht von so hohem musikalischen Wert ist, daß sie auch als reines Musikstück auf eigenen Füßen stehen könnte, wenn sie mehr auf emotionale als auf musikalische Wirkung zielt, dann gehört sie in das Verfallsgebiet. Gustav Mahler sagte einmal zu mir, als wir von der unvergleichlich vielseitigen Schöpferkraft Wagners als Musiker, Poet und Dramatiker sprachen: »am liebenswertesten bleibt er mir doch als Musiker«. Und sicherlich: ob es sich um Beethoven oder Wagner, Mozart oder Bach, Weber oder Pfitzner, Mah-ler oder Bruckner handelt, ob es subjektiver Bekenntnis-drang, dramatisch-poetische Vision oder religiöse Inbrunst waren, die den Musiker inspirierten — erst wenn all die In-nerlichkeit wahrhaft zu Musik geworden, ist ein Kunstwerk entstanden, dem unsere Liebe zuströmen kann. »Zu Musik geworden«, — das heißt, daß alles, was nach Ausdruck drängte, in die hohe, dem Menschen so innig nahe, künst-lerische Sphäre der Musik übertragen wurde. Das bedeutet gewiß nicht, daß man die Beredsamkeit der Musik zur *Dienerin* eines Ausdruckswunsches gemacht hätte — was einem crimen laesae maiestatis gleichgekommen wäre — nein, Schuberts Musik in dem Lied »Frühlingsglaube« könnte, ohne Worte, des Hörers Ohr und Herz beglücken; sie ist unmittelbarer rührend als die sehr schönen Verse Uhlands, schon deshalb, weil Musik überhaupt unmittelbarer auf das menschliche Herz wirkt. Die d-Moll-Klänge im Finale des Don Giovanni sind bedeutender als die dramatische Gewalt des Eintritts des Steinernen Gastes bei Don Giovanni, und das unvergleichlich Herrlichste an dem unvergleichlich herrlichen ersten Akt der Walküre ist, daß er musikalisch noch reicher blüht als Siegmunds und Sieglindes überströmende Seligkeit, denn nichts kann so unmittelbar in unsere Seele hineinblühen wie Musik.

Durchaus nicht will ich hiermit auf eine Art Rangordnung hindeuten, als ob allem Erhabenen, Schönen, Tiefen, Weisen, das der menschliche Geist hervorbringen könnte, die Musik schon durch die Sphäre, aus der ihre Botschaft tönt, überlegen sei. Denn ich bin mir wohl bewußt, daß wir bei Goethe, bei Shakespeare, bei Hölderlin usw., Verse von höchster poetischer Schönheit finden, die uns zugleich in musik-ähnlicher Weise rühren und erheben; fast scheinen sie aus einem Grenzgebiet zwischen Poesie und Musik zu stammen. Eigentlich sollten Verse gerade solcher Art niemals komponiert werden, da die ätherische Eigenmusik, die aus ihnen klingt, durch eine hinzukommende wirkliche Musik nur übertönt oder in dissonant verwirrender Weise gestört werden kann. Aber weder die musik-ähnliche Wirkung solcher seltenen poetischen Inspiration noch die besondere Eindringlichkeit künstlerischer Manifestationen aus irgendwelchen anderen Bezirken kann uns hindern, der Musik zuzusprechen, daß sie die unmittelbar seelennächste Kunst ist. Darin liegt das Geheimnis ihrer unvergleichlichen Wirkung, daher kommt es, daß uns Mozarts Kleine Nachtmusik inniger bezaubert als es die reizendsten Verse vermöchten, in denen die Romantik der nächtlichen Salzburger Szene eingefangen wäre.

In dem Maß, in dem der Ausdruck in die Musik gedrungen ist, ist also das Komponieren mehr und mehr ein Verwandlungsprozeß geworden: Gefühle, poetische Gedanken, dramatische Visionen werden in die Sphäre der Musik gehoben, in Musik »hinüberverwandelt«, und so entsteht ein musikalisches Werk, umschwebt von Assoziationen aus anderen seelischen Gebieten, Assoziationen, die ihm nichts von seiner einheitlich geschlossenen Musikalität nehmen, sich nicht als Fremdelement in sie einmischen, aber sie im Sinne der *Vermenschlichung* unendlich bereichern. Selbst der sogenannten »Programm-Musik« werden wir ihre illegitime Abkunft nicht nachtragen, wenn der Komponist Musiker genug war, um zu dem Programm — vielleicht trotz dem Programm — Musik aus musikalischer Inspiration und in musikeigener Form zu schreiben; ich denke in diesem Zusammenhang an den reizvollen zweiten Satz und an die edle »Scène aux champs« der »Symphonie Phantastique« von Berlioz.

Ich hoffe, daß im Verlauf meiner bisherigen Ausführungen klar geworden ist, in welch umfassendem Sinn ich das eigentlich arme und unscharfe Wort *Ausdruck* verwende. Dem deutschen *ausdrucksvoll* haftet — wie dem italienischen *espressivo* — eine lyrische Bedeutung an; ich aber schließe hier in den Begriff vom Ausdruck alles ein, was die Musik beseelt, alles wodurch die Welt des Klanges zu einer Welt der Empfindungen wird. Unter diesen umfassenden Begriff fällt natürlich nicht nur die Lyrik von ihren zartesten bis zu ihren leidenschaftlichsten Äußerungen, sondern ebenso das Gebiet des Tragischen, des Wilden, der Lustigkeit, des Übermutes, des Grotesken, des Gespenstischen, der ermutigende

Aufruf der Marschmusik, die beschwingende Wirkung der Tanzmusik; kurz, ich spreche vom Ausdruck als dem Gesamtbegriff dessen, wodurch die Musik von ihren Anfängen her zum Gemüt des Menschen erregend gesprochen, bis zu den Äußerungen des unbegrenzt vielfältigen individuellen Gefühls, zu dessen Träger und Verkünder sie durch die immer gesteigerte Leistung der schöpferischen Musiker geworden ist.

Es sieht so aus, als werde die Geschichte des Ausdrucks in der Musik nach den aufregenden Kapiteln, mit denen sie die erhabene Religiosität der Brucknerschen, die romantische Atmosphäre der Pfitznerschen Werke und der titanisch subjektive Bekenntnislaut des Mahlerschen Schaffens bereichert hatten, eine Entromantisierung unserer Kunst zu verzeichnen haben. Eine archaisierende Tendenz, fort von den emotionalen Ergüssen, zurück zum Objektiven, zu den *tönenden Formen* früherer Musik macht sich bemerkbar. Die geschichtliche Bedeutung einer Epoche erschließt sich allerdings nur dem Rückblick aus angemessener zeitlicher Distanz, und es wäre gewagt, vom Standpunkt des Jetzt aus, den Sinn des Eintritts jener Ebbe nach der emotionalen Hochflut in der Musik deuten zu wollen. Vielleicht hat ein Wunsch nach größerer Stille die Seele des heutigen Musikers erfaßt. Vielleicht fühlte sich unsere Epoche übersättigt von den Aufregungen des *Alles-sagen-Wollens*; und daraus entstand dann die Sehnsucht nach einer Kunst, die sich nüchtern gibt. Bedeutet aber die Abnahme des Ausdrucks etwa ein Symptom der Verbrauchtheit, *herbstelt* es vielleicht im Lande der Musik oder kündigt sich in jener Abkehr von der Romantik und absichtlichen Beschränkung des Gefühlsausdrucks womöglich der Eintritt der sieben mageren Jahre nach den fetten an?

Ich maße mir nicht an, die Nornenfrage zu beantworten, die lautet: Weißt du, wie das wird? Doch konnte ich mir nicht versagen, der Sorge, aus der sie stammt, wenigstens kurzen Ausdruck zu geben, bevor ich mich den praktischen Folgerungen zuwende, die der ausübende Musiker aus der Betrachtung der ansteigenden Kurve des Gefühlsausdrucks in der Musik, ihrer stilleren Frühzeiten und der beginnenden Rückwendung in den letzten Jahrzehnten ziehen muß.

Wie ich am Anfang des Kapitels ausführte, ist die Musik an sich seelenhaft; es gibt also kein Musikstück, welcher Art es sei, aus welcher Epoche es stamme, dem ein ausdrucksloser Vortrag angemessen wäre. Dem Wesen nach zur Sprache des Herzens geeignet, hat die Musik im Laufe ihrer Entwicklung schließlich jene höchste Beredsamkeit erreicht, mit der ihre Botschaften unmittelbar und unwiderstehlich an die Herzen der Empfangenden rühren. So ist es denn wohl klar, daß nur durch den voll beseelten musikalischen Vortrag den ausdruckerfüllten Werken der Musik Genüge getan werden kann. Und ebenso versteht es sich, daß der Vortrag von Kompositionen jener späteren Richtung — nennen wir sie antiromantisch, formalistisch oder wie wir wollen —, in der die Musik sich der Herrschaft der Emotion zu entledigen begann und einen neuen Stil der *Objektivität* anstrebte, einer kühleren Temperatur bedarf. Wie heiß oder wie kühl, wie leidenschaftlich oder wie zart, wie heiter oder wie traurig wir ein Stück vorzutragen haben — die Art des Ausdrucks und den Grad seiner Intensität —, vermag der ausübende Musiker nur unmittelbar aus der Komposition zu erkennen. Es fragt sich nur, ob die ganze Skala der Beseelung seiner Ausdruckskraft zur Verfügung steht. Der Wagnerschen Schrift »Über das Dirigieren« entnehmen wir — und Erinnerungen aus meiner eigenen Jugend bestätigen es noch —, daß die oberen Grade der Skala, die hinreißende Leidenschaft, die Ekstase, das Tragische, nur selten in den Interpretationen jener Epoche zur Wirkung kamen. Der Philister war damals der Protagonist der musikalischen Öffentlichkeit und statt der Hochglut der Gefühle herrschte in seinen Interpretationen die laue Temperatur eines trägen Herzens, das sich zu ihnen nicht zu steigern vermochte. Heute scheint es dagegen, als fehlten im Musizieren oft die unteren Grade der Ausdrucksskala, die Ruhe, Stille, Einfachheit, Harmlosigkeit; als treibe der Wunsch, in jedem Moment des Musizierens den Hörer besonders stark erregen zu wollen, zu höheren Graden der Skala, als den Intentionen des Komponisten gemäß wäre. Für den ehrgeizigen Drang, stets ein Äußerstes zu geben, existiert aber nicht die Stille jener unteren Grade. Ob nun eine Skala von — sagen wir — hundert Graden nur von unten bis zum achtzigsten oder nur vom zwanzigsten an bis oben ausgenützt wird, das heißt ob die Extreme der Erregung oder die der Stille im Musizieren fehlen, in beiden Fällen ist die Skala zu kurz, um dem Vortrag voll gerecht zu werden, und auch die Möglichkeiten der Steigerung sind entsprechend verringert. Ich erinnere mich an eine Aufführung der Brahmsschen c-Moll-Symphonie, in der der Dirigent die ersten beiden Takte des zweiten Satzes, statt in dem von Brahms vorgeschriebenen einfachen piano, molto espressivo und mf spielen ließ. Er begann also etwa oberhalb der Mitte der Ausdrucks-Skala, statt, wie zweifellos von Brahms gedacht, in ihrer unteren Region und entstellte damit nicht nur den Charakter des Themas, sondern verkürzte aufs empfindlichste die Steigerungs-Linie. Ich glaube in einer Zeit, die im Gegensatz zu jener früheren Epoche zu Exzessen im Ausdruck geneigt ist, dringend zu Stille und Einfachheit im Vortrag der in solchem Sinn gemeinten Phrasen raten zu sollen. Eigentlich sollte ich dazu *ermutigen*. Denn es gehört, angesichts des Ringens um größte Wirkungen, wie es in der heutigen Musiköffentlichkeit üblich ist, Mut dazu, eine einfach gemeinte Phrase einfach zu spielen. Und wenn sich der Sinn einer Phrase für Übertriebenheiten in

Ausdruck oder Dynamik durchaus nicht eignen will, so versucht man oft, den ersehnten Effekt durch ein exzessives Tempo zu erreichen. Ich denke an Stücke wie das Allegro-molto-Finale der Mozartschen Kleinen Nachtmusik. Wie oft hörte ich, wie die harmlos flotte Lustigkeit des jungen Österreichers mit der Blume im Knopfloch aus dem Allegro molto in die elegante Überbrillanz eines höchst unöster-reichischen und gänzlich blumenlosen Prestissimo verwan-delt wurde.

Ich habe in dem Kapitel vom Tempo besprochen, in wie enger Beziehung es zum Ausdruck steht. Hier möchte ich noch auf das Verhältnis der Dynamik zum Ausdruck hin-weisen. Meist äußern sich die zarteren Gefühle in der Sphäre des piano; mit der emotionalen Erregung steigern sich die Stärkegrade, und es scheint nur natürlich, wenn die Leidenschaft mit erhobener Stimme spricht, ja gelegentlich zum Schrei wird. In den Werken der Komponisten, die *alles sagen wollen* — von Beethoven bis Strauß und Mahler — entspricht denn auch meistens dem hohen Pathos des Ge-fühls ein hoher Aufwand an dynamischer Gewalt. Es ist leicht einzusehen, daß die klanglichen Stärkegrade, die dem Aufruhr der Gefühle in solchen Werken entsprechen, für Musik seelisch maßvollerer Haltung überhaupt nicht in Be-tracht kommen. Der dynamische Aufwand im letzten Satz des Beethovenschen Streichquartetts in cis-Moll würde sich für kein Forte eines Mozartschen Streichquartetts eignen. Trotzdem verhält es sich damit nicht so einfach, als ob zur inneren Dynamik des Ausdrucks die äußere Klangstärke immer im geraden Verhältnis stünde. Stärke des Gefühls und piano des Klanges sind keine Gegensätze, und feier-liche Ruhe kann sich auch forte ausdrücken.

Die zahlreichen und unendlich verschiedenen Typen des schöpferischen Genies, von denen die Geschichte der Künste berichtet, scheinen unter zwei Hauptkategorien zu fallen:

die der stürmisch revolutionären Naturen, wie sie in der Musik Beethovens und Wagners sich wohl am reinsten aussprechen, und die der zum Maß geneigten, nicht revolutionären, die sich uns im Schaffen von Meistern wie Bach und Mozart offenbaren. Ich bin mir klar darüber, daß der Reichtum und die Vielfalt der Kunstwerke ihre Zugehörigkeit zu einem oder dem anderen der beiden Stile oft zweifelhaft macht — wie denn überhaupt alles Lebendige sich einer Einteilung in Kategorien nicht fügen will, in welche unser Wunsch nach klarer Erkenntnis die Fülle der Erscheinungen zu ordnen strebt. Jene beiden Haupt-Kategorien aber bieten sich, trotz der erwähnten Einschränkungen und der Unscharfheit ihrer Gebietsgrenzen, unserer Betrachtung doch mit einiger Klarheit dar, und die Bedeutung des fundamentalen Gegensatzes zwischen ihnen kann auch dem einfachsten Kunstsinn nicht verborgen bleiben. Spräche ich hier nicht von der Musik, die ja eigentlich durchaus eine dionysische Kunst ist, so zöge ich nunmehr die Begriffe des Dionysischen und Apollinischen heran, um mich klarer über jene wichtigen stilistischen Unterschiede zwischen Werken der beiden Kategorien zu äußern. Denn gewiß stammen die ungestümen Ausbrüche des *Alles-sagen-Müssen* oft aus einer rauschhaften Hingerissenheit, während sich die Werke der anderen Gattung auch auf ihren Höhepunkten innerhalb *apollinischen* Maßes halten. Daß der Stilunterschied zwischen den Kompositionen dieser beiden Richtungen sich auch in klanglicher Dynamik ausdrücken muß, dürfte klar sein. Die Werke der ersteren Gattung sind von einer inneren Gefühls-Dynamik erfüllt, die in der Regel der entsprechenden äußeren Dynamik, der klanglichen, zu ihrer Wirkung bedarf. Der Gefühlsinhalt der »apollinischen« Werke ist weit weniger durch dynamische Entfaltung, als durch intensive Erfülltheit auszudrücken, und jede Wiedergabe hat in äußerem Klangaufwand und innerer Emotion, wie in der gesamten seelischen Haltung, dem Unterschied zwischen den beiden Stilen Rechnung zu tragen. Nicht, daß diese nicht viel Gemeinsames hätten: strebt die erstere Richtung mehr ins Gewaltige, die zweite mehr ins Schöne, so finden wir doch Maß und Schönheit auch bei Beethoven, Macht und Erhabenheit auch bei Mozart. Trotzdem empfiehlt es sich für den Nachschaffenden, sich im musikalischen Vortrag der angedeuteten Stilunterschiede klar bewußt zu bleiben. Übrigens verhält es sich auch bei Beethoven und Wagner, Mahler und Strauß keineswegs so, daß die Leidenschaft stets — wie ich vorhin sagte — mit erhobener Stimme spricht: Leidenschaft flüstert auch, seelische Spannungen können sich auch in unterdrücktem Ton äußern, Lockerung von Spannungen kann sich in mächtiger dynamischer Entfaltung aussprechen. — »Für dieser Hitze heißes Verschmachten, ach, keines Schattens kühlend Umnachten« im dritten Akt des Tristan hat Wagner, ohne die Sphäre gemäßigter Klangstärke zu verlassen, in einer bis ins Krampfhafte gesteigerten Spannung musikalisch ausgedrückt — Lösung und Entspannung sprechen zu uns aus dem brausenden Forte des »Liebestod«.

Zu reich ist die lebendige Verschiedenheit im musikalischen Schaffen, als daß wir sie unter eine begrenzte Anzahl von Typen ordnen könnten, aus denen dann auch entsprechende typische Richtlinien für die Wiedergabe zu gewinnen wären. Nicht nur jedem Komponisten, sondern jedem seiner Werke ist eine besondere seelische Atmosphäre eigen, in die wir uns einzufühlen haben, um ihr durch die Art des Vortrages, die Abstufungen seiner Intensität, die Ausdehnung der Emotions- und dynamischen Skala in unserer Wiedergabe gerecht zu werden. Ich betone das Einfühlen und wiederhole, daß es in zentralen Fragen des Ausdrucks in der Musik auch zwischen Schaffenden und Nachschaffenden keine andere Brücke gibt als »vom Herzen zum

Herzen«. Auf diesem Wege wird aber auch die vorhin angedeutete Aufgabe dem Nachschaffenden klar werden: die Wiedergabe eines Werkes im allgemeinen und in Besonderheiten seinem Grundstil anzupassen. Da es — ungefähr — sich so verhält, daß die Werke, in denen die elementare Musik vorherrscht, dem maßvollen Stil, die vom Ausdruck beherrschte dem *dionysischen* angehören, so folgt daraus eigentlich, daß das Vor-Beethovensche-Schaffen auch einen maßvolleren Stil der Ausführung verlangt. Doch ist es wirklich nur *ungefähr* so. Wie schon erwähnt, gibt es auch bei Beethoven und nach ihm Werke elementarer Musikhaftigkeit und maßvollen Stils; und nicht nur in der Vokalmusik des achtzehnten Jahrhunderts, sondern gelegentlich auch in der instrumentalen, finden wir wiederum Exzesse an Ausdruck, die zeigen, wie das schöpferische Genie eine spätere Epoche zu antizipieren vermag.

Vergessen wir aber nie, daß auch in der subjektivsten Ausdrucksmusik der persönliche Seelenvorgang, aus dem sie entstand, in Musik aufgelöst, in Musik verwandelt worden war. Der Nachschaffende hat sich also allen Werken, welcher Epoche sie entstammen, welchem Stil sie angehören, zuerst und vor allem als Musiker zu nähern. Und wenn seine Wiedergabe ihrem musikalischen Gehalt genugtut, wird sie damit bereits dem seelischen Gehalt, der ja Musik geworden war, auch schon zum großen Teil gerecht geworden sein.

Zum großen Teil — aber nicht völlig; denn Gefühle, Gedanken oder seelische Assoziationen, die in Musik verwandelt wurden, umschweben sie und *wollen auch ihre Wiedergabe umschweben.* Eine Aufführung der dritten Leonoren-Ouverture kann musikalisch vollkommen, kann innig, feurig, machtvoll sein — aber erst wenn bei der Aufführung der Gedanke an Kerker-Dunkel und Hoffnungslosigkeit, an die Ahnung von der Befreiung und an den Jubel der Erlösung den Dirigenten inspirieren, können in ihr Beethoven und sein Werk ganz erlebt werden. Wie könnte man hoffen, Schumanns Kreisleriana völlig in seinem Sinn zu spielen, wenn die musikalische Perfektion und emotionale Erfülltheit nicht durch eine Besonderheit des Grundtons und der Stimmungen gefärbt wären, wie der Interpret sie nur aus der Lektüre von E. T. A. Hoffmann gewinnen kann, an der sich auch Schumanns Phantasie entzündet hatte. Ohne religiös-geistige Erhebung wird die musikalisch vollkommenste Aufführung der Brucknerschen Achten unter seinen Intentionen bleiben müssen, ohne Sinn für einen phantastischen Humor und für Feierlichkeit, wird der Dirigent der Vierten Symphonie von Mahler viel schuldig bleiben.

Anders verhält es sich in der Vokalmusik. In Nietzsches »Geburt der Tragödie aus dem Geiste der Musik« steht das schöne Wort, daß die Musik »Bilderfunken um sich streut«, und wir wollen hinzufügen, daß sie eigentlich nur geben kann, was ihr angehört, in ihr webt und ihr wohl »angeboren« war, daß sich also in diesem Versprühen meist nur ein latenter assoziativer Inhalt der Musik offenbaren kann. Das vage Verhältnis zwischen Musik und solchen Assoziationen empfängt dagegen einen hohen Grad von Bestimmtheit in der Vokalmusik: denn die Worte des Textes hatten den Komponisten zu seiner Musik inspiriert, der Ausdruck, den sie als Musik enthält, wird von jenen Worten gedeutet — soweit Worte das vermögen. Die an sich seelenhafte Sprache der Musik enthält freilich mehr an Ausdruck und eine andere, gegenstandslose Art der Beseelung, als solche Worte aussagen. Schuberts Musik zu Uhlands »Frühlingsglaube«, von der ich schon früher sprach, ist vom Gefühlsgehalt des Gedichtes erfüllt, dessen Worte ihn zu ihrer Vertonung inspiriert hatten. Dazu aber fügt Schuberts Musik ihre eigene, rein musikalische Beseeltheit und Schönheit, noch vertieft durch den Zauber seiner reinen Menschlichkeit, der — wie alles Persönliche — sich gleichfalls musikalisch ausdrückt. Der Vortrag eines Liedes verlangt also vom Sänger nicht nur die Erfüllung des Gesanges mit dem Sinn und Gefühlsgehalt der Worte; Sänger und Begleiter müssen außerdem als absolute Musiker das Lied als reines Musikstück in sich aufnehmen und es als solches ausführen. Denn die vokale Musik ist zugleich auch absolute Musik. Je mehr aber die Musik nur dem Worte — nur als Mittel ausdrucksvoller Deklamation — dient, desto entschiedener begibt sie sich ihrer eigensten Macht, desto prosaischer wird solche Vokalmusik auf uns wirken. Zu den stärksten Wirkungen der Oper gehört der Kontrast zwischen der nur deklamatorischen Funktion der Musik in den rezitativischen Teilen — bis zum Secco-Rezitativ hin, wo die Musik nur Dienerin des Wortes ist — und jenen musikalischen Bildungen, in denen sie ihre volle Macht entfaltet.

Wir sind uns darüber klar, daß die Musik an sich seelenhaft ist. Darf man also überhaupt seelenlos musizieren, oder muß nicht mit jedem musikalischen Erklingen Ausdruck verbunden sein? Unterschätzen wir vor allem nicht die Bedeutung der Persönlichkeit in der musikalischen Wiedergabe! Von ihrem Leben lebt die Musik im Erklingen, von ihrem Feuer glüht sie; und sie sollte nicht von der Nüchternheit des interpretierenden Musikers stumpfer, von seiner Gefühllosigkeit kälter werden? Wenn die Musik aber wegen ihrer *angeborenen* Eigenwärme auch durch frostige Interpretation keinen Erfrierungstod erleiden muß, so gibt es doch so etwas wie eine annähernd seelenlose Aufführung, ein annähernd ausdrucksloses Musizieren — auch eine absichtliche, aber irrtümliche »Objektivität« in der Wiedergabe, namentlich von Kompositionen früher Epochen. Wir wollen uns darüber klar sein, daß ein Stil der Objektivität, der absichtlich oder unbeabsichtigt unbeseelten oder auch nur unpersönlichen Wiedergabe, jedem Musikstück Unrecht tun muß, denn es gibt keines, das nicht aus irgendeiner erhöhten Seelenstimmung stammte. Ein Stück wie das Cis-Dur-Präludium im ersten Teil des Wohltemperierten Klaviers von Bach drückt in seinen von Anfang bis Ende gleichmäßig dahinrollenden Sechzehnteln eine ruhige Heiterkeit aus, und der Spieler, der das Stück aus dieser Stimmung spielt, wird uns damit entzücken, während ein etüdenhaft leerer Ablauf im gleichen Tempo, aber ohne das Element der Heiterkeit, wirkungslos bleiben muß.

Ich wiederhole, daß nur das Gefühl des Aufführenden in jedem einzelnen Fall über Art und Intensität des Vortrags, über Maß — oder Nichtmaß des Ausdrucks entscheiden kann. Eine Forderung aber muß der Nachschaffende vor allen anderen an sich stellen: die der vollen Aufrichtigkeit. Er darf nur so ausdrucksvoll musizieren, wie er wirklich fühlt; zuviel »Gefühlsaufwand« ist schlimmer als zuwenig — letzteres ist höchstens Armut, ersteres wäre Lüge. Und »vom Herzen zum Herzen« kann nur die Wahrhaftigkeit gehen.

Vorbemerkung

Dankbar erinnere ich mich, welche Anregung und Hilfe ich als junger Musiker aus Richard Wagners Schrift »Über das Dirigieren« gewonnen habe. Ich bin weit entfernt davon, meine Ausführungen in irgendeinem Sinn als Fortsetzung oder Ergänzung der Lehren eines schöpferischen Genies anzusehen. Aber es ist verhältnismäßig wenig, was uns Wagner an Anweisungen überliefert hat; überhaupt steht es spärlich mit solchen Ratschlägen auf diesem weiten und bedeutenden Gebiet des nachschaffenden Musikers. Dabei müssen wir uns darüber klar sein, daß in unserer Epoche die schöpferische Leistung in der Musik zu geringerer, die musikalische Interpretation zu höherer Bedeutung gelangt ist. So denke ich, daß es jungen Dirigenten und auch anderen meiner Leser vielleicht willkommen sein mag, mit meinen beruflichen Erfahrungen und meinen Gedanken über das Dirigieren Bekanntschaft zu machen. Was auch der Wert dieser Erkenntnisse sein mag, sie sind das Resultat unausgesetzter, vielfältiger Praxis als ausübender Musiker, und es würde mich hoch beglücken, diesem Ertrag meines lebenslangen Bemühens einen tieferen und überpersönlichen Sinn und lebendige Dauer zu geben, indem ich ihn jüngeren oder künftigen Dirigenten — wie jungen Musikern im allgemeinen — zur Verfügung stelle. Mit diesem Nützlichkeitsziel im Auge aber konnte mir nicht gelingen, in den folgenden Kapiteln — soweit sie dem speziellen Aufgabenkreis des Dirigenten oder seinem Studiengang gelten — einen gelegentlich lehrhaften Ton zu vermeiden, worum ich sonst in diesem Buch ernst bemüht war. Aber da mir daran liegen mußte, mich auch den Unerfahrenen unter meinen Lesern klar zu machen, so hatte ich eben zu ihnen als Erfahrener zu sprechen. Dadurch sah ich mich zu manchen Ausführungen genötigt, die die Reiferen unter meinen Lesern gewiß überflüssig finden mußten. Ich hoffe auf das Verständnis der letzteren, wenn ich also gelegentlich Grundsätzliches ausspreche, das ihnen längst als »selbstverständlich« gilt.

Dem großen Dirigenten der Wiener Hofoper, Hans Richter, erzählte ein Orchestermusiker, er habe kürzlich zum erstenmal Gelegenheit gehabt, ein Orchester zu dirigieren. »Wie ging's denn?«, fragte Richter. »Ausgezeichnet!« erwiderte er, »aber wissen's, Herr Hofkapellmeister«, fügte er verwundert hinzu, »das Dirigieren ist ja ganz leicht!« Hans Richter flüsterte ihm hinter der vorgehaltenen Hand zu: »Bitte verraten Sie uns nicht!«

Daß das Dirigieren nicht nur leicht, sondern sogar überflüssig sei, daran glaubte das »Orchester ohne Dirigenten«, das eine Zeitlang in Rußland — in Leningrad, wenn ich nicht irre — Konzerte gab, in denen das Orchester spielte, ohne durch einen Dirigenten geführt zu werden. Der gleichzeitige Einsatz wurde durch die Geste eines der Musiker und das Zusammenspiel durch gründliche Proben und allseitige gespannte Aufmerksamkeit erreicht.

»Ja, aber ist es denn nicht wirklich gleichgültig, wer da oben vor dem Orchester steht und den Taktstock führt?« bin ich schon gefragt worden. »Schließlich sind es ja doch die Orchestermusiker, die spielen, Ausdruck geben und technische Schwierigkeiten bewältigen. In den Notenblättern auf ihren Pulten steht, was sie zu spielen haben, und was hat der Kapellmeister anderes dabei zu tun, als sie mit seinen Bewegungen zusammenzuhalten?«

Dieser Frage, wie der naiven Aussage des Wiener Orchestermusikers und dem Experiment des russischen Orchesters liegt die gleiche Meinung zugrunde: daß nämlich die wesentlichste Aufgabe des Kapellmeisters im Taktschlagen besteht und daher eigentlich nur eine mechanische Funktion sei. Daß es sich dabei um eine unwichtige, leichte oder gar entbehrliche Tätigkeit handle, daran dürften die Vertreter dieser Meinung vielleicht doch zweifeln, wenn sie, anstatt der Aufführung irgendeines verhältnismäßig einfachen Stückes, etwa der von Wagners Götterdämmerung oder irgendeiner Symphonie beiwohnten. Aber ob sie die Funktion des Dirigenten für leicht oder schwierig, entbehrlich oder notwendig, wichtig oder unwichtig halten, ändert nichts an dem erwähnten Grundirrtum: daß sie hauptsächlich dem Zweck des Zusammenhaltens der Musiker zu dienen habe.

Dieser Irrtum lebt vom Augenschein: Man sieht einen Einzelnen vor den vielen Musikern — alles um ihn herum geigt, bläst, schlägt oder singt und dem oberflächlichen Blick bietet sich als seine Aufgabe, in diese Masse Einheit und Ordnung zu bringen; die Augen aller Mitwirkenden sind auf den einen Mann gerichtet, er hebt Hand und Stock, bewegt sie, hält damit die Vielen zusammen und führt sie. Kein Wunder, daß der Zu»schauer« solche Funktion für mechanisch hält. Denn nicht sieht er das Überspringen der seelischen Impulse vom Dirigenten auf die Ausführenden, so wie er nichts von der Herstellung der musikalischen und emotionalen Verständigung durch die vorhergehende Probenarbeit bemerkt.

Kein nur irgendwie für Musik Aufgeschlossener wird

sich aber von solchen nur sichtbaren Eindrücken täuschen lassen; sein Ohr lehrt ihn, und sein musikalisches Gefühl bestätigt es, daß — entgegen dem Augenschein — gerade dieser Einzelne es ist, der da musiziert, der auf dem Orchester als seinem lebendigen Instrument spielt, die Vielheit desselben zur Einheit wandelt, und zwar im technischen, wie im geistigen Sinn. Das musikalische Gefühl des Hörers nimmt es wahr, daß des Dirigenten Auffassung und Persönlichkeit aus dem Spiel des Orchesters klingen, daß seine nachschöpferische Inspiration mittels der Ausführenden den inneren Sinn eines musikalischen Werkes erschließt. — Daß dem so ist, beweist jede Aufführung unter der Leitung eines bedeutenden Dirigenten. Doch *wie es zustande kommt,* daß seine persönliche Interpretation einer Komposition vernehmlich und überzeugend aus der Massenleistung erklingt — das heißt also von dem eigentlichen Aufgabenkreis des Dirigenten —, davon findet sich auch bei wahren Musik-Freunden und *Kennern* nur selten eine klare Vorstellung.

So glaube ich, entgegen der scherzhaften Bitte des verehrten Hans Richter, versuchen zu sollen, unser Berufsgeheimnis zu *verraten,* soweit mir das gelingen kann. Ich will darlegen, wie sich die allgemeinen Aufgaben der musikalischen Interpretation speziell für den Dirigenten gestalten; und wenn meine Ausführungen in erster Linie für die junge, oder künftige Dirigenten-Generation gedacht sind, so wenden sie sich doch auch an alle wahrhaft Musikliebenden und wollen im besonderen versuchen, jenen unter ihnen genugzutun, denen aus ernstem Interesse für die Aufgaben des Dirigenten ein Blick in seine Werkstatt erwünscht ist.

Worin unterscheidet sich die Tätigkeit des Kapellmeisters von der aller anderen Musiker? Darin, daß er nicht selbst spielt, sondern das Spiel anderer lenkt und beeinflußt. Nicht vor dem Eintritt in die berufliche Phase seines Wirkens also kann er die Handhabung seines *Instrumentes*, des Orchesters, wirklich kennenlernen; erst die Praxis lehrt ihn, es zu meistern — und nur die Praxis kann es ihn lehren.

Wie anders der Instrumentalist! Er war während der Jahre des Lernens mit sich und seinem Instrument allein — und wer wollte leugnen, daß man besser allein und ungestört ist, wenn man lernen will. Er konnte nach Herzenslust üben, ausprobieren, seine Technik entwickeln, sich mit seinem Instrument vertraut machen, in Jahren des Studiums die Herrschaft über seine persönlichen Mittel und sein Instrument gewinnen.

Dem Dirigenten sind solche Jahre stillen, vorberuflichen Ringens um die Vertrautheit mit seinem vielfältigen Instrument, um die Entwicklung seiner technischen Beherrschung desselben versagt. Er konnte und kann niemals allein sein mit seinem Instrument — denn dies Instrument besteht aus einer Vielzahl von Menschen —, und mit Vielen ist man nicht allein. So ist der unschätzbare Vorteil des ungestörten gründlichen Ausprobierens im stillen Arbeitsraum von allen ausübenden Musikern ihm allein nicht gegönnt. Was bedeuten für seine Vorbildung die ihm — im günstigen Fall — gewährten wenigen Jahre von Dirigiergelegenheiten in kleinen Verhältnissen, die ein freundliches Schicksal ihm vielleicht verschaffte? Was selbst einige Jahre in größeren? Es ist die komplizierte Natur seines Instruments, und es ist die Indirektheit seines Spielens auf demselben, und vor allem ist es dessen Nicht-Verfügbarsein während seiner Ausbildungszeit, die verhindern, daß er seine berufliche Tätigkeit in gleicher Vertrautheit mit seinen Aufgaben, auf analoger Stufe technischen Könnens, beginnen kann wie andere Musiker.

Von der Korrektheit

Die Korrektheit ist die unentbehrliche Vorbedingung und Voraussetzung jeder vom Geist des Werkes zeugenden und durchseelten musikalischen Interpretation. Genauigkeit, Sauberkeit, Ordnung, das heißt Richtigkeit der Noten und des Taktes, klangliche Klarheit und Befolgung von dynamischen und Tempo-Vorschriften sind die Forderungen jener Korrektheit — erst auf solcher Grundlage kann sich ein beseeltes Musizieren ungehindert entfalten. Denn der feurigste Ausdruck kann einer leidenschaftlichen Komposition nicht genugtun, wenn der Geist der Ordnung in ihrer Ausführung fehlt, wenn ihre Passagen unsauber, ihre Rhythmen ungenau gespielt werden — der beseelteste Vortrag einer Holzbläser- oder Geigenphrase kann nicht zur Geltung kommen, wenn andere Instrumente oder Instrumentengruppen ihr nicht dynamisch untergeordnet oder angepaßt werden.

Man kann vergleichsweise von *Körper* und *Seele* des Musizierens sprechen. Vom Körper, wenn man damit den realen Klang meint, der vom ausübenden Musiker erzeugt wird und physisch auf das Ohr des Hörers wirkt; von der Seele, wenn man darunter den musikalischen und emotionalen Sinn der Ausführung versteht. Das Wort »mens sana in corpore sano« kann in einem übertragenen Sinn also auch auf das Musizieren angewendet werden: die vollkommene Korrektheit der Ausführung bedeutet den gesunden Körper, aus dem nun die Seele des Werkes, unbehindert durch *materielle* Unvollkommenheiten, gesund und klar ertönen kann.

Schon in der elementaren Bemühung um Korrektheit im Musizieren wird sich die weit größere Kompliziertheit der Aufgabe des Dirigenten im Vergleich mit der des Instrumentalisten von allem Anfang seiner beruflichen Tätigkeit an erweisen. Die falsche Note, die sein Ohr im Spiel seines Instrumentes entdeckt, kann nicht, wie es beim Instrumentalisten der Fall ist, der eigene Finger korrigieren. Die Klarheit des Passagenwerks muß er der Technik seiner Musiker statt der der eigenen Hände abgewinnen. Die dynamische Abstufung des Klanges, für den Solisten eine einfache, wenn auch nicht immer leichte Aufgabe, stellt den Dirigenten oft vor schwierige Probleme.

Die Doppelfunktion von Ausführung und Überprüfung vollzieht sich beim Instrumentalisten einheitlich und gleichzeitig, denn das gleiche Ich ist dabei am Werk, seine tätigen Kräfte sind mit den kontrollierenden organisch verbunden, das eigene Ohr belehrt die eigene Hand; unverzüglich unterrichtet es ihn über Fehler seines Spiels, die er dann sofort korrigieren kann, ja meist unwillkürlich korrigieren wird. In wieviel komplizierterer Form geht die Bemühung des Dirigenten um das gleiche Ziel vor sich — in seinem Fall fehlt es an jener organischen Verbundenheit von ausführenden mit kontrollierenden Organen: er muß für den gesunden Leib des Musizierens statt mit den eigenen, mittels fremder Kräfte Sorge tragen — muß dem Ziel der Korrektheit, zu dem der Solist auf direktem Wege gelangt, auf beträchtlichen Umwegen zustreben — die Einheitlichkeit der musikalischen Kräfte in einem Individuum hat er durch Bemühungen um Verständigung mit Anderen, den Ausführenden, zu ersetzen.

Durch das Studium einer Komposition, ob es musizierend oder lesend vor sich geht, bildet sich in der Seele des Studierenden eine Gehörsvorstellung davon, wie sie klingen soll. Zu den wichtigsten Zielen des Studiums gehört die allmähliche Gewinnung solchen deutlichen inneren Klangbildes, oder besser, Klangideales, das sich nun im Ohr des Interpreten als Wunsch *etabliert*, und sein praktisches Musizieren lenkend und prüfend beeinflußt. In weniger selbständigen Musikern oder solchen mit geringerer innerer Hörfähigkeit, bildet sich — statt aus eigener Klangvorstellung — aus eindrucksvollen Aufführungen durch andere ein solches Klangideal. Nicht nur beeinflußt es die Interpretation in aktiver Weise, es wirkt sich auch in rezeptivem Sinn aus, indem das Ohr des Interpreten das eigene Musizieren an diesem Ideal kritisch mißt und prüft. Von dieser Doppelfunktion des Ohres — der unter dem Diktat des Ideales lenkenden und der unter seinem Einfluß prüfenden — hängt eigentlich das Gelingen jeder musikalischen Ausführung ab. Während solche Doppelfunktion sich beim Instrumentalisten gewöhnlich im Bereich seines musikalischen *Instinktes*, das heißt unwillkürlich, vollzieht, muß sie beim Dirigenten ins Bewußtsein übergehen; denn er hat seinen Musikern in deutlichen Worten — oder auch singend — klarzumachen, »wo es fehlt«, das heißt wo sein prüfendes Ohr unbefriedigt geblieben ist.

Die Schulung des Ohres für seine zweifache Aufgabe gehört in ihrem ersten Teil, der Gewinnung lebendiger innerer Klangvorstellungen aus dem Studium der Partitur, recht eigentlich in die Studienzeit. Der junge Musiker sollte, bis zu einem gewissen Grade wenigstens, imstande sein, eine Partitur innerlich zu hören, bevor er seine berufliche Tätigkeit beginnt. Der zweite Teil der Aufgabe, das prüfende

Hören dessen, was ihm vom Orchester entgegenklingt, das Urteilen, worin es sich von seinen Wünschen unterscheidet, hat natürlich auf die Praxis zu warten.

Schon im Studium also muß der Dirigent *ganz Ohr sein;* in Proben und Aufführungen, wie ich glaube, nachgewiesen zu haben, sogar *doppelt Ohr.* Technisch wird seine Leistung in entsprechender Weise von seiner Hand abhängig sein. Ohne ihre zweckmäßige Funktion ist weder jene elementare Korrektheit zu erzielen, die als Vorbedingung des beseelten Musizierens bezeichnet wurde, noch eine ganze Fülle musikalischer Lebendigkeit in Tempo und Ausdruck, die unter dem Einfluß ihrer Gestik steht.

So wie wir eine *gute Klavierhand*, eine günstige physische Veranlagung für die Funktionen der Hände des Geigers, eine natürliche Eignung der Lippen für das Instrument des Hornisten kennen, so gibt es auch eine spezifische manuelle Anlage für das Dirigieren, eine angeborene Geschicklichkeit, durch Handbewegungen ein Orchester zusammenzuhalten und zu führen. Durch die Noten und Vorschriften der Partitur ist die Vielzahl der ausführenden Musiker zu einer ideellen Einheit bestimmt, die Hand des Dirigenten macht sie im praktischen Musizieren zur realen Einheit. Seine vom Werk inspirierte, seelische Einwirkung soll dann dieser realen, das heißt klingenden Einheit individuelles Gepräge geben, ihre Leistung durch ihn Persönlichkeits-Charakter erhalten.

Jede Kunstausübung hat eine handwerkliche Grundlage, und nur bei genügender handwerklicher Veranlagung und deren gründlicher Ausbildung kann es der Künstler zur Meisterschaft in seiner Kunst bringen. Fehlt ihm diese elementare Eignung oder bleibt sie ungepflegt und unentwickelt, so wird seine Leistung — selbst bei starker künstlerischer Begabung — unbefriedigend bleiben. Ein hochtalentierter Musiker ohne spezifische Dirigierbegabung oder

ohne technische Erfahrung wird eben *umwerfen,* die Aufführung wird *aus dem Leim* gehen, oder mindestens nicht
»zusammengehen«, die Orchestermusiker können sich unter
seiner Führung nicht sicher fühlen, sie werden ihn nicht
ernst nehmen; und kein wahres Verständnis des Dirigenten
für das Werk, keine tiefe Musikalität, vermag solchen Mangel
an materieller Korrektheit und technischer Präzision in einer
Aufführung wettzumachen — der reinen Wirkung des Werkes wird die Ungeschicklichkeit der Hand hindernd im
Wege stehen.

In welcher physischen Besonderheit die manuelle Eignung
zum Dirigieren besteht, darüber vermag ich ebensowenig
auszusagen wie über die körperlichen Anlagen zu einem
Handwerk, zum Beispiel dem des Tischlers. Aber seht einmal einem für seine Arbeit besonders veranlagten Handwer-
ker aufmerksam zu: wie natürlich, wie zweckvoll, wie in-
stinktsicher handhabt er sein Werkzeug! Es wird ihm wie
zu einem Teil des eigenen Körpers — seine Nerven scheinen
nicht unter seiner Haut zu enden, sondern durch das von
ihnen impulsierte Werkzeug direkt auf den Gegenstand zu
wirken, den er bearbeitet. Und mehr noch als *durchnervt*
wird das Werkzeug, es wird durchseelt, wenn es im Dienst
einer künstlerischen Intention gehandhabt wird; ich denke
dabei an das Messer des Holzschnitzers, wenn er das fromm-
lebendige Gesicht, die rührende Körperhaltung des Apostels aus dem toten Holz schnitzt. So ist es mit Meißel und
Hammer in der Hand des Bildhauers, und ähnlich verhält
es sich mit jedem Werkzeug, das von Meisterhand im Dienst
geistiger Zwecke — und nicht nur künstlerischer — geführt
wird. Doch wiederhole ich, daß es zu solcher Einswerdung
von Hand und Werkzeug, zu solcher *Durchseelung* des letzteren, beim Künstler nur kommen kann, wenn ihm zum
künstlerischen Talent auch jene spezifische handwerkliche
Anlage von der Natur mitgegeben wurde.

In der Hand des *geborenen* Dirigenten wird denn auch der Taktstock allmählich zu einem Werkzeug solcher Art. Nur dem Anschein nach ist seine Funktion eine mechanische, ähnlich der des Metronoms. In Wirklichkeit könnte niemals der Schlag des Metronoms ein präzises Zusammengehen des Orchesters bewirken, weil er eben rein maschinell ist und der persönlichen Energie-Impulse ermangelt. Der Begriff der musikalischen Präzision hat keineswegs nur eine mechanische, sondern auch eine geistige und eine qualitative Bedeutung, und der Taktschlag, der nichts als mechanisch wäre, könnte kein präzises Zusammenspiel des Orchesters erzielen, es sei denn in reiner Marschmusik, die ihrer Gleichmäßigkeit wegen eigentlich keiner äußeren Führung bedarf, und überdies von einem arteigenen Energie-Impuls in Präzision zusammengehalten wird. Dem Impuls persönlicher Energie aber, der die mechanische Funktion des Taktstocks lebendig macht und zur Erzielung der musikalischen Präzision im Orchesterspiel unentbehrlich ist, müssen sich noch andere seelische Kräfte verbinden, will der Dirigent seiner Elementaraufgabe der Korrektheit durch seine Führung des Taktstocks genügen. Denn sein Taktschlag soll die musikalische Präzision des Orchesterspiels in dem von ihm empfundenen Tempo und in dessen wechselvollem Verlauf sowie im ritardando, accelerando, rubato usw. erzielen. — Solch lebendige Tempoführung nun gehört zu den wichtigsten Erfordernissen des musikalischen Vortrags, in ihr hat sich das Musikertum des Dirigenten überzeugend zu bewähren, und in der Funktion des Taktstocks, der das Orchester in solcher Freiheit der Tempoführung präzise zusammenzuhalten hat, müssen sich also eine Fülle von musikalisch-seelischen Impulsen mit der mechanischen Geste verbinden. In diesem Sinn *beseelt* sich das Werkzeug in der Hand des Dirigenten, dient es ihm dazu, sein Instrument zu beherrschen — falls eine angeborene manuelle Begabung solcher vollkommenen Harmonie zwischen Seele und Technik die Wege geebnet und gewiesen hatte.

Ein Wort über das Dirigieren ohne Taktstock, das nunmehr vielfach Mode geworden ist, scheint mir hierher zu gehören. Ich persönlich sehe im Aufgeben des Taktstocks einen Verzicht auf eine hochentwickelte handwerkliche Technik, der Verfallsmöglichkeiten enthält. Der Taktstock, dessen Länge den natürlicherweise mäßig dimensionierten Schlag der bloßen Hand in weithin sichtbarer Vergrößerung zeigt, dient — eben wegen der größeren Klarheit und Verständlichkeit seiner Bewegungen — der Präzision des Orchesterspiels besser als es die leere Hand vermag. Jeder Orchestermusiker wird bezeugen, wieviel unsicherer er sich unter Führung der Beschwörungsgestik der leeren Hände fühlt, als unter dem klaren Schlag des Taktstocks in der rechten Hand des Dirigenten, die so für Präzision sorgt, während die linke dynamische Abstufungen wirksam beeinflußt. Ich bedaure, daß diese bis zur Vollkommenheit entwickelte Technik der Orchesterführung aufgegeben zu werden scheint und habe noch keine beweiskräftigen Gründe dafür gehört oder gefunden. Gewiß, die Orchester haben sich an die *unbestockten* Dirigentenhände so gewöhnt, daß sie ihren Gesten zu folgen vermögen, und ich selbst habe, nicht ohne Staunen, präzise Aufführungen unter solcher Leitung gehört. Aber ich habe mich oft gefragt, ob nicht eine häufige nervöse Unruhe und Verkrampftheit des Musizierens wenigstens teilweise auf den Verlust der Sicherheit zurückzuführen sein mag, die das von geübter Hand geführte Werkzeug den Spielern gewährte. Oder — positiver gefaßt — ob wohl die *magische* Zeichengebung der Hand, der die klärende Mitwirkung des stummen Werkzeugs fehlt, jenes Element der Unruhe in den emotionalen Kurven des Musizierens hervorbringt? Auch möchte ich erwähnen, daß aus der weiter ausladenden Bewegung des Taktstocks nach links und nach rechts für die Musiker ohne weiteres ersichtlich wird, welcher Taktteil — ob zum Beispiel der zweite oder dritte — geschlagen wird; diese namentlich in Stellen mit häufigem Taktwechsel sehr hilfreiche Orientierung für das Orchester kann die leere Hand keinesfalls mit der gleichen Klarheit geben wie der Stock, und gar wenn es sich um die Leitung eines großen Apparates mit Orchester und Chor handelt, wie häufig in der Oper, werden sich die entfernter postierten Musiker oder Sänger kaum mit Sicherheit nach der Bewegung der bloßen Hand richten können.

Was nun die Handhabung des Taktstocks betrifft, so sehe ich weder die Möglichkeit noch die Notwendigkeit, praktische Ratschläge zu erteilen. Der zum Dirigieren manuell Begabte wird ihn instinktiv sehr bald so zu führen wissen, daß das Orchester sich danach richten kann. Beobachtung der Handhabung des Taktstocks durch ausgezeichnete Dirigenten wird dabei dem Anfänger behilflich sein. Mit einer Bemerkung aber glaube ich doch, dem Unerfahrenen nützlich sein zu können: er denke niemals während des Dirigierens an die Bewegung von Hand oder Taktstock, sondern nur an das Spiel des Orchesters. Im ersteren Fall wäre die Aufmerksamkeit nämlich auf die Mechanik des Dirigierens konzentriert — die aber kann nie ein Ziel an sich sein, sondern musikalische Erfülltheit soll sich in der geschickten Hand in eine Bewegung umsetzen, deren mechanischer Sinn völlig in ihrer musikalischen Bedeutung als Übermittler von Ausdrucks-, Tempo- und Präzisions-Impulsen *mitenthalten* ist. Auf diese Impulse im Dienst der Gesamt-Intention sei also die Aufmerksamkeit beim Dirigieren konzentriert, auch wenn die Hand sich ungeschickt erweist und »nicht so will wie der Kopf«. — Ich spreche hier aus persönlicher Erfahrung: denn in meinen ersten Wiener Jahren habe ich geraume Zeit an technischer Unzulänglichkeit gelitten und meine Fehler durch Konzentration meiner Aufmerksamkeit auf den Gebrauch des Taktstocks nur gesteigert. Ich habe in meiner Selbstbiographie darüber berichtet, wie mir damals jeder pizzicato-Akkord der Streicher, jeder frei einsetzende Auftakt in einer Gruppe des Orchesters zum Problem wurde, das mit der gesteigerten Bemühung um eine mechanisch richtige Gestik sich nur immer schwieriger erwies. — Erlebnisse wie die soeben angeführten treten allerdings gewöhnlich erst in einem vorgeschrittenen Entwicklungsstadium des jungen Dirigenten auf, und so war es auch in meinem Fall. Anfangs scheint nämlich die technische Funktion des Dirigierens — wenn man nur jene manuelle Eignung in einem gewissen Grade besitzt — leicht und problemlos. Ich möchte hier einschalten, daß nach meiner Erfahrung jedes angeborene Talent — wie in der Musik so in zahlreichen anderen Gebieten — sich meist in drei Phasen entwickelt: in der ersten kann man's, in der zweiten wird man unsicher, verliert das Können, sucht, zweifelt, experimentiert, lernt, reift; die dritte beginnt, wenn die Sicherheit der ersten Epoche, nun erhöht und bewußt gemacht durch die erworbene Erfahrung, allmählich wiederkehrt. So habe ich bei meinem Debut als Achtzehnjähriger, als ich am Kölner Opernhause Lortzings Waffenschmied dirigierte, nicht die geringste Schwierigkeit empfunden. Ich kannte die Partitur in ihrem vokalen und orchestralen Teil sowie auch den Text auswendig, war mit den Bühnenvorgängen gründlich vertraut, hatte in den Klavierproben mit den Sängern volle musikalische und ausdrucksmäßige Verständigung erzielt, und in den Orchesterproben wie in den Aufführungen übernahm dann meine Hand ganz wie von selbst und ohne daß mir eine Schwierigkeit bewußt geworden wäre die technische Führung, die das Orchester in sich und mit der Bühne in fester Übereinstimmung hielt. Soweit ich mich erinnere, dauerte meine technische Sicherheit im Dirigieren einige Jahre hindurch an. All meine Bemühungen gingen auf die musikalische Beherrschung und geistige Durchdringung der Werke, auf das Studium mit Sängern und Orchester, auf die dramatische Beeinflussung der Sänger und des Bühnengeschehens, auf die Durchseelung alles Musikalischen, aber die technische Funktion des Dirigierens selbst machte mir keine Mühe, weil in jener ersten Phase die Hand ganz allein zu wissen schien, was sie tat. — Ich erkläre mir dies häufige täuschende Phänomen der unbefangenen Sicherheit eines jungen Dirigenten damit, daß vielleicht die Fülle und Vielfalt der technischen Aufgaben des Dirigierens, die Klangfluten, die seinem Ohr entgegenschlagen, so extreme Ansprüche an seine tätigen Kräfte stellen, daß er nichts anderes als *aktiv* sein kann: er will, er gibt, er *verströmt* sich, der Instinkt hilft, das Ich betätigt sich in ungeteilter Ganzheit. Dieser Zustand einer hochgesteigerten Aktivität steht natürlich einer klaren kritischen Funktion seines Ohres entgegen, er hört, was er zu hören erwartet, was er hören will — denn er ist ganz im Wollen befangen —, und erst sehr allmählich können seine urteilenden Kräfte zur Ebenbürtigkeit mit den wollenden wachsen, lernt sein Ohr hören, vermag zu vergleichen was da wirklich klingt mit seiner Vorstellung davon, wie es klingen sollte.

Und damit beginnt nun — und begann auch in meinem Leben — die zweite Phase in der Entwicklung des Dirigenten: in ihr emanzipiert sich das Ohr von der primitiven Zugehörigkeit zur Einheit der ausübenden Kräfte. Diese Einheit konnte sich gegen die wachsende Erfahrung, Selbstbeobachtung und die steigenden Ansprüche an die eigene musikalische Leistung nur solange behaupten, als die Vehemenz der tätigen, von innen nach außen wirkenden Kräfte die rezeptiven, beobachtenden, urteilenden nicht »zu Worte kommen« ließ. Natürlich werden derbere Verstöße gegen die Korrektheit oder andere elementare musikalische Forderungen von allem Anfang an dem Dirigenten bemerkbar, und durch Wort und Hand kann er mühelos mit solchen fertig werden. Doch bedarf es geraumer Zeit und reicher Erfahrung, bis sein Ohr sich zum überlegenen Beobachter entwickelt und das Bewußtsein sein Licht auf die Pfade des eigenen Talentes und Instinktes wirft. Da will er sich nun Rechenschaft geben, will mit *warum* und *wozu* erforschen, ob er auf dem rechten Wege sei, und damit befindet er sich mitten in dieser unvermeidlichen zweiten Phase der künstlerischen Entwicklung: der der Konflikte zwischen Aktivität und Beobachtung, der Rechenschaftsablegung des Tuns vor der Selbstkritik. Ohne solche Rechenschaftsablegung vor sich selbst gibt es aber weder künstlerischen, noch moralischen, noch überhaupt geistig-menschlichen Fortschritt, und kaum dürfte das Leben irgendeines hochstrebenden Menschen von den Krisen dieser Periode verschont worden sein. In ihr wird oft, was zuerst einfach geschienen, zum Problem, wir können nicht mehr, was wir gekonnt haben, unsere Sicherheit schwindet, der Boden unter unseren Füßen schwankt, und das kann so weit gehen, daß der Zweifel an unserem Talent unseren Lebensmut erschüttert. Die Grade dieser Erschütterung mögen, je nach den Charakteren oder Anlagen der Betroffenen, verschieden ausfallen, zur Gänze bleiben solche Wachstums-Schmerzen wohl kaum einem Künstler erspart, und in manchen Fällen mögen sie noch lange bis in die dritte Phase hineinwirken, in der sich nun das bewußte Können entwickelt. Sollte es Künstler geben, denen Krisen dieser Art unbekannt geblieben sind — was weder für noch gegen ihr Talent oder ihre Kunstgesinnung spräche —, so könnte ich ihren Lebensweg nur als Ausnahme von dem Gesetz jener Entwicklung in drei Phasen ansehen, unter dem mir, wie gesagt, der Werdegang jedes Begabten zu stehen scheint.

Diese zweite Phase, in der die bis dahin so sichere Hand ihre Sicherheit verliert, in der wir suchen, irren, experimentieren, zwischen Können und Nichtkönnen wechseln, steht im wesentlichen unter der tyrannischen Herrschaft des Anspruchs an unsere Dirigiertechnik, einer sich immer verfeinernden Tempoführung in orchestraler Präzision genugzutun. Es handelt sich also dabei um eine allmähliche Beseelung der Technik. Denn je freier die Tempoführung, desto komplizierter die Aufgabe für die Hand, ihr das Spiel des Orchesters in Genauigkeit anzupassen. Bei guter natürlicher Anlage kann es nicht ausbleiben, daß der Geist die Technik entwickelt, deren er bedarf. Denn in der Tat handelt es sich dabei im wesentlichen um eine geistige Aufgabe, weil, wie schon erwähnt, die Präzision nur zum geringsten Teil mechanischer Art ist — im Grunde stellt sie eine musikalische Forderung, und die Technik zu ihrer Erzielung muß also aus geistig-musikalischen Impulsen entstehen und entwickelt werden. Man gelangt durch Konzentration auf die Präzision zur Technik, aber nicht durch die Konzentration auf die Technik zur Präzision. Und wie mit der Präzision, das heißt jener musikalischen Qualität, die sich als Präzision äußert, verhält es sich mit allen musikalischen Qualitäten bis zu den feinsten und höchsten: wenn sie nur intensiv genug als Wünsche in uns leben, schaffen sie im Lauf der Zeit und Erfahrungen die Dirigier-Technik, die in ihrem Sinn das Orchester lenkt. Besser gesagt: musikalische Erfülltheit setzt sich in Technik um, wird zur Technik. Das kann aber nur sehr allmählich geschehen, denn unsere Wünsche verfeinern und komplizieren sich ständig, und unsere Technik hat sich in entsprechender Weise zu verfeinern und zu komplizieren.

Während aber im Verlauf der dargestellten zweiten Phase das Ohr sich vom Kritiker der Technik endlich zu ihrem Helfer wandelt, können ihr von einer andern Seite Probleme entstehen, wie sie gerade mir oft Schwierigkeiten und Enttäuschungen bereitet haben. Wie oft habe ich nicht über dem

Ringen um Intensität des Gefühls-Ausdrucks die Präzision vernachlässigt! Wie oft hat nicht meine Dirigier-Technik versagt, wenn es mir um eine Temponahme aus emotionalen Gründen zu tun war, der die Geste sich nicht gewachsen zeigte! Hier handelt es sich im Grunde um eine permanente Gegnerschaft: immer wird die höchste Gefühlsintensität, wie sie zum Musizieren gehört, den totalen Menschen in Anspruch nehmen — die emotionale Hingerissenheit verdunkelt damit die Aufmerksamkeit auf technische Perfektion, die Bemühung um letztere wiederum verringert die Intensität des Gefühls, und nur vollste Meisterschaft vermag die Gegner zu versöhnen. So wie ich aber während meiner Opern-Tätigkeit meinen Sängern stets riet, niemals dem dramatischen Ausdruck zuliebe der Stimme Gewalt anzutun, sondern eher der vokalen Technik ein Äußerstes an dramatischer Gewalt zu opfern, so muß ich auch dem Dirigenten ans Herz legen, die technische Perfektion nie zu vernachlässigen, auch wenn es zu einem Kompromiß mit der Ausdrucks-Intensität führen sollte. Ich bin mir bewußt, daß dieser Rat gerade aus meinem Munde seltsam klingen muß; doch wie ich vorher bemerkte: Korrektheit gehört zu den Elementarforderungen des Musizierens, die unter allen Umständen erfüllt werden müssen, denn am Gefühlsüberschwang bei technischer Unzulänglichkeit haben wir eine der häufigsten Äußerungsformen des Dilettantismus. In meinem Leben hat der Kampf lange gedauert, und ich spreche aus konfliktreicher Erfahrung, wenn ich den Dirigenten sage: gebt eure ganze Seele im Musizieren, aber erlaubt niemals dem Rausch des Gefühls, euren beobachtenden Geist, euren lenkenden Willen zu betäuben.

In der dritten Phase der Entwicklung, das heißt jener, in der der Dirigent der Meisterschaft entgegenreift, kann er — nunmehr unbeirrt von dirigiertechnischen Schwierigkeiten — seine Kräfte ganz den höheren Problemen der musikalischen

Interpretation widmen. Seine Technik, die in der zweiten Phase durch die Schule des Bewußtseins gegangen war, hat wieder den glücklichen Anfangszustand der *Unbekümmertheit* erreicht, nunmehr aber auf einer höheren Ebene: der des Könnens. Die führende Hand und das prüfende Ohr sind zum zuverlässigen Dienst am Geist erzogen — nun beginnen die Forderungen des *wünschenden Ohres*, die sich während jener zweiten Entwicklungsphase in die des *prüfenden* immer drängender gemischt hatten, das Musizieren des Dirigenten und seinen Verkehr mit dem Orchester zu beherrschen.

Innere und äußere Musikalität

Wenn ich von innerer und äußerer Musikalität spreche, so will ich vorausschicken, daß ich damit nicht etwa auf eine klar verlaufende Grenze zwischen *innen* und *außen*, sondern auf das Vorwiegen der einen oder anderen Richtung innerhalb der allgemeinen musikalischen Begabung deuten will. Denn wie in der Musik selbst sich sinnliche Elemente mit seelenhaften mischen, so betätigen sich in der Musik-Ausübung, das heißt im klingenden Musizieren, innere und äußere Musikalität in wechselnden Formen der Verbindung. Das musikalische Talent hat eine doppelte *Staatsangehörigkeit*, es ist im Gebiet der Sinnlichkeit und in Seelentiefen beheimatet, und da es eine ichhafte Begabung ist, so wirken äußere und innere Musikalität miteinander und ineinander.

Ich trenne also nicht, sondern ich unterscheide nur im Interesse der Klarheit, wenn ich mich im folgenden einer Definition derjenigen Seite der musikalischen Begabung zuwende, die ich die äußere Musikalität nenne. Der Elementarteil der musikalischen Interpretation, ihre Korrektheit, hängt zum großen Teil von der äußeren Musikalität ab, und zwar in solchem Grade, daß man sagen kann, der Beruf des ausübenden Musikers, und insbesondere der des Dirigenten, stehe nur Talenten mit außergewöhnlich starker äußerer Musikalität offen.

Zur äußeren Musikalität rechne ich vor allem das vorzügliche Ohr. Es muß zwar nicht unbedingt mit dem absoluten Tonbewußtsein begabt sein — ich habe bedeutende Musiker gekannt, die seiner nicht sicher waren —, aber das sogenannte relative Tonbewußtsein darf ihm nicht fehlen. Die feinste Empfindlichkeit für Reinheit der Intervalle und für selbst leichteste Intonations-Schwankungen muß es jedenfalls besitzen. Ferner gehört zum Begriff des vorzüglichen Ohres eine maximale Sensitivität für dynamische Abstufung, für das klangliche Verhältnis zwischen einzelnen Stimmen, zwischen Instrumenten und zwischen Instrumentengruppen. Im weiteren Sinn gehört in den Bereich der äußeren Musikalität, wenngleich auch die innere Musikalität in beträchtlichem Maß daran teilhat, die Leichtigkeit im Musizieren: müheloses Blatt-Lesen und Vom-Blatt-Spielen, Geschick im Transponieren, kurz, schnelle Auffassung des Notenbildes und sofortige Übertragung des Eindrucks ins praktische Musizieren. Ein Vergleich zwischen dem Anblick einer Orchesterpartitur und einem anderen Notenbilde zeigt deutlich die Kompliziertheit der Aufgabe des Dirigenten auf diesem Gebiet im Vergleich mit der anderer ausübender Musiker. Zu einer ausgezeichneten äußeren Musikalität gehört auch, daß sich das Lesen der Noten ohne weiteres in deutliche innere Klangvorstellungen umsetzt. Und ferner müssen wir zu ihren wichtigsten Anzeichen das vortreffliche musikalische Gedächtnis zählen.

Nochmals möchte ich auf die Mühelosigkeit — auch im Technischen — als ein Hauptsymptom gerade der äußeren

Musikalität hinweisen: doch daß einem Musiker das ausübende Musizieren leichtfällt, daß er schnelle Fortschritte in der Epoche des Lernens macht, ist sicherlich noch kein Beweis für eine hohe innere Musikalität. Es ereignet sich nicht selten, daß eine vortreffliche äußere Musikalität Aufgaben mit Leichtigkeit bewältigt, die innerlich höher Begabten schwerfallen.

Alle praktische Musikausübung, und besonders die des Dirigenten ist, wie gesagt, zuerst auf die Betätigung der äußeren Musikalität angewiesen; selbst die stärkste innere Musikalität könnte das Wesentliche eines Werkes nicht in seiner Aufführung zur Geltung bringen, wenn nicht in einer vortrefflichen äußeren Musikalität des Ausführenden die Vorbedingung dafür gegeben wäre. Die populäre Bezeichnung für den ausübenden Musiker, der alle Vorzüge der äußeren Musikalität besitzt, ist ein *tüchtiger Musiker*; als ein *bedeutender Musiker* gilt der, der sich durch eine tiefe innere Musikalität auszeichnet. Ich bediene mich weiterhin einer etwas summarischen populären Ausdrucksweise, wenn ich sage: einen Dirigenten, der nichts als tüchtig wäre, kann man nie als bedeutenden Musiker ansehen — ein bedeutender Musiker, der nicht auch tüchtig wäre, kann nicht Dirigent werden. — Einschränkend füge ich aber hinzu, daß solche Ausschließlichkeit wohl nur sehr selten vorkommen dürfte. In den meisten Musikern mischen sich Tüchtigkeit und tieferes Musikertum im ungleichen Verhältnis, und die Vorzüge und Schwächen ihrer Leistungen hängen vom Vorwiegen der einen oder anderen Anlage oder von deren Gleichgewicht ab. Die *großen Dirigenten* — und die anderen hervorragenden Interpreten — sind solche, bei denen Tüchtigkeit und tiefe Musikalität in harmonischem Verhältnis stehen, denn ich wiederhole, daß auch das bedeutendste innere Musikertum, verbunden mit tiefer Gefühlskraft, ohne jene Tüchtigkeit nicht ausreicht, um den Forderungen einer Aufführung im Sinn des Komponisten zu genügen.

Ich möchte nicht dahin mißverstanden werden, als brächte ich äußere und innere Musikalität mit den Begriffen von *Äußerlichkeit* und *Innerlichkeit* in moralischem Sinn in Beziehung — ich spreche von Außen- und Innenbezirken des Talentes in rein musikalischem Sinn. Die Aufführung der Beethovenschen Missa Solemnis verlangt ein Höchstmaß auch an äußerer Musikalität, und die Ravelsche Rhapsodie Espagnole beansprucht volle innere Musikalität des Interpreten zu einer Aufführung im Sinn des Komponisten. Wohl aber kann nur tiefste *seelische Innerlichkeit* den vollen Gefühlsgehalt des Beethovenschen Werkes erschließen, während für eine ausgezeichnete Aufführung der Ravelschen Komposition auch Musiker einer mehr *äußerlichen* seelischen Veranlagung, bei reichem allgemein musikalischem Talent, geeignet sind.

Meiner Definition der äußeren Musikalität kann ich leider keine ergänzende Kennzeichnung der inneren folgen lassen. Ich sprach vorhin von den *Außenbezirken* der Musik, und eigentlich sind nur die der Betrachtung zugänglich, weil auf sie einiges Licht aus der Sinnenwelt fällt. Schon das Wort »innere« Musikalität aber deutet auf die Unmöglichkeit selbst eines begrenzten Einblicks in die dunklen Tiefen dieser wesentlichsten, ja entscheidenden Seite der musikalischen Begabung. Nicht beschreibend also, sondern umschreibend, wage ich zu sagen: wem das Reich der Musik Seelenheimat bedeutet, wer, wenn er musiziert, ihre Sprache wie seine zweite — oder vielmehr seine eigentliche — Muttersprache spricht, und wer Musik wie seine Muttersprache versteht, wenn er sie vernimmt: der hat innere Musikalität. Ihn versetzt Musik in ähnliche innere Bewegung, wirkt auf ihn fast mit ähnlicher Unmittelbarkeit wie ergreifende, erhebende, erschütternde, beglückende *reale* seelische Erlebnisse. Welch reales seelisches Erlebnis kann wohl die Seele inniger ergreifen als zum Beispiel der Laut des Andante con moto aus der Schubertschen »Unvollendeten«, welch Wirklichkeits-Eindruck sie höher beflügeln als das Finale seiner C-Dur-Symphonie? Daß die Musik so erlebnishaft, so unmittelbar auf die Seele wirkt, zeigt, wie innig nah, wie wesensverwandt sich Musik und Menschenseele sind. Wie könnte es auch anders sein, da das weite übersinnliche Reich der Seele das Quellengebiet einschließt, aus dem die Musik entspringt. Und nicht nur zeugt und kündet das strömende Element der Musik von der dunkel-wogenden Seelentiefe, aus der es fließt; der Strom nimmt auch Impulse des Gefühls auf aus dem weiteren Umkreise jenes Quellengebietes, die sich in seinem Element auflösen. So ist denn stets in der reinen Musik ein latentes Menschliches vorhanden, das die elementar-musikalische Wirkung ins Erlebnishafte steigert. Das ahnte Schiller, als er von der Musik sagte: sie »weckt der dunklen Gefühle Gewalt, die im Herzen wunderbar schliefen«.

Das latente Menschliche im Element der Musik, das das Echo jener dunklen Gefühle im Herzen wecken hilft, muß wohl unterschieden werden von dem weit weniger latenten, oft sogar sehr offenbaren Gefühls- und Stimmungsgehalt, dessen Träger die Musik im Lauf ihrer Geschichte allmählich geworden ist. Immer absichtsvoller hat der Komponist ihr ursprünglich nur musikhaftes Element mit menschlichem Erleben erfüllt, hat es dramatisiert, hat die Musik zum Mittler seiner emotionalen Bekenntnisse gemacht.

Gewiß ist die Grundlage allen Musikertums die innere Musikalität, weil nur ihr der Weg zum wahren Wesen der Musik offensteht. Um aber die ganze Kraft und Fülle der inneren Musikalität im ausübenden Musizieren praktisch anwenden und offenbaren zu können, bedarf sie der *Tüchtigkeit*, das heißt der Mittel einer entsprechenden, mit ihr zur Gesamtbegabung vereinten äußeren Musikalität und einer hochentwickelten Technik. Nur aus dieser Kombination kann eine musikalisch vortreffliche Aufführung entstehen, die — wegen der erwähnten, in der reinen Musik schwingenden Elemente des Menschlichen — auch von einer allgemeinen seelischen Bewegung belebt sein wird. — Und doch, alle Tore eines musikalischen Kunstwerks aufzuschließen, vermag selbst der aus solcher Kombination gewonnene Meisterschlüssel noch nicht. Seit unsere Kunst, wie ich im Kapitel »Vom Ausdruck« sagte, ihre Mannesreife erlangt hat, das heißt, seit sie als beredteste Seelensprache einem unermeßlichen Gefühlsreichtum Ausdruck gibt, seit sie Stimmungen ausströmt, Herzen erschüttert, seitdem muß sich jene Kombination durch Tiefenkräfte aus dem Menschentum des ausübenden Musikers ergänzen, um außer dem Haupttor auch die geheimsten und innersten Zugänge zu solcher Musik öffnen zu können.

Vom fachlichen Studiengang des Dirigenten

Ich erspare es mir, hier von denjenigen Studien zu sprechen, die zur Ausbildung eines jeden Musikers gehören, wie den theoretischen Fächern der Harmonielehre und des Kontrapunktes, der kompositorischen Formenlehre, einem Umriß der Musikgeschichte usw. Meine Erörterungen gelten den besonderen Studien, die gerade für den künftigen Dirigenten erforderlich sind. Da tritt uns als erste Frage die Wahl des Instrumentes entgegen, auf dem er sich praktisch ausbilden soll, dessen allmähliche Beherrschung ihm die umfassendste Vorbereitung für sein Ziel, die Dirigentenlaufbahn, ermöglicht.

Da das eigentlichste Instrument des Dirigenten, das Orchester, ihm bestenfalls gegen Ende seiner Studienzeit, meist erst nach ihrer Beendigung zur Verfügung steht — und da er es auch kaum viel früher zu behandeln wüßte —, so muß der Studierende zur Vorbereitung für den universellen Aufgabenkreis des Dirigenten sich auf demjenigen unter den Instrumenten heimisch machen, das die beste praktische Annäherung an jene Universalität ermöglicht: und das ist nur das Klavier. Seine Dimension erstreckt sich über das ganze Tonsystem von den tiefsten bis zu den höchsten Registern. Seine Klangfülle bietet dem Spieler reiche tägliche Erfahrungen in dynamischen Nuancen und Gegensätzen; harmonische Modulationen, kontrapunktische Kombinationen werden ihm durch praktische Ausführung — jenseits aller theoretischen Einsichten — zum unmittelbaren klanglichen Erlebnis; durch Selbsterziehung und Differenzierung im Anschlag kann er sich im eigenen Musizieren um jene polyphone Klarheit bemühen, die er später orchestral zu erzielen haben wird. Die Beziehungen zwischen Oberstimmen, Bässen und Mittelstimmen prägen sich seinem Ohr in realem Erklingen ein, und sein Sinn für Klangfarben und deren Wechsel wird durch Ausnützung der vielfachen Möglichkeiten in Anschlag und Pedalgebrauch befruchtet und entwickelt. Ferner bedeutet die gleichzeitige Auffassung zweier Notensysteme und der beiden Schlüssel der Klavierkompositionen eine nützliche Vorstufe für das Partiturlesen; und nur auf dem Klavier vermag sich der junge Musiker im Partiturspiel, einem unentbehrlichen Studienzweige des künftigen Dirigenten, zu üben. Vor allem anderen aber weist ihm die Klavierliteratur — mit ihrer Fülle an symphonischen Formbildungen, der Verschiedenartigkeit ihrer Stile, ihrem Reichtum an musikalischem und emotionalem Inhalt, ihren dynamischen Forderungen — den Weg zu seinem künftigen künstlerischen Arbeitsgebiet, dem Reich der symphonischen Musik. Keine bessere Vorbereitung für die Aufgaben, die ihn dort erwarten, als im jugendeifrigen Bemühen der Studienjahre die Werke der Klavierliteratur in möglichstem Umfang für seine Hände und sein Herz zu erobern.

Hat der junge Musiker das Klavier bis zu einem gewissen Grade zu seinem Instrument gemacht, dann kann es sich freilich auch als sehr nützlich für ihn erweisen, einige Fertigkeit auf einem zweiten Instrument zu erwerben, am besten, wenn auch am mühsamsten, auf der Geige. Die Bemühung um die reine Intonation, die — im Gegensatz zum Pianisten, dem das Klavier die Tonhöhe *fertig* liefert — des Geigers ständige Aufmerksamkeit fordert, erzieht und schärft das Ohr; wachsende Vertrautheit mit den Funktionen der linken Hand, mit der Bogentechnik, mit den unterschiedlichen Klangcharakteren der Saiten, mit den dynamischen Möglichkeiten des Instrumentes — all diese Erfahrungen können dem künftigen Dirigenten zu beträchtlichem Vorteil gereichen. — Wenn er es ermöglichen kann, so würde sich auch einige Unterweisung auf einem Blasinstrument lohnen.

Unentbehrlich aber möchte ich das Erlernen anderer Instrumente als des Klaviers nicht nennen. Ich selbst habe es nicht *geschafft*, weil meine Kräfte und meine Zeit durch das Klavier und durch meine Bemühungen um allgemeine musikalische und sonstige Bildung völlig in Anspruch genommen waren. Doch glaube ich, die Nachteile mangelnder mehrfacher instrumentaler Spezialkenntnisse durch wachsende praktische Erfahrungen so weit überwunden zu haben, daß sie mir nicht zu ernsten Hindernissen in meiner späteren Arbeit mit dem Orchester wurden.

Von großer Wichtigkeit aber, nach Erreichung eines genügenden Reifegrades in den am Anfang dieses Kapitels erwähnten Fächern und im Klavierspiel, ist das Studium von Partituren: beginnend mit Leseübungen in den verschiedenen Schlüsseln, dann von einfachen zu schwierigeren

Partituren fortschreitend, soll der junge Musiker sich nicht nur im Partiturlesen, sondern auch im Partiturspiel vervollkommnen. Ferner möchte ich die Beschäftigung mit Berlioz' klassischer Schrift über die Instrumentation dringend empfehlen. Durchaus notwendig für den jungen künftigen Dirigenten erscheint mir außerdem seine praktische pianistische Betätigung auf zwei Gebieten: der Kammermusik und der Gesangsbegleitung. Die Sonaten für Violine oder Cello mit Klavier, die Klavier-Trios, Klavier-Quartette oder Quintette, bedeuten eine Quelle nützlichster Erfahrungen für den werdenden Dirigenten: Erfahrungen nämlich im gemeinsamen Musizieren. Er lernt, den Mitspielern aufmerksam zuzuhören, während er selber mit Hingabe den Klavierpart durchführt. Er erfährt, wie eine Gruppe von Ausführenden durch gegenseitige dynamische, emotionale und allgemeine Angleichung zu einer musikalischen Einheit wird. Im gefühlsmäßigen Verständigen mit den Mitspielern — jetzt die Initiative im Musizieren ergreifend, jetzt sich einfühlend in das Spiel des Anderen, dann durch das Wort um Einigung bemüht — empfängt der junge Musiker einen wirksamen Vorbegriff von der geistigen und seelischen Aufgabe des Dirigenten: mit Anderen, durch Andere zu musizieren, Einfluß auf sie zu nehmen. Er wird dabei allmählich mit der Kraft der eigenen Persönlichkeit bekannt, indem er strebt, sie künstlerisch geltend zu machen. Auch vertiefen und ergänzen der Reichtum und die Bedeutendheit der kammermusikalischen Werke in hohem Maß die früher erwähnte fördernde Wirkung der Klavierliteratur durch Erweiterung seines allgemein-musikalischen Horizontes.

Die Einfühlung in das Wesen des Streichinstruments, die Verfeinerung seines musikalischen Hörens und Empfindens, die der junge Musiker durch Verwurzelung in dem edlen Gebiet der Kammermusik gewinnt, bedarf einer wichtigen Ergänzung: will er wohlvorbereitet in den Beruf des Dirigenten eintreten, so darf er nicht versäumen, sich gründliche Erfahrung auch auf dem Gebiet des Vokalen zu erwerben. Ich selbst habe durch lange Jahre, zuerst als Konservatoriumsschüler, Sänger und Sängerinnen zu Liedern und auch zu Arien, Duetten und Terzetten am Klavier begleitet, habe ihre Opernpartien mit ihnen korrepetiert und weiß, daß meine sehr ausgiebigen Erfahrungen auf diesem Gebiet mir später großen Nutzen geleistet haben. Daß für den künftigen Operndirigenten die aus solcher Betätigung gewonnene Bekanntschaft mit der menschlichen Stimme, mit der Gesangstechnik, mit der Atmung unentbehrlich ist, daß also das Korrepetieren von Opernpartien mit Sängern ihm eine höchst wünschenswerte Vorbereitung für seinen Beruf gewährt, ist leicht einzusehen. Aber die Vertrautheit mit der Stimme und ihrer Technik, mit dem segensvollen Reichtum der Gesangsliteratur und im besonderen mit dem Lied, bedeutet weit mehr als einen wichtigen Teil der Vorbildung nur für den Operndirigenten: niemand kann — und niemand sollte — Musik ausüben, dem nicht das Singen die musikalischste Äußerung des Musizierens bedeutet. Wer nicht auf der Geige, dem Cello oder irgendeinem anderen Instrument zu *singen* vermag, dem fehlt die wichtigste Eigenschaft des Instrumentalisten. Ja auch der Pianist kann nur seinen Aufgaben genügen, wenn er seinem dafür nicht ohne weiteres geeigneten Instrument den *Gesangston* abgewinnt. Wie also sollte es nicht jedem Musiker zu wahrem Vorteil gereichen, seinem Ohr und seiner Seele das cantabile der menschlichen Stimme einzuprägen? Oder könnte er auf musikalische Bildung Anspruch machen, ohne der vokalen Literatur, ohne dem Geist vokalen Musizierens nah gekommen zu sein?

Der künftige Dirigent, der im Interesse seiner notwendigen universellen musikalischen Bildung diesen sinnlich und seelisch so besonderen Laut des Gesanges in sich aufnehmen und sich die Welt des Vokalen erschließen will, kann — ich betone es nochmals — dem Ziel auf keinem besseren Wege als dem des eifrigen Musizierens mit Sängern zustreben. — Die aus der Tätigkeit als Klavierbegleiter oder Korrepetitor gewonnene Bekanntschaft mit der Gesangsliteratur bereichert nicht nur seine musikalische Bildung im allgemeinen, sondern belehrt ihn an vielfältigen Beispielen über die Befruchtung der Musik durch das Wort und dessen Gefühlsgehalt, und weckt und entwickelt seine dramatischen Instinkte. Kein *Studieren* könnte die lebendig fruchtbare Gemeinsamkeit des Musizierens mit Sängern und Instrumentalisten ersetzen.

Auch ist von Wichtigkeit für den jungen Musiker, praktisch den Unterschied zwischen den Aufgaben des Pianisten als Kammermusikspieler und als Gesangsbegleiter zu erfahren. Etwas summarisch ausgedrückt: in der Kammermusik ist seine Aufgabe der der anderen Spieler gleichgeordnet — als Gesangsbegleiter ist sie der der Singstimme untergeordnet. Genauer gesagt: in der Kammermusik gibt es überhaupt nicht den Begriff der *Begleitung*. Aus dem Zusammenwirken der Instrumente entsteht die Einheit der Interpretation, wobei bald diesem bald jenem Spieler die Ausführung der Hauptstimme zufällt, der sich dann die anderen im Sinne des Werkes unterzuordnen haben. Daß die letzteren dabei gelegentlich zu bloßen Begleitern werden, rührt nicht an das allgemeine Prinzip der Gleichordnung der Instrumente und ihrer Aufgaben in der Kammermusik. Umgekehrt ändert auch die musikalisch interessanteste oder bedeutendste Ausgestaltung der Klavierpartie im Liede nichts daran, daß sie Begleitung, das heißt dem Gesang untergeordnet ist. Mit anderen — der Klarheit wegen etwas zu einfachen — Worten: im Lied ist die Stimme wichtiger als das Klavier. Und gerade das charakterisiert die Aufgabe des Pianisten als Begleiter, darin liegt das Besondere einer Leistung, die ihm für seine künftige Dirigenten-tätigkeit zum Nutzen gereichen kann. Denn weder darf der Begleiter seine Aufgabe als die eines Pianisten auffassen, der sich solistisch auf das eigene Spiel konzentriert, noch hat er etwa seinen Klavierpart der Gesangstimme kammermusikalisch zu koordinieren, wie den pianistischen Teil einer Violinsonate dem Geigenpart. Nein, seine Aufgabe besteht darin, zu *begleiten*, das heißt sein Spiel der kompositorischen Gestaltung der Gesangslinie, dem Sinn der Textworte und ihrer interpretativen Ausführung dynamisch und ausdrucksmäßig anzupassen. Doch bedeutet Begleiten auch keineswegs Aufgeben der eigenen Persönlichkeit, schwächliche Nachgiebigkeit, charakterlose Diskretion: es verlangt innige Einfühlung in das Lied und seinen Sänger, *Mitgehen* in der ganzen Stufenleiter der Emotionen und in allen dynamischen Nuancen, wozu natürlich eine eingehende Verständigung zwischen Sänger und Begleiter erforderlich ist. Denn ohne innere Übereinstimmung zwischen ihnen kann keine künstlerische Leistung auf dem Gebiet des Liedgesanges zustande kommen.

Das immanente Gesetz aller Vokalmusik gibt der Menschenstimme den Vorrang im Zusammenwirken der Ausführenden eines Werkes — der größte orchestrale Apparat in Oper, Oratorium oder kirchlichen Vokalwerken muß dem Gesang in Dynamik und Ausdruck angepaßt werden, wie das Klavier im Liede. Denn das Textwort und die Gesangslinie, in der ihm der Komponist musikalischen Ausdruck gegeben hat, bilden den sinngebenden Kern der Komposition, und so gebührt dem Gesang als Träger von Textwort und Gesangslinie das Primat in der Klangwerdung des Vokalwerkes. Der ganze Instrumental-Apparat mit Trompeten, Pauken und Orgel im Halleluja in Händels Messias hat keine andere Funktion, als den Glanz, die Kraft, das Feuer des Chores zu erhöhen und steht somit völlig im

Dienst der vokalen Aufgabe. Ob es sich um Schuberts »Der Doppelgänger«, Brahms' »Feldeinsamkeit« oder Wagners »Götterdämmerung« handelt, die Gesangstimme hat den Vorrang innerhalb des Auszuführenden, und selbst das symphonisch beredte, oder sogar das polyphon behandelte Orchester *dient* der Gesangstimme, wird — in einem erhöhten Sinne — zur *Begleitung,* während gesungen wird; ja auch das volle symphonische Eigenleben, zu dem das Orchester sich aufschwingt, während der Gesang pausiert, empfängt meist noch seine Bedeutung und somit das Gesetz des Ausdrucks von dem, was gesungen und gesprochen wurde und bleibt, obwohl musikalisch selbständig, im Dienst der vokal ausgedrückten Gefühle, Stimmungen oder Vorgänge. Selbst wenn ein Solo-Instrument, wie zum Beispiel die Flöte in der Sopran-Arie »Aus Liebe will mein Heiland sterben« aus Bachs Matthäus-Passion, oder die Violine im Benedictus der Beethovenschen Missa Solemnis, oder die Bratsche in Ännchens Arie in Webers Freischütz, wenn ein solches Solo-Instrument sich zu solistischem Wettstreit mit der menschlichen Stimme über das Ensemble erhebt, bleibt doch der letzteren in Wort und Ton die entscheidende Bedeutung im Zusammenwirken der Ausführenden.

Noch einmal will ich betonen, welch wichtige Vorbildung es also für den künftigen Dirigenten bedeutet, sich am Klavier als Kammermusikspieler, als Korrepetitor und als Gesangsbegleiter zu betätigen. Vor allem ist es die Gesangbegleitung, die ihm eine Fülle von Übung und Erfahrung verschafft: in seiner Bemühung um das feinfühligste musikalische »Mitgehen« mit dem Sänger, in lebensvoller Unterstützung des Gesangs-Vortrags, in der Rücksichtnahme auf vokaltechnische Schwierigkeiten und auf das Atmen, im Nachgeben und Ausgleichen bei eventuellen Irrtümern des Sängers, aber auch in der festen Führung des Tempos und der Straffheit des Rhythmus, die dem Sänger festen Halt geben, wie in der suggestiven Beeinflussung seines Vortrages durch die eigene Ausdrucks-Intensität im Spiel — in all dem bieten sich ihm wichtige Vorstufen zu seinen künftigen Aufgaben als Dirigent.

Die Vorbildung des Heranreifenden durch praktisches Musizieren bedarf einer wichtigen Ergänzung; seine aktiven Bemühungen müssen durch solche rezeptiver Art ergänzt und befruchtet werden: er soll Konzerte und Opernvorstellungen besuchen, den realen Orchesterklang in sich aufnehmen. Auf diese Weise wird ein stilles Partiturlesen durch eifriges Horchen in Aufführungen zu unmittelbarem musikalischem Erleben entwickelt, ergreift sein inneres Ohr Besitz vom charakteristischen Klang einzelner Instrumente und dem Farbenreichtum ihrer Kombinationen. Auch wird ihm die aufmerksame Beobachtung des Dirigenten bei der Arbeit eine Fülle belehrender Erfahrungen bringen — aufschlußreicher freilich noch, wenn ihm Proben zugänglich wären —, aber auch aus den Aufführungen schon kann der sensitive junge Musiker — neben wichtigen Eindrücken von der *Schlagtechnik* — ein ahnendes Verständnis für den Sinn des Dirigierens und seine Wirkung auf Orchester und Sänger gewinnen.

Selbst aber ein so gründlicher und vielseitiger Studiengang wie der hier dargestellte, kann auch den begabtesten jungen Musiker nicht davor bewahren, in die eigentliche Praxis des Dirigentenberufes — Leitung von Orchesterproben und Aufführungen, Verkehr mit dem Orchester usw. — als *Anfänger* einzutreten. Es soll ihn nicht entmutigen: wir alle haben die Peinlichkeit jener Kinderkrankheiten und Wachstumsschmerzen durchmachen müssen, mit denen ein kräftiges Talent und ein unbeirrbarer Wille in geduldiger Bemühung noch immer fertig geworden sind.

Der Studiengang des Dirigenten kann sich nicht auf die Musik beschränken. Die Welt der Tonkunst schließt so viel des Seelisch-Menschlichen ein — vom poetischen, dramatischen, bis zum religiösen Gebiet in den Vokalwerken, von den zartesten bis zu den mächtigsten Emotionen in der absoluten Musik, daß der Wert der künstlerischen Leistungen des Dirigenten in hohem Grade von seinen menschlichen Eigenschaften und Möglichkeiten abhängt: der Ernst seiner moralischen Gesinnung, der Reichtum seines Gefühlslebens, die Weite seines geistigen Horizonts, kurz, seine Persönlichkeit, wirkt sich entscheidend in den musikalischen Leistungen aus, und fehlt es ihr an der Fähigkeit, die seelischen Ansprüche der Werke in der Interpretation zu erfüllen, so wird diese, auch bei vortrefflicher musikalischer Ausführung, unbefriedigend bleiben.

Wer nicht die stürmische See mit fühlender Seele erlebt hat, wird der Ouvertüre zu Wagners »Der fliegende Holländer«, der Einfahrt des Gespensterschiffes, wie den Naturlauten im ersten und dritten Akt des Werkes überhaupt, ein Wesentliches an elementarer Gewalt des Ausdrucks schuldig bleiben. Nur einem romantischen Herzen erschließt sich der Zauber der Rheinischen Symphonie Schumanns. Beethovens »Szene am Bach« in der »Pastorale« wird leer klingen, wenn nicht des Dirigenten eigenes Entzücken über einen rieselnden Bach und eine heitere Landschaft sich mit dem musikalisch seelenvollen Vortrag des Stückes verbände; und nur wer dithyrambischen Schwunges fähig ist, vermag den ersten Satz der Siebenten Beethovens zur Geltung zu bringen. Wem ekstatische Gefühle fremd sind, der kann nicht Wagners »Tristan und Isolde« überzeugend dirigieren. Und werden wohl Crucifixus, Sanctus und Benedictus der Beethovenschen Missa Solemnis oder, sagen wir, der

Schlußchor der Bachschen Matthäus-Passion ihre volle Größe dem Hörer vermitteln, wenn das Herz des Dirigenten nicht selber durchdrungen wäre von diesen hohen Botschaften?

Vielfaches und Entscheidendes also trägt die menschliche Persönlichkeit des Dirigenten bei zur künstlerischen Bedeutung seiner Leistungen. Ohne die Formung der Persönlichkeit durch charakterliche Selbsterziehung, ohne Pflege und Ausbildung der allgemeinen seelischen Anlagen, ohne lebendige Hingabe an geistige Interessen kann kein noch so eifrig betriebener musikalischer Studiengang genügen und zum gewünschten Ziel führen. Kürzer gesagt: ein *Nur-Musiker* ist ein Halbmusiker. Der Gedanke des *Werdens*, das Bemühen um Entwicklung muß also dem ganzen inneren Menschen und nicht nur seinen musikalischen Anlagen gelten; die Krone seines Lebensbaumes, sein Musikertum, wird um so höher, um so üppiger wachsen und blühen, je weiter und nach je verschiedenartigeren Richtungen sich seine Wurzeln ins Erdreich des allgemein Menschlichen erstrecken.

Aus zweien solcher Richtungen kann der aufblühenden Entwicklung des jungen Musikers besonders stärkende Nahrung zukommen: aus der Natur und dem Schrifttum. Was die Natur dem Musiker bedeutet, klingt uns in bekenntnishaftem Hinweis aus Werken wie Beethovens Pastorale, Haydns Schöpfung und Jahreszeiten, Mendelssohns Hebriden-Ouverture, Wagners Waldweben, aus der Einleitung und aus vielen Stellen des Rheingold, aus Mahlers Dritter Symphonie, Debussys La Mer usw. deutlich entgegen. Noch inniger vielleicht enthüllt sich uns die tiefe Beziehung der Musik zur Natur in musikalischen Lauten wie dem Mondaufgang am Schluß des zweiten Aktes der Meistersinger, der Karfreitags-Musik im Parsifal, oder dem Finale der Schubertschen C-Dur-Symphonie, diesem mächtigen symphonischen Stück, aus dem wirklich der Kosmos zu tönen scheint. Wie nah sich Musik und Natur stehen, erhellt aus der so häufigen seelischen Verbundenheit bedeutender Musiker mit der Natur, die auf ihr Innenleben, ja selbst auf ihre Lebensgewohnheiten einen bestimmenden Einfluß ausübt: es dürfte wohl kaum einen großen Musiker — oder einen wahren Dichter — geben, dem die Natur nicht Entzücken und Erschütterung, Inspiration und Erhebung bedeutete, zu dem sie nicht mit Beredsamkeit spräche, der sich nicht als ihr Geschöpf empfände. Wie könnte es da anders sein, als daß diese elementare Lebensbeziehung des Musikers ihren Einfluß, wie auf sein Leben so auf sein Schaffen und Nachschaffen ausübte: wer zu hören versteht, wird denn auch in solchen musikalischen Meisterwerken, die keinen direkten Hinweis darauf enthalten, die Naturverbundenheit, die Naturhaftigkeit des schöpferischen Musikers erkennen.

Die geheimnisvolle Beziehung zwischen Natur und Musik enthüllt sich uns besonders überzeugend und unmittelbar in Liedern, wie zum Beispiel Schumanns »Mondnacht«, Schuberts »Frühlingsglaube«, Brahms' »Feldeinsamkeit« und so weiter. Natur selber scheint in ihnen zu singen, sie inspirierte den Komponisten, der in Herzensgleichklang mit dem Dichter in Musik verwandelte, was aus der Natur ihm zuströmte. Besseres also kann man dem jungen Musiker nicht raten, als mit der Natur zu leben: zu wandern, mit Wald und Wiese, Berg und Tal, Abendröte und Sternennacht, Sturm und Meeresbrandung vertraut zu werden, sich als Geschöpf in der Schöpfung zu fühlen, mit ihrem Geist sich zu erfüllen, ein Ur-Kindesglück in seiner Zugehörigkeit zu ihr zu genießen. Die aus so elementarem Erleben aufblühende Bereicherung seines Menschentums wandelt sich zugleich in musikalisches Wachstum um.

Nicht nur aus der Annäherung an den schöpferischen Geist, wie er sich in der Natur offenbart, gewinnt der Musiker eine solche Steigerung seines ganzen Wesens; auch mit dem, was schöpferische Menschen gedacht und gedichtet haben, soll er sich gründlich bekannt machen. Die für wahre Bildung unentbehrlichen großen Werke des Schrifttums werden seinen Sinn für das grenzenlose Gebiet des Menschlichen öffnen, das, wie es jeder Dichtung ihren Inhalt gibt, so aus aller Musik tönt. Eine vielseitige literarische Bildung wird sich also für die charakterliche und geistige, wie für die musikalische Entwicklung des Dirigenten fruchtbar erweisen.

Daß für den Operndirigenten eine ausgiebige Beschäftigung gerade mit der dramatischen Literatur notwendig ist, bedarf kaum der Erörterung: denn der Geist des Dramas muß seine musikalische Leistung in der Interpretation der Oper durchdringen. Die Vertrautheit mit den Werken bedeutender dramatischer Dichter bereitet den künftigen Operndirigenten für den entsprechenden Teil seiner Aufgaben vor und gehört also in sein engeres Gebiet. Aber auch der absolute Musiker sollte nicht unterlassen, in seine geistige Ernährung an der Weisheit und Poesie von Okzident und Orient die dramatischen Werke der Weltliteratur einzubeziehen und so seine Kenntnis des menschlichen Herzens zu erweitern. Denn nicht nur die musikalisch-dramatischen, auch die absolut-musikalischen Werke sind dem Nur-Musiker in vielem Wesentlichen unzugänglich — alle bedürfen zu ihrer vollen Erschließung außer der musikalischen Potenz einer reich veranlagten Menschlichkeit.

Endlich möchte ich dem jungen Musiker ans Herz legen, über all diesen Bemühungen das Wichtigste nicht zu vergessen: zu leben — im Sinn von *Erleben*, offenen Sinnes für Welt und Menschen. Auch alles Lernen und Lesen würde seinen Zweck verfehlen, wenn es bloße Anhäufung von Wissensmaterial bliebe, wenn es nicht — gleich wie der Verkehr mit der Natur — innerlich erlebt, mit dem Ich assimiliert würde. Alles was der Dirigent an geistiger Ernährung an sich zieht, soll als Brennstoff für die eigene Geistesflamme, soll zur Erkraftung der selbständigen Persönlichkeit dienen. Von ihrer Lebendigkeit, ihrem Reichtum, ihrer Weite hängt es ab, ob seine musikalischen Leistungen die vielfältigen hohen Anforderungen seiner Aufgabe zu erfüllen vermögen.

Aber: »Wer alles das merkt, weiß und kennt, wird doch immer noch nicht ›Meister‹ genennt —.« Mit diesen warnenden Worten Davids aus den Meistersingern will ich meine Ratschläge zum Studien- und Bildungsgang des Dirigenten beschließen. Denn dieser Weg vielfältigen Lernens und Bemühens, der auch der meine war, bleibt in einer wichtigen, mehrfach bereits erwähnten Beziehung ungenügend, muß es bleiben: er kann den jungen Musiker nicht während der Lehrjahre mit seinem Instrument, dem Orchester, vertraut machen, das er also erst in der Praxis des Berufes kennen und behandeln lernen muß. Und auch abgesehen hiervon bringen es Umfang und Eigenart der beruflichen Aufgaben des Kapellmeisters mit sich, daß er sich geraume Zeit hindurch recht *unmeisterlich* in seiner Tätigkeit fühlen wird. Auch werden die sich mehrende Erfahrung, die wachsende Reife ihm nur den Blick für immer neue musikalische und persönliche Probleme der Dirigententätigkeit schärfen, mit seinen Leistungen werden seine Ansprüche an sich selbst steigen. Mit anderen Worten: Studien- und Bildungsgang werden sich über sein ganzes Leben erstrecken und des Lernens wird kein Ende sein.

Von der Praxis

Da steht nun der junge Musiker endlich als Dirigent vor seinem Orchester und darf seine erste Probe mit Musikern halten, die seiner Führung anvertraut sind. Der Schritt in die Praxis ist getan — er beginnt seine Laufbahn. Doch was er da mit klopfendem Herzen erlebt, erweist sich grundverschieden von der Idee einer Orchesterprobe, wie er sie sich während seiner Studienzeit erträumt oder aus lebendigen Eindrücken gebildet hatte. Da war ihm der Dirigent in seiner Verantwortlichkeit für Werk und Aufführung als der absolute Herrscher, der Oberbefehlshaber der Musiker erschienen, da war das Orchester den von praktischer Erfahrung zeugenden Weisungen des Meisters mit Hingabe gefolgt.

Aber schon das klopfende Herz will sich nicht in diese strahlende Königs-Idee fügen: denn was hier pocht, ist die Aufregung eines Unerfahrenen, der — weit entfernt von den erträumten Herrschergefühlen — nur tief beunruhigt durch seinen Mangel an Routine und Selbstsicherheit, der Ruhe und routinierten Sicherheit der Berufsmusiker gegenübersteht. Wie gründlich auch seine allgemeine Vorbildung, wie lebendig seine innere Vorstellung von dem aufzuführenden Werk sein mag, er ist Anfänger im Probieren und Dirigieren — und zwar vor allem im Probieren. Im Dirigieren selbst mögen ihm vielleicht manuelle Geschicklichkeit und kräftiges Musikertum über die ersten Schwierigkeiten hinweghelfen, die besondere Praxis des Probierens aber erwirbt der Dirigent nur in Jahren der beruflichen Erfahrung, und so muß dem jungen Leiter der Orchesterprobe sein Anfängertum auf Schritt und Tritt peinlich bewußt werden. Wie klingt ihm doch in unmittelbarer Nähe des Orchesters — umtönt von einer Vielfalt der Klänge — alles so anders, als er es sich vorgestellt oder als Zuhörer erfahren hatte, so wirr und verwirrend! Was muß er tun oder sagen, um dynamisches Gleichgewicht, um Klarheit zu erzielen? Wann wird der geeignete Moment gekommen sein, um abzuklopfen und auszubessern? Wird er dann auch das deutliche Wort, den *rechten Ton*, die wirksame Form finden, um seine musikalischen Wünsche beim Orchester durchzusetzen? Diese und ähnliche unvermeidliche *akute* Sorgen des beginnenden Dirigenten in seinen ersten beruflichen Kontakten mit dem Orchester — jeder wird sie seiner Persönlichkeit gemäß auf andere Weise erleben — gehen freilich nach entsprechender Zeit in eine mildere, *chronische* Form über, aber sie werden, vervielfältigt und zu ernsten Problemen gesteigert, den Dirigenten während einer beträchtlichen Zeit seiner Laufbahn begleiten. Denn sie alle weisen mahnend auf das Wesentliche seines Berufes hin, das ich früher hervorgehoben, das seine Aufgabe von der aller anderen Musiker unterscheidet: er hat die persönlichste Kunstausübung, das Musizieren, mittels Anderer zu vollbringen, indem er musikalisch und menschlich auf sie einwirkt; seine Aufgabe ist also ebenso eine künstlerische wie eine persönliche. Wer nicht mit Menschen umzugehen, auf Menschen Einfluß auszuüben vermag, dem fehlt die volle Eignung für den Beruf.

Das Problem der Menschenbehandlung, wie es gerade dem Dirigenten gestellt ist, kann ihm nur klarwerden, wenn er die Grundverschiedenheit seiner Aufgabe von der der Orchestermusiker verstehen lernt: er *will*, sie *sollen;* und da ein bloßes Sollen, als Entpersönlichung, keine künstlerischen Resultate hervorbringen kann, so muß es also durch Einwirkung vom Dirigenten auf die Musiker in ein *Mitwollen* verwandelt werden.

Ich empfehle ihm, sich in den Gedanken einzuleben — und bei einiger Reife der Gesinnung wird der junge Dirigent bereits Verständnis dafür haben —, daß jede Orchesterprobe von ihm Willensanspannung und Aktivität verlangt, während er vom Orchester kaum eine andere anfängliche Grundhaltung als gutwillige Bereitschaft und Gelassenheit erwarten kann. Das ist freilich nur relativ zu verstehen, denn gewiß befindet sich jeder gute Orchestermusiker so gespannt und aktiv wie seine instrumentale Aufgabe von ihm verlangt. Hieraus folgt aber bereits eine beträchtliche Differenzierung innerhalb des Orchesters selbst, denn die Solisten — Vorspieler der Streicher, erste Bläser, Harfenist, Pauker — werden von ihrer verantwortlicheren Aufgabe in einen höheren Spannungszustand versetzt als die übrigen Musiker. Die Bedeutung der Aufgabe ist also bestimmend für den Grad aktiver oder passiver Einstellung beim Ausführenden. Wie sehr und wie grundsätzlich muß sich daher die Seelenverfassung des Dirigenten von der der Orchestermusiker unterscheiden! Ihre Aufgabe ist in jedem Fall eine partielle, der Dirigent dagegen trägt und fühlt die Gesamtverantwortung für das Werk und die Aufführung, für ihren Geist und ihre Einzelheiten.

In der hohen Spannung und Aktivität, zu denen diese Verantwortung sein ganzes Wesen steigert, muß er jene Gelassenheit, das heißt den geringeren Spannungsgrad des Orchesters, als ein lastend schweres Gewicht in seiner Arbeit empfinden, das täglich zu wälzen ihn an das Los des Sisyphos gemahnen mag. Hier muß seiner Energie eine intensive Einfühlung in die Musiker zu Hilfe kommen, sie muß ihn lehren, belebend auf das Orchester einzuwirken, dessen Spannung der seinen anzunähern, mit seinem Feuer die Musiker zu befeuern, an seiner Aktivität die ihre zu entzünden.

Solche Einfühlung wird ihm den Weg dazu weisen, das Orchester zu seinem Instrument zu machen, auf dem er mit der Freiheit eines Solisten spielen kann. Welches aber sind die künstlerischen Mittel, um eine orchestrale Höchstleistung zu erzielen, in der seine Auffassung, sein Ich im Musizieren zum Ausdruck gelangen? Ich erspare es mir, auf das stärkste und wirksamste der Mittel mit erklärenden Worten einzugehen, denn es ist zugleich das dunkelste: ich meine damit den zwingenden direkten Einfluß, den der geborene Dirigent aus seiner inneren musikalischen Erfülltheit, rein durch die Macht seiner Persönlichkeit, auf seine Musiker ausübt. Die Kräfte, die von ihm ausgehen, schaffen eine Atmosphäre seelischer Gemeinsamkeit, die der musikalischen Leistung eine elementare Spontaneität, Geschlossenheit und Überzeugungskraft gibt. Jeder wahrhaft teilnehmende Beobachter wird das Walten tiefer triebhafter Seelenkräfte — verbunden mit solchen von Bewußtsein erhellten — im Zusammenwirken von Dirigenten und Ausführenden empfunden haben. Oder mindestens wird in ihm eine Ahnung von einem irrationalen Element im Einfluß jenes Einen auf die Vielen entstanden sein.

Diese instinkthafte Fähigkeit, auf das Orchester unmittelbar die eigenen musikalischen Impulse zu übertragen, ist das Merkmal der echten Dirigierbegabung. Sie hat namentlich auch in der Oper, wo Sänger und Chor ebenfalls ihren Einfluß erfahren, erstaunliche improvisatorische Leistungen von musikalischer und dramatischer Ausdruckskraft ermöglicht. (Übrigens sind die Opern-Institute in ihren betriebsgemäßen Wiederholungen von Aufführungen nach probenlosen Intervallen auf die lebenspendende improvisatorische Fähigkeit solcher Dirigentenbegabung dringend angewiesen.) Aber auch unsere symphonische Musik lebt — soweit ihr Leben von Interpretationen abhängt — von diesen *hinreißenden* Dirigentennaturen. Und doch — eine starke Begabung dieser Art mag vielleicht gelegentlich einmal eine vortreffliche Aufführung ohne genügende Vorbereitung improvisieren —, aber nur in seltenen Ausnahmefällen wird sie eine gründliche Probenarbeit entbehrlich machen können. Man kann vom Pult aus wohl die Mitwirkenden zum Mitfühlen entzünden, man kann auf den Eindruck im Ganzen wie im Einzelnen Einfluß nehmen, man kann durch die Tempoführung Steigerung und Nachlassen der emotionalen Fluten beeinflussen und so mittels der Ausführenden und gemeinsam mit ihnen die Seelen der Hörer erreichen,

ergreifen, erschüttern; aber ohne vorhergehende, fürsorg-
lich genaue Verständigung über die Ausführung von Einzelheiten, ohne gründliches Ausprobieren dynamischer Abstufung, feinfühliger Nuancierung im Ausdruck usw. wird
auch die schwungvollste Aufführung den wahrhaft musikalischen Hörer meist enttäuschen. Begeistertes *Hinweg-
hudeln* über Unordnung und Nachlässigkeit in Einzelnem
kennzeichnen einen typischen Dilettantismus. Macht sich
aber ein nicht dilettantischer, jedoch probenscheuer Dirigent
dessen schuldig, so handelt er gewissenlos und untergräbt
damit die künstlerische Moral der Ausführenden. Liebevolle
Sorgfalt und impulsive seelische Erfülltheit müssen eine un-
ablässige Arbeitsbereitschaft durchglühen, um den Forderungen eines Werkes in der Ausführung genugzutun.

Doch hat die Probenarbeit auch noch einen tieferen Sinn
als den der Vorbereitung der einzelnen Aufführungen: die
allmähliche Entstehung einer musikalisch-persönlichen Beziehung zwischen Dirigent und Orchester. Aus ihr muß sich
jener improvisatorisch impulsierende Einfluß einer starken
Dirigenten-Natur ernähren, ergänzen und vertiefen — ohne
solche wachsende künstlerische Vertrautheit, wie sie nur
aus fortgesetzter gemeinsamer Probenarbeit entsteht, würde
der unmittelbare Einfluß des Dirigenten in den Aufführungen allmählich nachlassen und schließlich erlahmen.

Es handelt sich also für den Dirigenten darum, in den
Proben seine musikalischen Wünsche im Einzelnen zur Geltung zu bringen, und zwar mit der Absicht und auf eine Art,
die zugleich in den Musikern eine allgemeine seelische Bereitschaft zur Ausführung seiner Intentionen erhöht.

Unter den Schwierigkeiten, die er auf seinem Wege zu
diesem Ziel zu bekämpfen hat, stellt sich ihm als eine der
ernstesten — und weit bedenklicher als jene begreifliche
Gelassenheit, die ich vorher erwähnte — die Macht der
Gewohnheit und Bequemlichkeit entgegen, die ich eine

Berufskrankheit der Orchester nennen möchte. Wie gut erinnere ich mich aus meinen ersten Dirigentenjahren der häufigen Antwort bejahrterer Musiker auf meine Korrekturen, die stets lautete: »Ach, das habe ich immer so gespielt.« Ob sich ihr Widerstand gegen eine Änderung oder Neuerung in so ausgesprochener Weise, oder, was fast noch schlimmer war, in der passiven Form einer schweigenden Bekundung der gleichen, ablehnenden Gesinnung zu erkennen gab, jedenfalls erfuhr ich daraus, mit welcher gegnerischen Großmacht sich meine Forderungen in solcher *Gewohnheit* zu messen hatten.

Es gibt Menschen, für die mit jedem Morgen das Leben neu beginnt. Das sind solche, die jede Wiederbegegnung mit der »Unvollendeten« von Schubert tiefer erschüttert, die das Lesen eines vertrauten Goetheschen Gedichtes stets mit der Macht eines ersten Eindrucks begeistert, Menschen, über die die Gewohnheit keine Macht hat, die trotz Jahres- und Erfahrungsfülle frisch, interessiert, lebensfähig geblieben sind. Und dann gibt es solche, die beim Anblick des herrlichsten Sonnenuntergangs oder beim Anhören des Benedictus in Beethovens Missa Solemnis kaum mehr empfinden als »das kenn' ich schon«, die alles Neue oder Ungewohnte stört — mit anderen Worten, denen Gewohnheit und Bequemlichkeit Lebenselemente sind. Für die ersteren haben unsere Poeten gedichtet, unsere bildenden Meister geschaffen, unsere Musiker komponiert — und für sie vor allen führen wir unsere Dramen, unsere Opern, unsere Oratorien und Symphonien auf. Und was die zweiten betrifft, so müssen wir Künstler immer wieder versuchen, die Alterskruste, mit der viele von ihnen vielleicht schon geboren sind, oder die sie erworben haben, zu sprengen, mit unseren Jugendkräften die ihren aufzurufen und zu beleben, soweit sie noch vorhanden sind. Und genau darin muß der Dirigent seine Aufgabe auch im Verkehr mit Musikern sehen, die an der genannten Berufskrankheit leiden. Die widerstrebende Unlust, in der sie sich äußert, weist auf ihren mythischen Ahnherrn Fafner und sein Wort: »Ich lieg' und besitz' — laßt mich schlafen!«

Da eben, im Glauben an den Besitz, liegt der Irrtum der Routinierten. Denn ein Besitz, der nicht immer neu erworben und erarbeitet wird, zerfällt und verliert sich. Es gibt ein gewohnheitsmäßiges espressivo im Vortrag eines musikalischen Themas, gewohnheitsmäßige Ausdrucks-Nuancen in der Deklamation von Dichtungen, die aus der Erinnerung an frühere, spontane Interpretationen, an deren Tempo, Gefühlsgehalt und Tonfall bestehen. Aber Vortrag und Deklamation sind allmählich leer geworden, der lebendige Herzensinhalt ist schließlich verschwunden, und nur die Manier ist geblieben. Ein hochangesehener Schauspieler rühmte sich einmal mir gegenüber, er vermöge eine oft gespielte Szene leidenschaftlichster Bewegtheit ganz ohne innere Anteilnahme, rein aus der Erinnerung an seine früheren Darstellungen und deren Einzelheiten in exzessivem Stimmaufwand, wilder Gestik, Schluchzen usw. mit großem Erfolg durchzuführen. Ich hatte der Leistung beigewohnt, von der ich natürlich, bei aller Bewunderung für ihre Virtuosität, tief deprimiert war. Für uns alle aber gilt, daß im künstlerischen Können, in der Beherrschung der Mittel unserer Kunst die Gefahr solchen Verfalls in die Routine lauert, daß wir daher, je öfter wir ein Werk aufführen, je besser wir es kennen, je virtuoser unsere Technik geworden ist, mit desto größerer Aufmerksamkeit uns vor einer gewohnheitsmäßigen Ausführung hüten, uns im lebendigen Gefühl halten müssen. Ich glaube hier aus meinem eigenen Leben berichten zu dürfen, daß ich, je öfter ich ein Werk aufzuführen hatte, desto sorgsamer darauf bedacht war, das Gefühl der ersten Begeisterung dafür in mir neu zu beleben, immer wieder zu überprüfen, ob jene erste Spontaneität auch nicht einem routinierten Ausdruck gewichen war. Es hat wohl kaum eine Aufführung des Tristan oder des Don Giovanni oder der Eroica usw. in meinem Leben gegeben, der nicht eine solche Prüfung voranging oder folgte — so blieben mir die Werke stets »herrlich wie am ersten Tag«. Ja, so paradox es klingen mag, für mich ist Größe und Schönheit der Meisterwerke aller Künste nichts statisch Definitives: sie leben, sie *werden* bei jeder Begegnung größer und schöner, so wie Werke geringerer Bedeutung ermatten und verblassen. Auf die Frage, ob ich Mozarts g-Moll-Symphonie kenne, müßte ich eigentlich antworten: heut' glaube ich sie zu kennen — morgen wird sie mir vielleicht neu sein, denn oft schon dachte ich mit ihr vertraut zu sein; und oft ist sie mir dann wieder neu geworden.

Aus dieser sich stets intensivierenden Tendenz zur Selbstprüfung mußte der Entschluß folgen, den Kampf gegen Gewohnheit und Bequemlichkeit auch bei meinen Mitarbeitern zu führen. Hinderlich war mir dabei — wie in jedem Konflikt meines Lebens —, daß meine Natur dazu neigte, den Anderen anzuerkennen, wenn ich mich in die Lage eines *Gegners*, in diesem Fall meist eines routinierten, überarbeiteten Orchestermusikers, versetzte, mir vorstellte, daß er da plötzlich auf Weisung eines unerfahrenen jungen Kapellmeisters *umlernen*, das heißt dies und jenes anders spielen sollte, als er es seit Jahren gewohnt war und für richtig gehalten hatte. So verstand ich menschlich nur allzu gut, was ich musikalisch nicht dulden durfte und fand mich daher nicht nur künstlerisch, sondern auch moralisch behindert. Ich wurde mir denn auch bald bewußt, daß in mir nichts vom Siegfried war, der dem Drachen mit dem Schwert in der Faust zu Leibe gehen konnte, und so bemühte ich mich, eine Methode des Probierens zu finden, die mir charakterlich *lag* und gleichzeitig geeignet schien, den stumpf passiven oder gelegentlich auch aktiven Widerstand der Fafner-Gesinnung zu überwinden.

Die sogenannte Disziplin konnte mir dabei kaum von wirklichem Nutzen sein. Sie vermag wohl offene Widersetzlichkeit im Orchester zu verhindern, aber nicht innere Ablehnung: sie kann für gute Manieren sorgen, aber nicht zu einer künstlerischen Verständigung zwischen Dirigenten und Musiker beitragen. Abgesehen davon, daß die Orchester-Disziplin der früheren schroffen Art längst sozial würdigeren Formen geordneter Zusammenarbeit Platz gemacht hat, ist Disziplin überhaupt — in ihrer allgemeinen Bedeutung als pflichtgemäße Folgsamkeit — negativer Natur: sie verhütet Störungen. Damit schafft sie zwar die soziale Grundlage für eine künstlerisch fruchtbare Beziehung zwischen dem Orchester und seinem Leiter, ist aber, je mehr sie betont wird, um so abträglicher der seelischen Annäherung zwischen ihnen. Ich habe mich eigentlich nur in extremsten Fällen disziplinarer Mittel bedient; fast immer ist es mir gelungen, durch direkte und persönliche Einwirkung Ordnung und Folgsamkeit zu erzielen.

Mit einem kurzen Wort möchte ich hier den traditionellen Begriff einer Disziplin streifen, die in all jenen Fällen zur Regelung der Beziehung zwischen Führung und Ausführenden genügen kann, wo gar keine höheren musikalischen oder seelischen Ziele angestrebt werden. Was da eine routinierte Mittelmäßigkeit fordert, findet mittels einer konventionellen Disziplin leicht seine mittelmäßige Erfüllung.

Für Ordnung aber, im äußeren Verhalten wie im Musizieren selber, muß ich mich mit größter Entschiedenheit aussprechen. Denn die hohe innere Ordnung, die zum Wesen aller Kunst und Kunstausübung gehört, kann nicht in einer Sphäre äußerer Unordnung erreicht werden. Ein entsprechendes Maß von äußerer Disziplin ist so unentbehrlich für die künstlerische Werkstatt, wie Sauberkeit und Ordnung für einen guten Haushalt.

Mehr aber als die Schaffung einer störungslosen Atmosphäre für musikalische Arbeit kann und soll diese äußere Disziplin nicht leisten — für die Arbeit selbst bedarf es dann der Auswirkung einer inneren und höheren, nämlich einer künstlerischen Disziplin, der eigentlichen Ordnungsmacht im Musizieren, die mit *Disziplin* kaum mehr als den Namen gemein hat. In ihr Gebiet gehören die Aufmerksamkeit auf alle Vorschriften der Komponisten, die Genauigkeit in Takt und Rhythmus, gehört musikalische Gesetzestreue im allgemeinen — sie ist die Voraussetzung fruchtbarer Arbeit des Dirigenten mit den Musikern, und auf ihre Pflege muß seine aufmerksame Bemühung ständig gerichtet sein.

Um den praktischen Forderungen dieser höheren künstlerischen Disziplin genügen zu können, bedürfen Dirigent wie Orchester allerdings auch jener besonderen Art der Erfahrung, die wir Routine nennen. Sie ist die wertvolle Frucht vom sterilen Feld der Gewohnheit: wertvoll, ja notwendig, insofern sie als Dienerin der Praxis die Bewältigung von Schwierigkeiten ermöglicht oder erleichtert, wie die der instrumentalen Technik, des Blatt-Lesens und anderer Aufgaben des ausübenden Musizierens, für deren Bewältigung es der Erfahrung bedarf. Sie ist für den praktischen täglichen Betrieb der Kunstinstitute unentbehrlich; eine höhere Funktion aber als die einer nützlichen Dienerin der Praxis kommt der Routine nicht zu — von dem eigentlich künstlerischen Gebiet der Musik, wo souverän der Geist herrschen soll, muß sie mit aller Entschiedenheit ferngehalten werden.

Zweifellos macht dem Dirigenten der Widerstand Fafners im Orchester im Lauf der Jahre immer weniger zu schaffen, er weicht der vermehrten Erfahrung, dem steigenden Können und der damit wachsenden Selbstsicherheit des Leiters, wie denn überhaupt der größere Respekt der Musiker vor einer im Aufstieg begriffenen Persönlichkeit — manchmal auch die Furcht vor ihr — den ganzen Komplex der Arbeit des Dirigenten mit dem Orchester beträchtlich erleichtert. Mir selbst war es vielleicht besonders schwer geworden, mich beim Orchester durchzusetzen, weil, wie erwähnt, durch meine gar zu *Ich-lose* Einfühlung in den Anderen meine Selbstbehauptung an Sicherheit und Energie bedenklich verlor. Doch gewann ich schließlich gerade aus dieser moralischen Behinderung die Klarheit darüber, welcher Weg mir durch meine Natur gewiesen war. Ich erkannte, daß ich gewiß nicht zum Herrscher oder Despoten, aber vielleicht wohl zum Erzieher veranlagt war, der ja seine Methode zur Einwirkung auf den Anderen aus der Einfühlung in dessen Wesen gewinnt. So galt es die machtvollen, ja unwiderstehlichen musikalischen Forderungen meines Innern mittels jener Einfühlung durchzusetzen, mein Ich kompromißlos zu wahren, ohne den Anderen zu vergewaltigen.

Ich kann heute rückblickend feststellen, daß die künstlerischen Resultate meiner Arbeit mit Sängern, Chören und Orchestern in Oper und Konzert, außer meiner musikalischen und dramatischen Einwirkung, solchen erzieherischen Bemühungen zuzuschreiben waren. Ich glaube, meine Musiker und Sänger werden bezeugen, daß sie kaum je unter einem Druck oder Zwang, wohl aber mit dem Gefühl eines eigenen inneren Müssens musizierten oder sangen, daß aus meiner ständigen Anfachung ihre seelische Bereitschaft zu gemeinsamer Höchstleistung, zu ihrem *Mitwollen* mit meinen Intentionen entstanden war.

Keinesfalls will ich aber hiermit eine Methode, die für mich durch meinen Charakter gegeben war, als Panacea empfehlen. Jede Art und Weise, mittels deren der Dirigent sich und seine musikalischen Wünsche bei seinen Mitarbeitern durchzusetzen vermag, hat dadurch ihre fallweise Eignung erwiesen. Gustav Mahler, gewiß einer der größten Dirigenten unserer Epoche, brachte seine meisterhaften Aufführungen mit diktatorischen Mitteln zustande — unvergeßliche Höchstleistungen in Oper und Konzert sind seiner eruptiv gewaltsamen Persönlichkeit zu danken. Seinen Resultaten und denen ähnlicher Naturen liegen allerdings eigentlich keine *Methoden* zugrunde; die mächtige Interpretation enthüllt und rechtfertigt die vom Moment eingegebenen, eher instinkthaften Mittel, mit denen sie erreicht wurde.

Ich möchte aber nicht mißverstanden werden, als ob ich bereit wäre, das Lob des Despotismus an sich zu singen. Denn der Dirigent als absoluter Herrscher ist meist ebenso diktiert wie Diktator; seine künstlerisch leidenschaftliche Erfülltheit zwingt ihn, Zwang auszuüben, seine Forderungen an sich selber sind noch unerbittlicher als die an seine Mitarbeiter. Auch kann diese Art von Künstlertum durchaus mit Herzensgüte und Menschenliebe, mit geistiger Lebendigkeit und vielseitiger Bildung Hand in Hand gehen, wie es bei Gustav Mahler der Fall war. In ihrer interpretativen Tätigkeit ist eine solche Natur einem inneren Druck unterworfen, der sie wiederum nötigt, mit den Mitteln der Überwältigung ihre Ziele zu erreichen.

Übrigens handelt es sich dabei nur in extremen Fällen um wirkliche Gegensätze: der Erzieher mag, namentlich in jüngeren Jahren, oft aus Gründen des Temperamentes ungeduldig werden oder in späteren gelegentlich aus reiflicher Überlegung ein diktatorisches Verhalten zweckmäßig finden; die gewaltsamere Natur wiederum kann im Verkehr mit sehr begabten, oder besonders gutwilligen Künstlern oft durch die mildesten Formen der Mitteilung ihre Ziele erreichen. Da außerdem die Methoden oder *Nicht-Methoden* der Einwirkung auf Sänger und Musiker nicht nur so zahlreich und verschieden sind wie die Persönlichkeiten der Dirigenten, sondern während ihrer Tätigkeit sich weiter entwickeln und oft gründlich verändern, so bietet sich uns wohl als einzig zulässiges Kriterium für ihren Wert ihr Resultat: die Aufführung. Nun habe ich ebensooft hervorragende Aufführungen als Resultate gewaltsamer Methoden erlebt, wie nicht minder bedeutende Leistungen, die aus mehr erzieherischer Arbeitsweise entstanden waren. Vielleicht waren diese ersteren eher aufwühlend und erschütternd, die letzteren eher ergreifend und erhebend; vielleicht die ersteren mächtiger in ihrer Ganzheit, die letzteren reicher und blühender im einzelnen. Da wird es denn wohl von der besonderen seelischen Sphäre eines Werkes und seiner stilistischen Eigenart abhängen, welche Dirigentenpersönlichkeit sich besser zu ihrer Interpretation eignet, und auch auf den Hörer wird es ankommen, welche Art der Ausführung mehr zu seinem Herzen spricht.

Im allgemeinen aber läßt sich wohl sagen, daß eine gewaltsame Art der Menschenbehandlung, wo sie nicht am Widerstand scheitert, Einschüchterung hervorrufen muß. Die milderen Methoden der psychologischen Einfühlung, der Überredung, der moralischen Einwirkung dagegen, werden ermutigend und befruchtend wirken. Sie heben und bereichern freilich eher die individuellen Leistungen im orchestralen Musizieren, während aus der schärferen Tonart oft eine erstaunliche Intensivierung einer Art Gruppengefühls, eines Gesamtgeistes in der Orchesterleistung folgt. Das Ziel des Erziehers — in der Familie, in der Schule, wie überall, wo ihm Menschen anvertraut sind — ist, den Einzelnen zu seinen höchsten Möglichkeiten zu entwickeln, was in ihm liegt zum Erblühen zu bringen. Im Musizieren des Orchesters aber gibt es nicht nur solche Einzelleistungen — neben einer individualisierenden erzieherischen Tätigkeit besteht sogar der überwiegende Teil der Aufgabe des Dirigenten darin, eine Gesamtheit zu ihren höchsten Leistungen zu steigern, zu Gruppenleistungen also, mit denen jene individuellen Elemente zu organischer Einheit verbunden sind. Seine Methode muß sich demnach, wo es um die Einwirkung auf die Gesamtheit geht, dieser Aufgabe anpassen, er muß sie zu einer Zweckmäßigkeit entwickeln, mit der er außer den Einzelnen den Gruppengeist erfassen kann.

Bei dieser Bemühung wird er erfahren, wieviel leichter es ihm fällt, die Seelen individueller Spieler, wie zum Beispiel des Solo-Cellisten oder des ersten Trompeters zu erobern, als etwa den dritten Fagottisten oder einen zweiten Geiger vom fünften Pult zur Begeisterung zu entflammen. Für solche Musiker, wie diese letzteren, die ich hier als Repräsentanten der *kompakten Mehrheit* des Orchesters genannt habe, kann der Dirigent nicht eigentlich Erzieher sein, das heißt nicht im Sinn der Erziehung als individuelle Einwirkung. Für die hier erforderte Beeinflussung einer Gesamtheit kommt, statt irgendwelcher Methode, jener zwingende, direkte Einfluß des geborenen Dirigenten in Betracht, von dem ich früher als dem Merkmal der echten Dirigierbegabung gesprochen habe; ihm wird das »tutti« des Orchesters einschließlich aller zweiten Geiger und Fagottisten ebenso folgen, wie irgendeine zahlreiche Versammlung den Worten einer beredsamen Führernatur — denn stark ist die einigende Wirkung des Gruppengeistes, namentlich unter dem Einfluß einer eindrucksvollen Persönlichkeit. Ich glaube übrigens, daß es sich bei jener instinktiven Beeinflussung der Gesamtheit der Musiker durch den Dirigenten schließlich doch um eine der erzieherischen verwandte Anlage seines Wesens handelt, denn sie richtet sich wie die individuelle Einwirkung auf die Höherentwicklung von Talenten, Leistungen und Gesinnungen.

Eine moralische Gefahr, die zugleich eine künstlerische ist, liegt dabei für den Dirigenten in seiner Macht über andere — falls diese ihm gegeben ist. In seinem menschlichen Interesse wie in dem seiner Leistung als Musiker liegt es, der Versuchung zu ihrem Mißbrauch zu widerstehen. Tyrannei kann keine künstlerischen — oder menschlichen — Anlagen zum Erblühen bringen, Subordination unter Despotie schafft keine Musikfreudigkeit, Einschüchterung nimmt dem Musiker die volle Verfügung über sein Talent und sein Können.

Doch möchte ich mich durchaus nicht etwa gegen den Gebrauch von ernster Strenge aussprechen — nicht einmal gegen eine gelegentliche, leihweise Verwendung des Donners des Zeus; er kann, wenn die Hand ihn zu schwingen vermag, in Ausnahmefällen eine überraschend günstige Wirkung tun. Strenge ist ein durchaus legitimes, ja unentbehrliches Mittel der Menschenbehandlung, ohne das auch der Dirigent oft nicht auskommen kann. Die Grundlage aber, wie aller menschlichen Beziehungen, so auch der zwischen Dirigent und Orchester, ist die wohlwollende Gesinnung, die *bona voluntas*; verbunden mit voller Aufrichtigkeit, schafft sie das Klima für fruchtbare Arbeit und klingt erwärmend aus der Orchesterleistung.

Der Orchestermusiker bedarf dieses warmen Klimas zur vollen Entfaltung seiner künstlerischen Fähigkeiten; unter der Kälte der Unfreundlichkeit oder des beißenden Spottes, unter der Hitze der Ungeduld oder des Zornes vom Dirigentenpult her erfrieren oder verdorren sie. Doch ist die moralische Kraft von Wohlwollen und Aufrichtigkeit gelegentlich stark genug, um über nur äußerlich unfreundliche oder heftige Manieren hinweg den Weg zu den Herzen der Musiker zu finden, während falsche Freundlichkeit oder Affektation, Dünkel oder Eitelkeit störend, ja zerstörend auf die Beziehung zwischen Dirigent und Orchester wirken.

Wenn es dennoch geschehen kann, daß ein bedeutendes Musikertum verbunden mit einer starken Dirigenten-Persönlichkeit gegen die erwähnten oder noch bedenklichere Hindernisse charakterlichen Ursprungs große, ja hinreißende Wirkungen zu erzielen vermag, dann liegt dem eine merkwürdige Wesenseigenheit der Musik zugrunde: sie wird nämlich im Erklingen zum »Persönlichkeitsleiter«, in dem Sinne etwa, wie das Metall ein Wärmeleiter ist. Sie leitet das Ich des Musizierenden so direkt zu dem des Hörenden hin, wie kein anderes Medium direkter Mitteilung von

Mensch zu Mensch es vermag. Hieraus erklären sich die beispiellosen persönlichen Erfolge ausübender Musiker von starker Individualität, ihre hinreißenden Augenblickswirkungen, die die Hörer überwältigen und das Werk selbst vergessen machen. Oft sind diese Begeisterten sich freilich kaum bewußt, daß sie weniger der Musik als der Dynamik der Persönlichkeit erliegen, die ihnen die Musik vermittelt. Außerdem zeigt sich vielleicht in jenen Massenwirkungen öfter auch die Abart eines psychologischen Phänomens, dem wir auf vielen anderen Gebieten begegnen: ich spreche von dem Drang unselbständiger Naturen, sich einer starken Persönlichkeit zu unterwerfen. Dem tyrannischen Trieb, sich fremder Seelen zu bemächtigen, entspricht und erliegt eine Überfülle von solch letzteren, die zur Unterwürfigkeit geneigt sind — worunter sich häufig eine Sehnsucht höherer Art bergen mag. — Keinesfalls aber haben wir einen Wertmesser der wahren musikalischen Kultur an solchen persönlichen Erfolgen von Interpreten, wie eine irregeführte öffentliche Meinung oft glaubt. Nicht von Erfolgen, sondern von Leistungen hängt das Niveau der öffentlichen Kunstpflege ab. Der Wert des künstlerischen Geschehens in Konzert und Oper ist nur danach zu beurteilen, ob die Interpretationen den Reichtum und die Größe der Werke, wie die Bedeutung ihrer Schöpfer zu erschließen vermögen. In dem Maß also, wie der Dirigent bemüht und imstande ist, diesem wahren Sinn und Ziel des Nachschaffens zu genügen, hat er sich als der berufene Apostel des schaffenden Genius und als treuer Diener seiner Kunst erwiesen.

Jedenfalls ist im Bereich der musikalischen Interpretation die Persönlichkeit von entscheidender Bedeutung, und ihre expansive Kraft bedeutet mehr für die Einflußnahme auf das Orchester als eine Fülle verstandesmäßiger Erläuterungen. Und doch wird die musikalische Leistung eine höhere sein, wenn seine moralischen Anlagen den Dirigenten im

Verhältnis zum Orchester zum »Hüter seines Bruders« machen und nicht zu dessen Vergewaltiger. Denn wenn zum Beispiel die Soli der Baßklarinette nach König Markes Erscheinen im Tristan, wenn die Themen von Oboe und Klarinette im Zweiten Satz der Schubertschen »Unvollendeten« erfüllt von dem persönlichen Gefühl jener Bläser klingen sollen, dann muß der Dirigent den Musikern gewisse musikalische Eigenrechte einräumen, ja ihnen mit warmem Herzen darin entgegenkommen. Wo immer ein persönliches Gefühl im Orchester aufblühen will, wird es — sorgsam eingeordnet in des Dirigenten Intentionen — zur Bereicherung der Aufführung beitragen. Aus rücksichtsloser Unterdrückung individuellen Geschmacks oder persönlich emotionalen Anteils aber muß eine Art seelischer Verödung der Aufführung resultieren. Der Dirigent soll sich bemühen, jedes Mitfühlen im Orchester zu ermutigen, er soll die Fähigkeiten seiner Mitarbeiter erforschen und im vollsten Maß ausnützen, ihr geistiges Interesse erregen, ihre musikalischen Talente steigern, kurz, einen befruchtenden Einfluß auf sie ausüben. Dann entsteht statt einer unterjochten, also künstlerisch behinderten Masse, eine harmonisch zusammengestimmte, lebensvolle Einheit aus Individuen, die seiner Führung willig folgen, der Vielfalt des Kunstwerks wird ihr Recht werden, und er wird über ein Instrument verfügen, aus dem seine Seele erklingt.

Der Unterschied zwischen den beiden Extremen nachschaffender Charaktere zeigt sich in der egoistischen Tendenz der Ichbetonung bei der einen und ihrer selbstlosen Artung bei der anderen Natur. Der Egoismus strebt, bewußt oder instinktiv, zu erobern, zu beherrschen, zu siegen; der *Andere*, die *Anderen* bedeuten ihm die Mittel, sich künstlerisch schrankenlos auszuleben, mit rücksichtsloser Energie durch sie seine Ziele zu erzwingen. Unter seiner Leitung werden die Werke in einer seltsamen Art von *Einheitlichkeit* erklingen, nämlich einer solchen, die ihrem schöpferischen vielfältigen Reichtum Gewalt antut, aber dabei, wie gesagt, eine starke, ja überwältigende Persönlichkeitswirkung ausüben kann. Die Selbstlosigkeit hingegen will, mit dem gleichen Einsatz an persönlicher Dynamik, überzeugen, fördern, raten, lehren; ein solches Ich will nicht an sich raffen, sondern sich hingeben an den Anderen, an die Anderen und auf diese Weise erzieherisch einwirken; es will aller Vielfalt der Werke genugtun. Das selbstlose Ich strebt, sich über alles *Andere* hin zu erweitern, das egoistische sucht das *Andere* in sich einzubeziehen. Zwischen diesen Extremen — nennen wir sie die des Eroberers und des Hüters — gibt es auf dem Gebiet des Nachschaffens natürlich alle möglichen Abstufungen und Mischungen von Musiker-Naturen, deren Differenziertheit den Reichtum unseres öffentlichen musikalischen Lebens vervielfacht; es bietet uns eine Fülle von Werken in einer Fülle von verschiedenartigen Auslegungen, von denen keine deshalb *falsch* zu sein braucht, weil sie sich von den anderen unterscheidet. Wenn der begabte und erfahrene Dirigent treu den Geist des Werkes zu erforschen und erschließen bestrebt ist, wenn er, mit diesem Ziel im Auge, in Einfachheit und Aufrichtigkeit mit dem Orchester arbeitet, werden Wahrhaftigkeit und Ernst in seiner Auslegung diese kaum minder authentisch erscheinen lassen als andersartige Interpretationen.

Ich habe schon an anderer Stelle dieses Buches darauf hingewiesen, daß ein Werk in verschiedener Weise interpretiert werden kann, ja daß unsere eigenen mehrfachen Aufführungen desselben, vom Augenblick beeinflußt, keineswegs miteinander übereinstimmen müssen. Geistestreue kennt keine Starrheit, ist nicht Buchstabentreue — der Geist eines Kunstwerkes ist unstarr, *elastisch*, schwebend.

Und nochmals: außer dem Talent kommt es auf Gesinnungen und Intentionen des Dirigenten an — seine musikalischen Fähigkeiten und sein Charakter wirken sich gemeinsam in der Methode seiner praktischen Arbeit mit dem Orchester aus, bestimmen gemeinsam das künstlerische Niveau seiner Leistungen und die Tiefe und Überzeugungskraft ihrer Wirkung.

Dem Konzertdirigenten

Als Ergänzung zu meinen Ausführungen in den vorhergehenden Kapiteln folgen hier — in lockerem Zusammenhang — einige Bemerkungen, die den Konzertdirigenten im besonderen angehen.

ZUR PRÄZISION. Der Begriff der Präzision, der eigentlich dem Gebiet der Mechanik angehört, hat allmählich in dem der Musik *Karriere gemacht,* und das Podium des Konzertsaales ist die Stätte seines triumphalen Vordringens geworden. Von dem bescheideneren Platz einer selbstverständlichen Vorbedingung jeder orchestralen oder Ensemble-Leistung ist dieser Begriff — wenigstens in der Gesinnung nicht weniger Dirigenten — zu dem eines Hauptgesichtspunktes avanciert, ja so mancher von ihnen sieht in der vollkommenen Präzision einer Aufführung schon den wesentlichen Teil seiner Aufgabe erfüllt. Es ist kaum zu verwundern, daß in unserem von der Technik beherrschten Zeitalter der Gedanke mechanischer Perfektion auch in den Bereich der Kunst eingedrungen ist und daß die Präzision begonnen hat, in den Anschauungen so mancher Kreise beherrschende Bedeutung anzunehmen. Wenn man von einer Maschine aussagt, sie sei ein Präzisionsapparat, so hat man sie im sachgemäßen Sinn gelobt, hat anerkannt, daß sie eine der wesentlichen Forderungen, die man an die Maschine zu stellen hat, erfüllt. Wie aber, wenn man auf die Frage nach einer Aufführung des Händelschen Messias die Auskunft erhielt: »Sie war präzis«? Möglicherweise wäre damit für die erwähnten Präzisionisten eine durchaus erschöpfende und günstige Auskunft über die Aufführung gegeben; jeder ernste und kultivierte Musiker oder Musikfreund würde aber auch heut noch aus dem Hervorheben einer technischen Perfektion schließen, daß die Aufführung im Wesentlichen versagt hätte, daß der musikalische Sinn, das religiöse Gefühl, das dramatische Leben über der Konzentration auf mechanische Gesichtspunkte vergessen oder zu kurz gekommen, daß Technisches dem Geistigen übergeordnet, eine Voraussetzung zum Endziel gemacht worden war.

Der Präzisionsfanatiker ist sich wahrscheinlich gar nicht einer Unterschätzung oder Vernachlässigung des geistig-seelischen Gehaltes eines Werkes bewußt, er würde sie sogar mit einem gewissen Recht leugnen dürfen. Denn der materialistischen Gesinnung, die vom Gebiet der Technik her wie eine kalte Luftschicht in unsere kulturelle Zone hereinströmt, bedeuten Geist und Gefühl kaum mehr als illusorische Nebenprodukte des Materiellen — sie sieht das Werk als eine meisterhafte musikalische Konstruktion und glaubt, daß eine technisch genaueste Wiedergabe mittels ihrer *Vollkommenheit* auch solche *nebulosen Elemente* wie Geist und Empfindung enthalten und verströmen muß. Hier haben wir es mit einem fundamentalen Irrtum zu tun. Denn der helle Glanz, der unleugbar von der vollkommenen Präzision einer musikalischen Leistung ausstrahlt, ist durchaus äußerlicher und nicht seelenhafter Art. Präzision kann niemals Seelisches enthalten oder bewirken, kann nur dazu dienen, für die Wirkungen des Seelischen freie Bahn zu schaffen. In allem Musizieren ist das Seelische primär — hieran haben wir das Glaubensbekenntnis jedes wahren Musikers.

Gewiß aber ist die Erzielung vollkommener Präzision im Spiel des Orchesters wie im Zusammenwirken von Solisten oder Chören mit dem Orchester unerläßlich und verdient und verlangt die ernsteste Bemühung des Dirigenten; sie stellt beträchtliche und komplizierte Ansprüche an sein technisches Talent, seine Routine, seine Geschicklichkeit und Geistesgegenwart, und so ist es wohl verständlich, daß ihm die darauf verwendete vielfache Bemühung einen irrtümlichen Begriff von der überragenden Bedeutung der Präzision innerhalb der Gesamtleistung geben kann. Es erscheint auch durchaus begreiflich, daß ihm solche Schwierigkeiten im Zusammenspiel die höheren künstlerischen Gesichtspunkte während der Arbeit zeitweilig verdecken mögen.

Solche Schwierigkeiten entstehen im besonderen aus den mannigfachen Abweichungen von genauer Gleichmäßigkeit im musikalischen Verlauf, deren jede die Präzision gefährdet, wie zum Beispiel das Atemholen der Sänger, die durch sinnvolle Phrasierung bedingten — meist leichteren — Freiheiten im Gesang wie im Orchester, das rubato, vor allem aber die oft beträchtlichen agogischen Auswirkungen emotionaler Lebendigkeit usw. Solche Abweichungen von der Gleichmäßigkeit sowie das exakte Einsetzen — auch im Auftakt — und natürlich die allgemeine Präzision im Zusammengehen eines großen und komplizierten Apparates bedürfen einer der Aufführung vorangehenden musikalischen Erziehungsarbeit in gründlichen Proben, während außerdem ihre untadelige praktische Ausführung von einer wohlausgebildeten Dirigiertechnik abhängig ist.

Ich deutete im vorigen natürlich nicht auf *Abweichungen* im Sinne von Willkür oder Anmaßung, sondern auf die Freiheiten eines unstarren, lebendigen Vortrags, wie er der wahren Musikalität und dem echten dramatischen Gefühl gemäß ist.

Je weniger solcher Freiheiten, desto leichter die technische Aufgabe des Dirigenten, aber auch desto weniger flexibel, desto unlebendiger die Aufführung. Je spontaner und freier zu musizieren es ihn drängt, desto schwerer macht er es sich. Da kann es geschehen, daß er die Grenze seines technischen Könnens überschreitet und seinen seelisch-musikalischen Impulsen die Präzision opfert, wodurch er aber nicht nur diese letztere, sondern die Interpretation im Wesentlichen geschädigt hätte. Denn das Gesetz der Präzision ist unerbittlich und nur auf der Grundlage einer technisch einwandfreien Ausführung kann der Geist des Werkes seine volle Beredsamkeit frei entfalten.

Eine lobende Antwort auf die Frage nach der Aufführung des Messias müßte also etwa so lauten: »Der Reichtum, die Größe und Schönheit der Musik, das dramatische Leben und die religiöse Tiefe des Werkes kamen zur vollen Geltung; und selbstverständlich war die Aufführung präzis, sonst wäre die musikalische und seelische Wirkung beeinträchtigt gewesen«.

ZUR DURCHSEELUNG. Unter Durchseelung verstehe ich eine niemals aussetzende Erfüllung des Musizierens mit Ausdruck, das heißt mit der stets lebendig wechselnden Empfindung, die der musikalische — oder dramatische — Verlauf in dem Ausführenden hervorruft. Da alle Musik aus der Seele stammt und somit niemals seelen- oder empfindungslos gemeint ist, so kann ihr nur eine ununterbrochene Durchseelung des Vortrags gerecht werden. Der Begriff des Ausdrucks respektive der der Beseelung ist hier natürlich im weitesten Sinne zu verstehen: auch eine lang andauernde Gleichmäßigkeit in Dynamik und Tempo, wie zum Beispiel im Fugato des Finale der Beethovenschen Neunten, darf in keiner Weise etüdenhaft aufgefaßt werden, sondern soll ihre Beseeltheit von dem feurigen Impetus der Ausführung erhalten. Die Forderung, niemals ohne intensive innere

Beteiligung zu musizieren, darf den Dirigenten aber keineswegs zur Überbetonung des Seelenhaften veranlassen. Musizieren verlangt Ausdruck — aber nicht Druck. Mehr zu geben als die natürliche Empfindung, die die Musik im Interpreten wachruft, verletzt nicht weniger den Geist des Kunstwerks als ein Mangel an innerer Beteiligung. Unser Ideal heißt: die Musik selbst sprechen zu lassen, sie weder durch überhitzten Vortrag zu entstellen noch durch Mangel an Wärme unwirksam zu machen. Jedes Kunstwerk hat ein Eigenklima, dem der verständnisvoll Eindringende die Wärme- oder Intensitätsgrade seiner Interpretation zu entnehmen hat.

Ich warne dringendst vor der Überhitzung, wie überhaupt vor jeder Übertreibung im Ausdruck, die dem Vortrag die Wahrhaftigkeit nimmt — die aus der Leidenschaft Hysterie, aus der Innigkeit Sentimentalität macht usw. —, und rate, eher nach der Seite der Mäßigung und Einfachheit, ja Zurückhaltung hinzustreben.

In meinem eigenen Fall verhielt es sich so, daß ich nach frühen Jahren der Überschwenglichkeit und des Alles-sagen-Wollens im Musizieren meine Bemühung immer mehr auf Maßhalten im Gefühlsausdruck gerichtet habe. Das ging Hand in Hand mit einer gleichen Tendenz in meinem persönlichen Verhalten. Ich hatte allmählich genügend Einsicht und Erfahrung gewonnen, um in allem *Zuviel* den Feind des Künstlerischen, ja oft ein Merkmal des Dilettantismus zu erkennen, so wie mir im Leben hemmungslose Gefühlsbezeigungen die Empfindung moralischen Unbehagens verursachten. In mir entstand ein Ideal des *Understatement* im Künstlerischen wie im Menschlichen, das allerdings erst aus der Verbindung mit einer Fülle echter Herzenswärme seinen Sinn erhalten kann. An ihm aber glaubte ich denjenigen Kunst- und Lebensstil gefunden zu haben, nach dem es mit aller Bemühung zu streben galt. Das bedeutende Wort

»Kunst heißt weglassen« war mir ins Herz gedrungen und so strebte ich — oft gegen meine Natur, die es zum rückhaltlosen Sich-Verschwenden drängte — mich zu beherrschen, das heißt den Grad der Ausdrucks-Intensität im Musizieren so weit zurückzuhalten, als der emotionale Gehalt der Musik nur irgend erlaubte. Es ist ein gesunder moralischer wie künstlerischer Instinkt, der sich gegen jede Übertreibung im Gefühlsmäßigen wehrt und der auch mich dahin lenkte, meine Ausdruckswünsche mit möglichst geringem Aufwand zu verwirklichen. Durchaus nicht aber trieb es mich etwa zu einer prinzipiellen ständigen Abdämpfung des Gefühlsausdrucks — nur zu willig entfesselte ich alle emotionalen Kräfte, wenn ich sicher war, erst damit die Forderungen des Werkes zu erfüllen. Wohl aber ergab sich auf diese Weise eine weite Gefühlsskala von der stillsten Einfachheit des Ausdrucks bis zu emotionalen Stürmen, und ich fühlte mich beruhigt und sicher im Bewußtsein voller Aufrichtigkeit in der Beseelung.

An anderer Stelle habe ich berichtet, wie peinlich mich in einer Aufführung der c-Moll-Symphonie von Brahms ein aufdringliches espressivo am Anfang des zweiten Satzes berührt hatte. Es war ein berühmter Dirigent, den anscheinend ein einfaches sanftes piano, wie es dem Thema angemessen ist, so wenig befriedigte, daß er es durch Pathos zu ersetzen vorzog. Und wie oft habe ich nicht den Gesang der Geigen in der Coda des Lohengrin-Vorspiels — statt, wie Wagner vorschreibt, »sehr feierlich — p — piu p — pp« in einem ähnlich unaufrichtigen Pathos spielen hören, wie oft in von mir geleiteten Aufführungen nur mit Mühe ein aufrichtig gefühltes feierliches Verhauchen durchsetzen können. Ich erwähne diese beiden Beispiele für zahllose ähnliche Fälle, in denen die Routine das ernste, vom Werk geforderte Gefühl mit dem Surrogat eines konventionellen espressivo zu ersetzen pflegt.

Gegen die Gefahren der Routine, die jeden Nachschaffenden je nach dem Grade seines künstlerischen Ernstes mehr oder weniger bedrohen, ist man besser gesichert, wenn man sich nicht nur den wechselnden Verlauf der Empfindungen in einer Komposition, sondern vor allem ihren GesamtCharakter gegenwärtig hält. Damit gewinnt man eine Art *Grundton*, der auf jede Einzelheit einen charaktervoll bestimmenden, das heißt der Routine entgegenwirkenden Einfluß ausübt. Wer sich in die tragische Atmosphäre der Mozartschen g-Moll-Symphonie versenkt, wer sich mit der Grundstimmung sonnigen Glückes und inniger Heiterkeit in Wagners Siegfried-Idyll erfüllt, der hat sich damit wirksamer gegen ein charakterloses *Alltags*-espressivo gesichert, als wenn er sich nur — ohne einen solchen Gesamtbegriff — richtungslos von Einzelheit zu Einzelheit treiben ließe. Aus fast jeder Komposition steigt für den Hellhörigen die besondere seelische Atmosphäre auf, aus der sie entstanden ist, deren Charakter klar zu erkennen von entscheidender Bedeutung für die Einzelheiten der nachschaffenden Leistung ist. Ich habe als praktisch erkannt, mir unmittelbar vor der Aufführung die Gesamt-Atmosphäre eines Stückes — oder auch einzelner Episoden — mit kurzen charakterisierenden Worten neuerlich einzuprägen. Solche Worte bedeuten eine wirksame Hilfe für den Dirigenten, um sich wieder in die Stimmung zu versetzen, die aus jener Musik sprechen soll.

Zum Auswendig-Dirigieren. Gewichtige Gründe sprechen für das Auswendig-Dirigieren. Jeder Dirigent ist sich darüber klar, daß er die Werke, die er aufführt, aufs gründlichste zu kennen hat. Er weiß oder er lernt durch Erfahrung, daß er nicht wagen darf, ein Werk aufzuführen, ohne daß dessen musikalischer wie emotionaler Verlauf, thematische Substanz, Form und Instrumentation klar vor ihm stehen, ohne daß es als Ganzes wie in all seinen Einzelheiten in ihm »lebt«. Solche Durchdringung seiner Aufgabe aber bedeutet gleichzeitig meist schon ihre gedächtnismäßige Eroberung — ich glaube einfach nicht, daß man eine Komposition wirklich *durch und durch kennt*, wenn man sie nicht *auswendig kann*; und nur eine so tiefe Kenntnis befähigt und berechtigt eigentlich zur Ausführung.

Aus meiner persönlichen Erfahrung möchte ich berichten, daß ich, obwohl mit einem vortrefflichen Gedächtnis begabt, erst verhältnismäßig spät auf die Idee kam, ohne Partitur zu dirigieren. Ohne darauf zu achten, war ich freilich während der etwa fünfzig Jahre meiner Opern-Tätigkeit schon früh in die Gewohnheit verfallen, lange Strecken meiner Aufführungen hindurch auswendig zu dirigieren, um dann gelegentlich, wenn ich dessen bedurfte, wieder in die Noten zu blicken. Die häufigen Wiederholungen der Werke im Theaterbetrieb bewirken wohl, daß sich viele Operndirigenten die Methode solchen halb-auswendig Dirigierens aneignen; aber ich hielt es lange Jahre hindurch auch im Konzert nicht anders, obgleich mir eine gewisse Behinderung unklaren Ursprungs immer peinlicher fühlbar wurde. Da veranlaßte mich beginnende Weitsichtigkeit zum Verzicht auf die Partitur — Schweißtropfen machten die Brille, derer ich bedurfte, undurchsichtig —, und damit begann für mich eine neue Epoche meiner Musiker-Existenz: mir wurde klar, was es war, das mich bisher so seltsam behindert hatte und nun durch die Befreiung vom Anblick des Notenbildes entfiel; die dadurch ermöglichte ununterbrochene Augenverbindung mit den Musikern des Orchesters brachte mir ein vorher nicht gekanntes Glück. Nichts stand nunmehr zwischen dem musikalischen Verlauf in meinem Innern und meiner Einflußnahme auf das Orchester, und mit inniger Zustimmung gedachte ich des Wortes Hans von Bülows, des großen Pioniers unserer Kunst, das die entscheidende

Trennungslinie zog zwischen Dirigenten, »die die Partitur im Kopf und solchen, die den Kopf in der Partitur haben«.

Unabhängigkeit von der Partitur erscheint mir also so wichtig für ein innerliches und spontanes Musizieren, wie für die nahe seelische Verbindung mit dem Orchester, daß ich auch dem weniger gedächtnisstarken Musiker rate, sich wenigstens auf nur gelegentliche Blicke in die Noten zu beschränken. Doch muß ich davor warnen, einem ungenügenden Gedächtnis das völlige Auswendig-Dirigieren abzwingen zu wollen. Das gute Gedächtnis gehört, wie früher erwähnt, zum Bereich der äußeren Musikalität. Es gibt bedeutende, ja große Musiker mit schlechtem und unbedeutende mit ganz erstaunlichem Gedächtnis. So rate ich denn, ungeniert die Partitur aufs Pult zu legen, wenn man ihren Inhalt nicht gedächtnismäßig mit voller Sicherheit beherrscht, aber von ihr möglichst wenig Gebrauch zu machen. In der Probe allerdings ist sie unentbehrlich und sei es auch nur wegen des Vergleichens mit fraglichen Stellen in Orchesterstimmen oder wegen ihrer Ziffern und Buchstaben, die der Verständigung über ein sofortiges gemeinsames Wiederanfangen nach Unterbrechungen dienen.

Es gibt Dirigenten, die sogar solche Ziffern und Buchstaben auswendig behalten. Darin offenbart sich allerdings kein musikalisches, sondern ein visuelles Gedächtnis. Es ist der Anblick des Partiturbildes mit diesen Merkzeichen, der sich dem Gesichtssinn eingeprägt hatte, aber diese Gedächtnisleistung, so erstaunlich sie ist, hat keinerlei musikalische Bedeutung. Es ist ausschließlich die Gedächtniskraft des Gehörsinns, die sich so günstig in der künstlerischen Leistung des Dirigenten auszuwirken vermag; er dirigiert, und sein inneres Ohr erwartet hier auf dem dritten Viertel den Eintritt des Fagott, antizipiert dort auf dem ersten den Baßton der Harfe, ist sich jetzt des bevorstehenden Auftaktes in den Bratschen bewußt usw. — all das lebt in seinem musikalischen Gedächtnis und taucht im rechten Moment daraus auf, vielleicht von einem Gesichtsbild der Noten begleitet, aber hervorgerufen von der lebendigen inneren Gehörvorstellung des Werkes in seinem Verlauf. Es ist dieses zuverlässige musikalische Gedächtnis, das mittels eingehenden Studiums sich das Werk zu eigen gewinnt und nun dem Dirigenten einen ununterbrochenen seelischen Kontakt mit den Ausführenden — Musikern, Solisten, Chören — ermöglicht. Jenes irrationale Element in seiner Einwirkung auf sie, von dem ich früher gesprochen, lebt vom *Aug' in Auge*, und ich bezweifle, daß ein Dirigent, der seinen Kopf in der Partitur hat, alle seelischen Kräfte um sich herum mit seinen Impulsen erfüllen kann.

Zur Dynamik. Für Deutlichkeit der Stimmführung und dynamische Ausgeglichenheit innerhalb des Gesamtklanges des Orchesters zu sorgen, gehört zu den vordringlichsten Aufgaben des Dirigenten. Was Musik an Bedeutendem, Schönem und Ergreifendem zu sagen hat, kann nur verstanden werden und wirken, wenn es in Klarheit erklingt. Ob ihm die Aufgabe, es klar erklingen zu lassen, leicht oder schwer fällt, hängt — außer von seinem Talent und Können — von der Instrumentation ab. Es gibt Partituren, einfache sowohl wie komplizierte, in denen eine gründlichste Orchesterkenntnis so weise Vorsorge für Klarheit und dynamisches Gleichgewicht getroffen hat, daß dem Dirigenten seine Aufgabe — so schwer sie sonst sein mag — in dieser Hinsicht keine Probleme bietet. Und oft hat er es wiederum mit Werken — auch mit solchen von hoher Bedeutung — zu tun, deren Instrumentation wegen ungenügender Kenntnis des Orchesters oder mangels eines auf klangliche Klarheit konzentrierten Bemühens seitens des Komponisten nur sehr schwer zu deutlicher Klangwerdung verhilft.
Die dynamischen Probleme entstehen natürlich zum gro-

ßen Teil aus der Verschiedenheit des Klang-Volumens zwischen Instrumenten oder Gruppen des Orchesters; Streicher und Holz sind dem Blech und Schlagzeug an Kraft hoffnungslos unterlegen, innerhalb der Gruppe der Blechinstrumente wiederum haben Trompeten und Posaunen weit größere Schallkraft als die Hörner, und die Masse der Streicher übertönt leicht die Holzbläser. In der Ruhe oder im piano ergibt sich ein dynamischer Ausgleich meist ohne Schwierigkeiten. In der Erregung aber und im Forte muß sich der Streit der Stimmen in der Orchesterfamilie zu einem Babel der Verwirrung steigern, wird sich das *Recht des Stärkeren* rücksichtslos durchsetzen, wenn nicht durch planvolle Vorsorge in Instrumentation und dynamischer Bezeichnung, oder durch die ordnende Autorität des Dirigenten ein musikalisch sinnvoller Ausgleich zwischen den wetteifernden Sonoritäten herbeigeführt wird.

Auch genügen seine eifrigsten und sachkundigsten Bemühungen in den Proben durchaus noch nicht, um das dynamische Gleichgewicht im Spiel des Orchesters zu sichern. Während der Aufführung selbst hat der Dirigent noch fortwährend um Überordnung wichtiger Stimmen und um Unterordnung oder Anpassung anderer bemüht zu sein. Die unzähligen Klangkombinationen des Orchesters bedürfen außer gründlicher Vorarbeit der subtilsten Überwachung und momentanen Beeinflussung in der Aufführung, um das Melos in klarem Verlauf zu erhalten. Die dynamischen Anordnungen des Dirigenten in den Proben werden sich also durch die heraushebenden oder abdämpfenden Gesten seiner Hand während der Aufführung ergänzen müssen. Innerhalb solcher verschiedenartigen und vielfältigen Sorgen um den klaren Verlauf des Melos in allen Stärkegraden beschäftigt ein dynamisches Hauptproblem den Dirigenten auf allen seinen Wegen: die Behandlung von Blech und Schlagzeug im allgemeinen, und besonders von Naturinstrumenten und Pauken in Forte-Stellen der klassischen Musik. Das Forte der Naturhörner und Naturtrompeten soll, der Intention jener Komponisten gemäß, dem des ganzen Orchesters Kraft und Glanz geben, und das Problem des Dirigenten ist es, dieser Forderung zu genügen, ohne mit der Klangkraft ihrer melodiefremden Töne die melodischen Hauptlinien in Streichern oder Holz zu übertönen, zu stören oder zu verwirren. Die Komponisten haben es uns damit schwer gemacht, und sogar Mozart, dieser tiefe Kenner des Orchesters und Meister der Instrumentation, hat durch seine summarische forte-Bezeichnung der Trompeten, Hörner und Pauken in den Kraftstellen dem Klangsinn des Dirigenten und seiner Bemühung um Klarheit schwere Aufgaben gestellt; am ersten und letzten Satz der Jupiter-Symphonie, an den Ouverturen zu Don Giovanni und Nozze di Figaro, sowie vielem anderen, haben wir Beispiele dafür.

Meine erste Begegnung mit diesem Problem stammt aus früher Jugend und ist von dauerndem Einfluß auf meine gesamte Tätigkeit geworden: ich hatte als Konservatorist die Partitur der Oberon-Ouverture studiert, und in den schwungvollen Geigenpassagen war mir das feurig-ritterliche Wesen Webers begeisternd aufgegangen. Wie groß war aber mein Entsetzen, als ich in einer damaligen Konzertaufführung fast nichts von jenen Geigenpassagen, dagegen ein sinnloses Forte des D und A in Trompeten und Pauken hörte, die, mit dem Forte der Posaunen vereint, alles andere übertönten. Gelegentlich tauchte ein Teil der Passagen auf, um bald darauf wieder unterzugehen, und der verwirrte und verwirrende Eindruck jener Aufführung, dem bald ähnliche in anderen klassischen Werken folgten, bewirkte in mir zunächst quälende Zweifel und später die Erkenntnis, mit allen Mitteln die Klarheit des Melos gegen diese Bedrohungen verteidigen zu müssen.

Soll ich mich nun auf Grund einer lebenslangen Erfahrung zur Behandlung von Blech und Pauken in der klassischen Musik äußern, so möchte ich ganz allgemein davor warnen, die Bezeichnung *forte* unter ihren Noten im materiell dynamischen Sinn aufzufassen. Ich rate dazu, dem Forte eher die qualitative Bedeutung der *Energie* zu geben, und ferner, es *relativ* zu behandeln, das heißt immer nur soviel Kraft oder Glanz vom Blech zu verlangen, als der musikalische Sinn der betreffenden Phrase erlaubt oder erfordert, jedenfalls also die Klarheit des Melos vor dem Übertöntwerden zu schützen. In den meisten Fällen, wo die Klarheit des thematischen Verlaufs oder die Deutlichkeit einer wichtigen Figuration von den Naturtönen des Blechs im forte bedroht wird, tut der Dirigent gut, das letztere zu einem kräftigen mezzoforte zu mäßigen. Oft auch empfiehlt sich, wenn ein energischer Akzent von Wichtigkeit ist, das Blech forte eintreten zu lassen und dann sofort abzudämpfen. Keinesfalls aber kann ich einer grundsätzlichen Abdämpfung von Blech und Schlagzeug in der klassischen Musik zustimmen: Glanz und Kraft sollen da herrschen, wo das Werk danach verlangt, nur muß das forte jener Instrumente stets im rechten dynamischen Verhältnis zum Gesamtklang des Orchesters gehalten werden.

Wenn ich von meinem Entschluß sprach, *mit allen Mitteln* die Klarheit des Melos gegen die Störungen durch Blech und Pauken zu verteidigen, so möchte ich hinzufügen, daß ich allmählich gelernt habe, nur solche Mittel als *legitim* anzusehen und zu meinem Zweck zu verwenden, die ich mit dem Charakter und Stil des Werkes, mit den Intentionen des Komponisten oder — allgemeiner gesprochen — mit der Ehrfurcht vor dem Schaffenden als vereinbar erkannte. — Als solche Mittel erschienen mir in den meisten Fällen wohlerwogene Modifikationen der dynamischen Bezeichnungen. Dabei wird es aber oft ratsam sein, nicht nur die Sonorität von Blech und Pauken einzudämmen, sondern auch die melodieführenden Instrumente zu besonderer Intensität des Ausdrucks zu steigern. Denn die Intensität ist nicht nur Gefühlsausdruck, sie wirkt sich auch dynamisch und damit als Mittel zur Deutlichkeit aus. Die materiell-klangliche Überlegenheit wichtiger Stimmen über die anderen genügt nicht immer zur Erzielung der vollen Deutlichkeit des Melos; der Musiker muß sich des entscheidend wichtigen Unterschiedes zwischen dem quantitativ-dynamischen Begriff des *Forte* und dem qualitativen der *Energie* (wie zum Beispiel auch zwischen dem quantitativen *schnell* und dem qualitativen *feurig*) bewußt sein. Nicht allein dadurch also, daß eine Melodie oder eine Passage laut gespielt wird, sondern daß das mit Energie und Intensität geschieht, behauptet sie sich gegen die Wucht von Blech und Pauken oder andere dynamische Gegenwirkungen, wie zum Beispiel gegen schnelle Figurationen in anderen Instrumenten, die oft die Klarheit des Melos ganz beträchtlich gefährden.

Wie erwähnt, beschäftigen aber außer diesem *Hauptproblem*, wie ich es nannte, vielfältig andersartige dynamische Sorgen den Dirigenten, und oft muß er erkennen, daß die bloße Modifikation der dynamischen Bezeichnungen noch nicht genügt, die Klarheit des Melos zu erreichen. Da bleibt ihm denn kaum ein anderes Mittel als die Instrumentation selbst zu modifizieren, will er Unklarheiten vermeiden.

Damit rühre ich an die komplexe Frage der orchestralen *Retouchen*, der Eingriffe des Dirigenten in die Original-Instrumentation. Was man auch vom Standpunkt der *Werktreue* dagegen einwenden kann, so muß ich mich doch gegen eine radikale Ablehnung der Retouche aussprechen. Solange sie nur im Dienst der Klarheit und der Treue gegen den Geist des Werkes vorgenommen wird, sofern sie sich streng an diesen Zweck hält, darf man sie durchaus noch zu den legitimen Mitteln der Interpretation rechnen. Natürlich hat der

Dirigent jeden nur irgend vermeidbaren Eingriff in die Partitur zu unterlassen, aber wenn er mittels der gegebenen Instrumentation keine dynamische oder sinngemäße Klarheit erreichen kann, so darf und soll er sich durch eine (möglichst kleine und unauffällige) Retouche dazu verhelfen, so wie überhaupt niemals die Treue gegen den *Buchstaben* des Werkes dessen Geist im Wege stehen darf. Unterscheiden wir aber streng zwischen dem Eingriff in die Instrumentation, die der dynamischen Klarheit oder sonstiger Verdeutlichung von Intentionen des Komponisten dienen will, und den Retouchen aus Willkür, die manche Dirigenten unbedenklich als Mittel der musikalischen Interpretation verwenden. So erinnere ich mich zum Beispiel einer Konzertaufführung von »Wotans Abschied und Feuerzauber« aus Wagners »Walküre«, in der der Dirigent den Schlußakkord von geteilten Streichern spielen ließ. Seinem persönlichen Geschmack entsprach das wohl besser als der herrliche Bläserklang des Wagnerschen Originals. Er konnte zwar nicht bezweifeln, daß ein so unvergleichlicher Meister der Instrumentation wie Wagner aus vollkommener innerer Klangvorstellung gerade diesen Bläserklang für den Schlußakkord des Feuerzaubers gewählt hatte; aber ihm, dem Dirigenten, erschien die unverkennbare Intention Wagners nicht unantastbar, er maßte sich das Recht an, sie durch die seine zu ersetzen, das heißt er trug kein Bedenken, den Klang des Wagner-Orchesters zu verfälschen.

Gewiß, so krasse Fälle einer frevelhaften Willkür mögen selten sein, aber von ihnen unterscheiden sich nur im Grade, nicht im Prinzip, die recht häufigen, weniger drastischen Eingriffe in die Partitur, durch die viele Dirigenten Stellen der Instrumentation zu *verbessern,* zu *modernisieren,* kurz — im Sinn ihrer persönlichen Klangwünsche zu verändern sich für berechtigt halten. Mir sind Partituren klassischer Meisterwerke zu Gesicht gekommen, deren Notenbild manchmal fast verschwand unter den eingetragenen Retouchen, die in willkürlicher Weise die Original-Orchestration fremden Klangwünschen anpaßten! Nie aber kann es Sache des Dirigenten sein, auf Grund seiner vielleicht überlegenen Orchesterkenntnis oder mittels zeitgemäßerer Orchestrations-Methoden dem Eigenklang einer Partitur fremde Klangfarben beizumischen, ihre Sonorität zu verstärken oder deren Charakter zu verändern, kurz, sie durch irgendwelche Eingriffe seinem eigenen Geschmack zu unterwerfen. Jede, auch die kleinste Willkür von Retouchen ist abzulehnen, während dagegen selbst einschneidende Änderungen, wie sie Richard Wagner zum Beispiel in seinen Ratschlägen zur Aufführung der Neunten von Beethoven empfiehlt, von vorbildlicher nachschöpferischer Treue zeugen und in legitimer Weise der musikalischen Interpretation zu helfen vermögen. In aller Verehrung aber für Wagner und seine vorbildlich reinen Intentionen, möchte ich doch bemerken, daß seine Retouchen mir hier zu weit zu gehen scheinen: ich weise als Beispiel auf die Hörnerverstärkung des Holzbläserthemas im Scherzo hin, die die Sonorität zwar bedeutend erhöht, aber die Klangfarbe in *un-Beethovenschem* Sinn verändert, während eine bloße Verdoppelung der Holzbläser — bei einiger Zurückhaltung der Streicher, sowie der Hörner und Trompeten im Original — dem Thema den von Beethoven geplanten schneidenden Klang und wilden Schwung wahrt. Wenn ich also gegenüber diesen Wagnerschen radikalen Änderungen zu Bedenken geneigt bin, so stimme ich doch von ganzem Herzen dem Prinzip zu, das sich in ihnen offenbart: dem Orchesterklang die volle dynamische Klarheit zu verschaffen, die mit der Original-Instrumentation nicht zu erreichen war. Nur empfehle ich nochmals den Dirigenten, in solchen, zur Erreichung der Klarheit vorzunehmenden Retouchen an einer Originalpartitur nicht das Maß des absolut Notwendigen zu über-

164

schreiten, die Änderung so unauffällig wie möglich zu halten und unter allen Umständen selbst den Anschein fremder Einmischung oder gar eines Stilbruchs zu verhüten.

Es gibt natürlich Partituren, in denen große Meister der Instrumentation, wie Berlioz oder Strauß, Mahler oder Debussy, für alle instrumentalen Vorbedingungen dynamischer Klarheit Sorge getragen haben. Sie haben ihre tiefe Kenntnis des Orchesters und ihre Klangphantasie in den Dienst der Aufgabe gestellt, mittels der Instrumentation wichtigen Stimmen die dynamische Überlegenheit zu sichern, Klanggruppen gegeneinander abzustufen, und sie bieten dem Dirigenten sozusagen *auf einer Silberschüssel* die Mittel, jene elementar wichtige klangliche Klarheit des Orchesterspiels zu erzielen. Sie haben es damit dem Dirigenten in dynamischer Hinsicht leicht gemacht. Hat er aus gründlichem Studium einer meisterlichen Partitur ein annähernd deutliches inneres Klangbild gewonnen — annähernd: denn auch der *tüchtigste* Dirigent wird erst aus dem realen Erklingen die Klangintentionen des Komponisten mit letzter Deutlichkeit erkennen —, so wird er imstande sein, mittels ausreichender Proben zu einer dynamisch befriedigenden Orchesterleistung zu gelangen. Aber nicht allzu groß ist die Zahl der Komponisten, die orchestral denken und fühlen, deren Phantasie ständig vom Orchesterklang befruchtet wird, die in seiner Klangatmosphäre so *zu Hause* sind, daß ihre musikalischen Einfälle bereits in orchestralem Klang geboren werden, daß Komposition und Instrumentation eine integrale Einheit im Vorgang des Schaffens bilden.

Weit häufiger als Werke dieser Art, deren Entstehen bereits von orchestralen Klangvorstellungen des inneren Ohres beeinflußt und begleitet war, hat der Dirigent solche zum Erklingen zu bringen, die — meist einer früheren Epoche entstammend — ursprünglich aus einer rein musikalischen, noch nicht von Klangrealitäten gefärbten Phantasie entstanden waren. Solch ein Werk wurde also zuerst komponiert und danach instrumentiert, und meist behandelte der Komponist die Instrumentation als ein Gewand, das er aus orchestralen Mitteln zu weben hatte, um damit sein nacktgeborenes Kind zu bekleiden. Doch nicht allzu häufig glückt in solchen Fällen die Herstellung eines Kleides, das völlig zur Gestalt paßt. Nur wo gründlichste Orchesterkenntnis und Erfahrung darum bemüht waren, konnte es *sitzen wie angegossen*, das heißt konnte eine Partitur entstehen, die dynamisch und klanglich dem musikalischen Inhalt und Charakter der Komposition voll entsprach, dem Gewebe der Stimmen Klarheit gab und durch sachliche Verwendung der orchestralen Mittel ein vom Geist des Werkes beherrschtes, ihm treu dienendes Klangbild ergab. Meist aber passen Geist und Kleid in solchen Fällen nicht völlig zusammen, und es bleibt eine Art Fremdheit zwischen Inhalt und Orchesterklang bestehen; welcher Grad der Fremdheit, das hängt natürlich davon ab, wie deutlich die Vorstellung vom orchestralen Klang ist, die im inneren Ohr des Komponisten lebt. Besaß er — obwohl der eigentliche Schaffensakt wie die kompositionelle Arbeit sich ohne begleitende orchestrale Klangvorstellungen in ihm vollzogen — eine Fähigkeit zu solch letzteren und überhaupt eine lebendige Klangphantasie, so wird jene Fremdheit kaum störend in Erscheinung treten. Dann aber gibt es Komponisten, denen die Fremdheit gleichgültig ist, weil sie dem orchestralen Kleid, seiner Farbigkeit, seinem *Sitz*, weit geringere Bedeutung als dem Inhalt beimessen. Sie gehen auf eine Art *sachlicher* Instrumentation aus und, falls sie die Technik der Orchestration in genügendem Grade beherrschen, werden ihre Partituren zwar nicht zu interessantem oder reizvollem, aber doch zu dynamisch klarem Erklingen zu bringen sein. Der Dirigent hat in diesem Fall seine Aufführung durch die entsprechende *Sachlichkeit* im Klanglichen, das heißt dessen Unterordnung unter das rein Musikalische, der Intention des Komponisten anzupassen, dem die Bedeutung der Komposition selbst weit wichtiger war als die des orchestralen Gewandes, das er ihr angezogen hatte.

Alle Partituren also, die von kundiger Hand instrumentiert wurden, vermag der Dirigent zu dynamisch klarem Erklingen zu bringen. Wo aber die Orchesterkenntnis des Schaffenden nicht hierzu ausreichte, da bieten sich dem Dirigenten Schwierigkeiten der Interpretation, die er nicht ohne die rechte Mischung von Treue und Kühnheit lösen kann. Da gibt es Partituren, die dem orchestralen Erklingen sozusagen widerstehen, weil sie von unkundiger Hand stammen, oder nicht aus dem Geist des Orchesters entstanden sind, wie es zum Beispiel bei dem Schumannschen symphonischen Schaffen der Fall ist. Seine Klangphantasie stand unter dem vorwiegenden Einfluß des Klaviers, im Orchester war er nicht zu Hause, und so bedeutet eine klanglich befriedigende Aufführung eines seiner edlen Orchesterwerke dem Dirigenten jedesmal ein ernstes Interpretationsproblem. Hier wird die Instrumentations-Retouche zur unvermeidlichen Pflicht, denn weder dem seelischen Gehalt, noch der thematischen Klarheit, weder dem Geist noch dem Buchstaben vermag die Schumannsche Original-Instrumentation Genüge zu tun.

In einem Kapitel über die Probleme des klanglichen Gleichgewichts im orchestralen Ensemble darf ein Hinweis auf die dynamische Auswirkung der Bogentechnik der Streicher nicht fehlen. Sehr bald erkennt der Dirigent den drastischen Unterschied zwischen dem Klang-Volumen eines Forte der Streicher am Frosch und dem an der Spitze; er lernt, welch gewaltige Steigerung der Klangkraft und Klangintensität sich durch häufigen Bogenwechsel bewirken läßt, und daß die Streicherkraft um so geringer wird, je längere Phrasen auf einen Bogenstrich gespielt werden. Vorteilhaft wird ihm erscheinen, einen möglichst langdauernden Abstrich für ein perfektes morendo bis zum zartesten pianissimo zu verwenden; letzteres wird er oft auch durch ein leichtes Hin und Her kurzer Bogenstriche an der Spitze erzielen. Erwähnen möchte ich noch die ätherische Zartheit und den Klangreiz des Tremolo an der Spitze und den schwebenden Klang der nur mit der oberen Hälfte des Bogens gespielten Gesangsphrasen im piano. Ich muß mir die Ausführungen weiterer Einzelheiten dieser Art versagen, will aber jedenfalls auf den Reichtum dynamischer Nuancen — und natürlich auch solcher des Ausdrucks — deuten, die durch Anweisungen oder Bezeichnungen bogentechnischer Art bewirkt werden können. Ihre Wichtigkeit für *Seele* und *Körper* des Streicherklanges, das heißt für dessen Gefühlsausdruck wie für seine Dynamik — daher also auch für das dynamische Verhältnis zwischen Streichern und den übrigen Instrumenten —, kann gar nicht hoch genug eingeschätzt werden und macht eine eingehende Beschäftigung des Dirigenten mit diesen zahlreichen Möglichkeiten unerläßlich. Von welch entscheidender Bedeutung Bogenführung und Bogenwechsel für sinngemäße Phrasierung wie für den Gefühlsausdruck sind, sei in diesem Zusammenhang wenigstens erwähnt. Ich selbst habe bis zum heutigen Tage nicht aufgehört, mich mit den allgemein-musikalischen, espressiven und dynamischen Auswirkungen der Bogentechnik der Streicher im Orchesterspiel immer besser vertraut zu machen und meine darauf bezüglichen Bezeichnungen oder Anweisungen immer wieder zu verbessern, wobei mir jede Orchesterprobe neue Erfahrung und Belehrung gebracht hat.

Die dynamische Auswirkung der Anzahl der Streicher im Verhältnis zu der der Bläser, zum Stil und emotionalen Aufwand eines Werkes oder zu den Raumverhältnissen des Saales, muß sorgfältig in Betracht gezogen werden. Im allgemeinen läßt sich sagen, daß das symphonische Schaffen seit Beethoven, die Oper seit Weber, und ferner die großen Konzertsäle und Opernhäuser unserer Zeit eine möglichst zahlreiche Streicherbesetzung verlangen. Trotzdem dürfte für Kompositionen wie Ravels »Le tombeau de Couperin«, Debussys »L'après-midi d'un faune«, und überhaupt für Werke mit schwacher Bläserbesetzung, auch eine geringere Anzahl von Streichern im Interesse der Schlankheit und klaren Durchsichtigkeit des Klanges vorzuziehen sein; das gleiche ist manchmal angezeigt bei Kompositionen emotional stilleren Charakters. Innerhalb des Streichorchesters empfiehlt es sich, dem Zahlenverhältnis zwischen Geigen und Celli und Bässen besondere Aufmerksamkeit zuzuwenden. Mozartsche Bässe müssen, mit seltenen Ausnahmen, schlank klingen — und daher leicht besetzt sein —, auch in der Haydnschen Symphonie ist meistens der Eindruck klanglicher Leichtigkeit in den tiefen Registern erwünscht. In der New Yorker Carnegie Hall mit ihren drei Rängen und einer Fassungskraft von etwa dreitausend Hörern, habe ich in Aufführungen Mozartscher und Haydnscher Symphonien oft gute Erfahrung mit einer Besetzung von vierzehn ersten, zehn zweiten Violinen, acht Bratschen, sechs Celli und vier Kontrabässen gemacht, und war damit auch in meinen Einstudierungen des Don Giovanni, des Figaro und der Zauberflöte im Metropolitan Opera House, das etwa viertausend Hörer faßt, zufrieden. Nicht einmal in der riesigen Alberthall in London erschien mir die gleiche Besetzung ungenügend — wohl aber habe ich in kleineren Räumen oft eine noch geringere Streicherzahl vorgezogen. Den früheren Mozartschen Symphonien, zum Beispiel der in A-Dur, der Haffner-Symphonie oder der Prager, ist eine kleinere Streicherzahl angemessener als den drei letzten; die »Entführung aus dem Serail« bedarf einer kleineren Zahl der Streicher als Don Giovanni, und das Requiem verlangt gelegentlich einen wuchtigen Streicherklang. Jedenfalls rate ich bei derartigen Entscheidungen ebenso die Raumverhältnisse wie Stil und Charakter der aufzuführenden Werke sorgfältig zu berücksichtigen.

Dem Operndirigenten

Im Konzertsaal ist selbst die komplizierteste Aufgabe des Dirigenten, im Vergleich mit den Anforderungen der Oper, in einem bestimmten Sinn einfachen Charakters. Denn der Strom der absoluten Musik, mit all seinem unermeßlichen musikalischen Gehalt und Ausdrucksreichtum, ist als Element homogen, und so stellen die symphonischen Werke dem Interpreten Aufgaben, die, so schwierig sie sein mögen, mittels rein musikalischer Bemühungen zu lösen sind. In dieser Hinsicht also bedeuten Geschlossenheit und Einheitlichkeit seiner Aufführungen und deren Durchdringung mit der Kraft und Eigenart seines Ich dem Konzertdirigenten kein Problem. Anders verhält es sich in der Oper: auch sie verlangt vom Dirigenten eine *Ichleistung*, aber hier ist diese mit Komplikationen belastet, denn es soll zugleich mit seinem Ich noch ein Du, auch ein Es, und sogar eine Fülle von solchem *Anderen* zur Geltung kommen. Dafür ist er mitverantwortlich, und wenn er nicht versteht, daß einem Du, dem Sänger nämlich, die Aufgabe eines Protagonisten in der Kunstgattung der Oper zukommt, wenn er ihm nicht die entsprechende Bedeutung in der Gesamt-Interpretation einräumt, oder aber wenn er die Aufgabe des Operndirigenten überhaupt nur als Musiker und nicht als Interpret der Bühnenvorgänge auffaßt, so hat er sie im Wesentlichsten verfehlt. Und ebenso hat er das *Es* im dramatischen Vorgang, worunter ich seelische Atmosphäre, Naturstimmungen, Schicksalhaftes, äußere Ereignisse der Handlung verstehe, in seine musikalischen Intentionen aufzunehmen.

Die Opernbühne befindet sich eben auf einer anderen künstlerischen Ebene als der Konzertsaal: von Monteverdi und Gluck über Mozart, Verdi, Wagner, Strauß, bis auf unsere Tage wurde die Musik aller Bühnenwerke aus der Absicht geschaffen, dramatischen Vorgängen und Handlungen, wie den damit verbundenen Gefühlen, Stimmungen, Situationen usw. musikalischen Ausdruck zu geben, und nur aus der Einfühlung in ihren dramatischen Gehalt darf und kann die Oper musikalisch interpretiert werden. Da nun die Sänger die Träger der dramatischen Handlung sind, ihre Gesangspartien also in Musik und Text persönlich seelischen Impulsen und äußeren Aktionen Ausdruck geben, so hat der Dirigent für die entsprechende geistige und dynamische Vorherrschaft des Vokalen in der musikalischen Ausführung und dabei zugleich für eine von dramatischem Sinn erfüllte Orchesterleistung zu sorgen.

Wollte er seine eigene Persönlichkeit in der Oper in gleicher Weise beherrschend zur Geltung bringen wie in der absoluten Musik, so könnte das nur auf Kosten der Individual-Leistungen der Sänger, das heißt also zum Nachteil der Bühnenwirkung und damit des Sinnes des Dramas geschehen, dem er *als Ganzem* Interpret sein soll. Es gibt solche Opernaufführungen, in denen eine Diktatur vom Dirigentenpult aus die künstlerische Freiheit, das Talent der Sänger so unterdrückt, daß statt der dramatischen Charaktere nur blasse Schatten auf der Bühne geistern, deren Gefühle und Handlungen also nicht die vom Autor intendierten Persönlichkeitswirkungen auszuüben vermögen. Wir kennen aber auch — und kannten namentlich aus früheren Zeiten — die Diktatur von der anderen Seite: die des Sängers nämlich, der unbekümmert um die Intentionen oder Weisungen des Dirigenten, alle Rechte der Interpretation für sich in Anspruch nimmt. Von den seltenen genialen und faszinierenden Sänger-Persönlichkeiten, denen eine intensivste dramatische und musikalische Erfülltheit das Eingehen auf andersartige Intentionen unmöglich macht — Persönlichkeiten, in denen sich etwas vom ursprünglichen Sinn des Theaters exzessiv offenbart —, von solchen Künstlern bis zu denen, die aus Dünkel oder Unbildung sich gegen jede Einwirkung des Dirigenten wehren, ja sich sogar von keiner willkürlichen Entstellung ihrer Partien abbringen lassen — walten hier Kräfte, die der Interpretation zu schwerem Schaden gereichen, indem sie durch Überbetonung einer Einzelleistung auf der Szene den Gesamtsinn des Kunstwerks entstellen. Endlich erlebt man auch — und nicht unhäufig — Opernaufführungen, in denen der Kapellmeister sich nur für die Musik und nicht für die Bühne interessiert: er dirigiert sein Orchester, sorgt dafür, daß die Sänger im Takt singen, aber kein geistiges Band zieht sich vom Dirigentenpult hinauf zur Bühne, seine Impulse reichen bis zur Rampe und nicht weiter, ihm bedeutet die Partitur als graphischer Niederschlag eines Hörbaren das gesamte Werk: Handlung, Charaktere, Situationen bleiben ihm fremd und beeinflussen nicht sein Musizieren. Doch der Anblick einer Opern-Partitur täuscht: von den vielen Zeilen, die das Blatt bedecken, gilt zwar nur eine oder gelten nur einige wenige den Sängern, die aber enthalten den zentralen Sinn all dessen, was da schwarz auf weiß steht, und nur der Dirigent, der von ihnen aus an seine Aufgabe als verantwortlicher Leiter der Interpretation geht, versteht, was sie von ihm verlangt.

Die Voraussetzung für den Beruf des Operndirigenten ist also ein angeborenes Gefühl für das Theater, die *dramatische Natur*. Zu einem umfassenden und durchgebildeten Musikertum muß sich tiefe Erschlossenheit für das lebendige Geschehen auf der Bühne gesellen. Der Dirigent muß sich mit Iphigenie und Agamemnon, Orpheus, Eurydike und Eros, mit Cherubino und dem Grafen, mit Leporello und Elvira, mit Wotan wie mit Brünnhilde und Fricka, mit Tristan und Marke, Elektra und Klytämnestra identifizieren, muß die Erhabenheit des Karfreitagmorgens, die Wildheit der Szene am Walkürenfelsen, die Feierlichkeit in Hans Sachs' Werkstatt am Beginn des dritten Aktes der Meistersinger, Amfortas' Schmerzensschicksal usw. zutiefst im Herzen erleben — wie wollte er sonst der Musik ihrer Szenen der überzeugende Interpret sein. Aus dieser Anteilnahme erwächst ihm das Verständnis für die individuellen Aufgaben der Sänger, sie befähigt ihn, deren Ratgeber zu werden, ihnen das Gefühl der Freiheit zu schaffen, dessen sie zur Persönlichkeitswirkung in der von ihnen zu verkörpernden Rolle bedürfen und diese Freiheit doch wiederum so zu begrenzen, daß die Leistungen auf der Bühne musikalisch wie im Ausdruck sich ineinander und in seine Gesamtinterpretation fügen. Auf solche Art soll sich seine Ichleistung in der Oper offenbaren, die autoritativ — oder auch väterlich-fürsorglich — alle individuellen Verkörperungen auf der Bühne, alle dramatischen Elemente der Handlung zu umfassen und in seine einheitliche musikalisch-dramatische Interpretation des Werkes einzugliedern hat. Auf welche Weise er das bedeutende Talent eines Sängers in seine Auffassung einordnet, Willkür abwehrt, Unerfahrenheit belehrt, Einheitlichkeit der Aufführung zustande bringt, hängt ebenso von seinem Künstlertum wie von seiner Fähigkeit zur Menschenbehandlung ab.

Ein tieferer Grund der Kompliziertheit seiner Aufgabe liegt aber darin, daß die Oper keinen so reinen Typus als Kunstwerk darstellt, wie zum Beispiel die Symphonie. Die Verbindung von Sichtbarkeit mit Hörbarkeit, von Wort mit Musik, Darstellung, Bühnenbild, Licht — dieses Ineinander und Miteinander zwar verwandter, aber doch heterogener

Elemente, will sich nicht zu vollkommener organischer Einheit fügen. Aber vielleicht ist es gerade das Problematische dieser Kunstgattung, das schwankend Vieldeutige an ihr, aus dem ihre gewaltige Anziehungskraft auf schöpferische Genies wie Gluck, Mozart, Wagner, Verdi, und auch ihre Jahrhunderte überdauernde Faszination auf breiteste Massen zu verstehen ist. Mir selbst ist in meiner lebenslangen Operntätigkeit ihre Problematik ein stets erneuter Ansporn zu neuen Lösungsversuchen geblieben — und, darüber hinaus, ein Schlüssel zum Verständnis der Unvollkommenheit als einer großartigen Herausforderung an die menschlichen Geisteskräfte.

Die Oper gleicht einem mythischen geflügelten Fabelwesen mit dem charaktervollen Musenkopf des Dramas und den flugstarken Schwingen der Musik. Es zu besteigen, zu lenken, zu beherrschen, stellt den Dirigenten vor eine seltsam komplexe Aufgabe: er hat sich zu vervielfachen, sein Herz muß das Orchester durchbluten und zugleich in den Bühnenvorgängen schlagen, er muß sein eigenes Ich, aber auch das jeder dramatischen Gestalt da oben zur Geltung bringen, er muß diktieren und zugleich sich anpassen.

Hier ist nicht der Platz, um die Beziehungen zwischen dem Dirigenten und dem verantwortlichen Leiter der Szene, dem Regisseur, zu besprechen, deren Arbeitsgebiete sich eigentlich überschneiden. Aus der entscheidenden Bedeutung der Musik für alles Bühnengeschehen folgt die Pflicht des Regisseurs, sich mit dem musikalischen Leiter über alle wichtigen Maßnahmen auf dem Theater zu verständigen. Ich werde darauf in einem eigenen Kapitel zurückkommen.

Doch sei zum rein musikalischen Teil der Aufgabe des Dirigenten noch bemerkt, daß sich in der Oper, wie überhaupt in der Vokalmusik mit Orchester, natürlich jenes orchestrale Elementarproblem des Konzertdirigenten, die Erzielung klanglicher Klarheit, dynamischen Gleichgewichts, ganz beträchtlich kompliziert. Denn hier hat der Dirigent ein in sich auszugleichendes Orchester auch noch den Gesangstimmen anzupassen, die musikalisch und ausdrucksmäßig zur Geltung zu bringen zu seinen wichtigsten Aufgaben gehört. Aus allem Vorhergehenden folgt, daß die Rücksicht auf die Stimmen in der Oper einen über das Musikalisch-Dynamische weit hinausgehenden, auf ihre dramatische Bedeutung gerichteten Sinn erfüllen muß. Bloße *Diskretion* ist hier nicht am Platz, es handelt sich um weit Bedeutenderes, eine mitfühlende Unterstützung des Gesanges durch lebendige Dynamik und dramatische Ausdrucks-Intensität im Orchester.

Dem Operndirigenten sind diese dynamischen Probleme allerdings erst aus der wachsenden Bedeutung des orchestralen Partes in der Oper, vor allem durch Wagner, entstanden. Ursprünglich diente, was das Orchester in der älteren Oper zu spielen hatte, hauptsächlich der Begleitung und Unterstützung der Gesangstimmen, und gelangte eigentlich nur in Ouverturen, Einleitungen und Zwischenspielen zu selbständiger musikalischer Bedeutung. Lange vor Wagner freilich begann schon die Bedeutung des Orchestralen in der Oper zu wachsen. Die Komponisten lösten dem Orchester die Zunge; die Zahl, die musikalische Aufgabe, die dynamische Auswirkung der Instrumente stieg mit der vergrößerten Aufgabe. Das orchestrale Forte des frühen Verdi verursachte bereits dem Dirigenten ernste Schwierigkeiten, bis mit der numerischen Steigerung des Wagner-Orchesters und schließlich der vollen symphonischen Bedeutung, die es im Musikdrama annahm, seine klanglich-dynamische Beziehung zu den Gesangstimmen zu einem Hauptproblem wurde.

Ein Blick in die Partitur des Tristan, oder gar der Salome oder der Elektra von Richard Strauß wird einen Begriff von der Schwierigkeit geben, in unserer Zeit den Gesangstimmen ihr Recht, oder vielmehr ihr Vorrecht zu schaffen, und doch dem Orchester seine symphonische Bedeutung und Ausdrucksgewalt zu wahren. Zu *dämpfen* ohne auf Glanz, Wucht und Klarheit im Orchester zu verzichten — um diese Quadratur des Zirkels war ich mein Leben hindurch bemüht und bedaure nur, daß ich den Resultaten meiner Bemühungen nicht in praktischen Ratschlägen deutlichen Ausdruck geben kann. Aber nur eigene Erfahrungen und eigene Bemühungen können den Dirigenten über diesen Teil seiner Aufgabe belehren, und ich muß mich darauf beschränken, ihn nochmals darauf hinzuweisen, daß alles Wesentliche der Oper sich auf der Bühne ereignet, daß er zwar ganz und gar Musiker zu sein hat — nicht weniger als in der Interpretation absoluter Musik —, aber daß sein Musizieren sich zugleich mit den dramatischen Impulsen erfüllen muß, die im Bühnengeschehen ihren Ausdruck finden.

Vom Operntheater

Dieselbe Sprache, die dem täglichen — und alltäglichen — Verkehr zwischen Menschen dient, ist auch das *Material* des Dichters. Aber des Poeten inspirierte Beredsamkeit gibt den gleichen Worten — durch die Art, wie er sie verwendet — tiefere Bedeutung, eindrucksvollere Schönheit, höheren Schwung, kurz, einen Ton der Idealität, selbst wenn er sie nicht zum Vers gestaltet. Erhöht er aber auch noch durch die klanglichen und rhythmischen Wirkungen der Versbildung die Ausdruckskraft seiner Worte und Gedanken, dann nähert er sie der Sphäre der Musik. Der einfache Mensch weiß nichts höheres von einem Gedicht zu sagen, als daß es ihm *wie Musik klingt*. An dieser *Musikhaftigkeit* der gebundenen Sprache liegt es, daß das Drama in Versen, ganz gleich welchen Inhalts, in eine überreale Sphäre gehoben erscheint, die die Gefühle und Handlungen auf der Bühne idealisiert und in eine Art Wirklichkeitsferne entrückt.

Ist es also die *Musikverwandtschaft* der gehobenen und rhythmisierten Sprache, die dem Versdrama seine Idealität gibt, so muß sich die Musik selbst noch weit mächtiger im gleichen Sinn auswirken. Denn was ist die Oper? Ein Drama oder Schauspiel, das gesungen und nicht gesprochen wird, das sich völlig in der Sphäre der Musik ereignet, dessen Vorgänge in Musik gehüllt, von Musik durchtränkt sind, dessen handelnde Personen sich in Musik ausdrücken. Nicht nur macht die Oper also keinen Anspruch auf *Realität*, sie ist ihr der Intention nach als Kunstform und im Wesen fern. Ihre Welt ist insofern noch *irrealer* als die des Versdramas, als ihr auch noch jener Rest der Realität, den das Versdrama bewahrt, der Klang der Sprechstimme, fehlt.

Die Oper gehört also einer überrealen Welt an, deren Atmosphäre die Musik bildet. In dieser Welt wird nicht nur gesungen statt gesprochen, nicht nur sind alle Ausdrucksmöglichkeiten des rhythmisch gebundenen Sprechens weit übertroffen durch den melodischen Gehalt des Gesanges; aus dem Orchester ertönt dazu die Beredsamkeit der reinen Musik, die alle Gefühle, alle dramatischen Ereignisse, alle Stimmungen auf dem Theater ausdrückt oder unterstützt. Der Sinn der Oper liegt in der Erhöhung der Wirkung dramatischer Vorgänge durch Musik, sie vermag alles Geschehen auf der Bühne eindrucksvoller, ergreifender, dramatischer zu machen. Eine Oper schreiben heißt, Musik schaffen aus dramatischen Intentionen, die Macht der Musik einer dramatischen Handlung zur Verfügung stellen. Der Komponist stellt seine musikalische Erfindung, seine melodisch-harmonische Phantasie, seine symphonische Bildekraft, die Farbigkeit seiner Instrumentation in den *Dienst* des dramatischen Geschehens.

Aber Polyhymnia spielt durchaus keine *dienende* Rolle im Haushalt der Thalia. Auch wenn ihr der Eintritt durch die Domestikentür zugewiesen war, entfaltete sie — eine wahre *Serva Padrona* — ihre wesenseigene Macht, wo immer sich die Gelegenheit dazu bietet. Sobald die poetische Stimmung oder der dramatische Vorgang der Szene nach Musik verlangt, breitet unsere Musik die mächtigen Schwingen aus und nimmt das Drama mit auf ihren Flug.

Mit anderen Worten: In solchen gefühlsbewegten oder poesieerfüllten Szenen bemächtigt sich die Musik der Führung im Drama bis zu solchem Grade, daß die Oper an ihren Höhepunkten eher einem mächtigen Strom von Musik gleicht, der dramatische Elemente mit sich schwemmt, als einem Drama, dem die Musik ihre Ausdruckskräfte leiht. Als Beispiele hierfür will ich nur auf den letzten Teil der Szene zwischen Tristan und Isolde im zweiten Akt, oder auf den Schluß des dritten Aktes im gleichen Werk hinweisen: in den gewaltigen Wogen der Wagnerschen Musik versinkt dort nicht nur die Welt der *Tages*wirklichkeit für die Personen des Dramas, in der gleichen Flut ertrinkt auch die sichtbare Welt der Bühne für den Zuhörer. Und kaum weniger hoch erheben sich die sanfteren Wellen der Mozartschen Musik über den dramatischen Vorgang an den Höhepunkten seiner Opern: mir scheint Susannas Arie im vierten Akt der Hochzeit des Figaro gleichfalls ein Beispiel für das Entschwinden der Szene unter der Übermacht der Musik. Gewiß wollte Mozart nur Susannas Gefühl in jener nächtlichen Szene Ausdruck geben; aber das unsterbliche Stück läßt an rein musikalischer Schönheit allen nur möglichen dramatischen Gehalt weit, weit hinter sich zurück; seine ruhevoll edle Melodik gegen den schwebenden orchestralen Hintergrund spricht nicht nur von Susannas Herz, sie entfaltet zugleich den eigensten Zauber absolut-musikalischer Schönheit; und niemand, dessen Seele dem reinen Element der Musik zugänglich ist, kann verkennen, daß die *Welt* — und auch die Welt des Theaters — versinkt in den Hochfluten solcher Musik, daß die Helle unseres konkreten Erlebens sich verdunkelt, wenn höchste Offenbarungen der Musik sich unserer Seele bemächtigen. So erfährt das Drama selbst eine Art Liebestod in seiner Herzensaffäre mit der Musik. Seine stärksten Gefühlsvorgänge inspirieren den großen Opernkomponisten zu einer Musik, in der sie sich auflösen, die sie *erlöst*. In der ergreifenden Szene in Beethovens Fidelio, wenn Leonore die Ketten Florestans aufschließt, und Soli und Chor singen »O Gott, welch' ein Augenblick«, verdämmert der dramatische Vorgang, aus dem Beethovens erhabene Musik entstanden war, unter ihrer Übermacht.

Im Gegensatz zu solchen seltenen Höhepunkten, an denen die Musik der Oper sich vom Dienst am Drama zu seiner Beherrscherin erhebt, gibt es aber auch Strecken, während deren sie die Aufgaben einer mehr oder weniger demütigen Helferin der Handlung oder des Wortes übernimmt. Das sogenannte *Secco-Rezitativ* weist der Musik ihre bescheidenste Rolle zu: hier unterscheidet sich die Oper vom gesprochenen Drama nur durch die Angabe der Tonhöhe und der Betonungen in den Reden der handelnden Personen durch den Komponisten. Zwischen diesen Extremen — der musikalischen Überwältigung des Dramas und der Entmachtung der Musik durch das Drama — wechselt die Art ihrer Beziehungen unaufhörlich. Je mächtiger die Flut der Gefühle in Zärtlichkeit, Schmerz, Leidenschaft, Verzweiflung wogt, desto höher steigt die Bedeutung der Musik im Gesamtvorgang der Interpretation. Je weniger gefühlsbetont die Vorgänge auf der Szene verlaufen, desto weniger hat der Komponist dazu musikalisch zu sagen. Eine nüchterne Stimmung, sachliche Darlegungen, verstandesmäßige Erörterungen können seine schaffende Phantasie nicht beflügeln, und in solchen Szenen übernimmt das Wort die Führung, falls nicht eine besonders geistreiche oder meisterliche musikalische Gestaltungskraft sich vom bloßen Dienst am Wort emanzipiert und Anspruch auf Eigenbedeutung neben dem szenischen Geschehen erhebt. Aber ob im Fortgang einer Oper Musik und Handlung an Bedeutung miteinander abwechseln, ob sie durch manche Strecken in annäherndem Gleichgewicht verlaufen, immer werden — von den erwähnten Extremen abgesehen — dramatische Elemente sich in der Musik lebendig auswirken, und immer auch wird die Musik den Bühnenvorgängen Ausdruck geben oder sie mit der Kraft ihres eigenen Ausdrucks unterstützen.

Vor allem aber: die Oper ist niemals ein loses Nebeneinander von zwei selbständigen Kunstarten, sondern ein Kunstwerk besonderen Charakters, das aus der organischen Verbindung und gegenseitigen Durchdringung von Drama und Musik entstanden ist und über die Mächte beider Komponenten nach Maßgabe der stets wechselnden Formen ihrer Verbindung in seinem Verlauf gebietet. So hat denn auch ein Opern-Libretto keine Eigenbedeutung als Kunstwerk, sondern es ist planmäßig unvollständig und bedarf der Musik zur Vervollständigung. Ob das bühnengemäß fachmännische Erzeugnis eines gewandten Librettisten wie Scribe, oder die dramatische Dichtung eines Genius wie Wagner, es war nicht als ein aufführungsfähiges Theaterstück geplant und unterscheidet sich von dem daraus entstandenen Musikdrama oder der Oper etwa wie ein Bauplan von dem Hause, dessen Errichtung er dient.

Aus früherer Zeit erinnere ich mich noch an die gar nicht seltene Erscheinung eines Opernregisseurs, der seine Bühnenproben mit dem Libretto in der Hand, anstatt nach dem Klavierauszug leitete. Nichts konnte klarer seinen Mangel an Verständnis für die Kunstform der Oper offenbaren. Denn er betrachtete etwas Unvollständiges, Partielles — das Textbuch — als das Ganze der Oper, und was anderes konnte er dadurch zustande bringen, als eine hilflose Aufführung, in der die vernachlässigte Musik und seine szenischen Anweisungen sich gegenseitig störten. Nicht nur fehlten in seinem Libretto die orchestralen Vorspiele, Zwischenspiele und Nachspiele, deren szenische Ausfüllung und Ausdeutung einen wichtigen Teil seiner Aufgabe bildeten —

wie durfte er überhaupt wagen, einen szenischen Vorgang nur im Sinne des Textes zu gestalten, in Unkenntnis oder unter Vernachlässigung des Sinnes, den die Musik der betreffenden Szene gab? Oder auf welche Weise sollte er zum Beispiel drei Minuten ihm unbekannter Musik szenisch lebendig machen, wenn er die wenigen Worte, die ihr unterlagen, in ein paar Sekunden zu sprechen vermochte? So mußte ihm schließlich klarwerden, daß seine Regie die Forderungen der Musik ebenso zu befriedigen hatte wie die des Buches — er mußte erkennen, daß ihm die besonderen und wechselnden Verbindungen von Musik und Drama in der Oper Aufgaben stellten, die sich grundsätzlich von denen des Schauspiels unterschieden.

Während das Sprechtheater durch eine lebendig sinnvolle Aufführungspraxis — in Fortführung seiner großen Traditionen — seit langem als ernste Kunststätte gelten muß, herrschte auf der Opernbühne bis vor gar nicht so langer Zeit eine graue Routine der Darstellung, hinter der sich volle Ratlosigkeit schlecht verbarg, und die dem Ansehen der Oper als Kunstwerk hindernd im Wege stand. Wer erinnert sich nicht an die Primadonna, vor dem Souffleurkasten verharrend, die Hand auf der Brust oder die Arme ausbreitend — wer nicht an Sänger, die dem Publikum mitteilten, was sie ihrem Partner zu sagen hatten — an Ensembles, in denen Soli und Chor eingefroren schienen oder vielmehr, wo die Bretter, die die Welt bedeuten sollten, zum Konzertpodium für kostümierte Sänger und Sängerinnen wurden.

Die Vernachlässigung der darstellerischen Seite der Opernaufführung im Gegensatz zur eifrigen Bemühung um die gesanglichen Leistungen, kann historisch wohl verstanden werden. In den meisten der frühen musikalischen Bühnenwerke war die tragische oder komische Handlung kaum mehr als ein *Vorwand*, den Sängern Gelegenheiten zu brillanten und wirkungsvollen vokalen Darbietungen zu geben. Der *dramatische* Vorgang und was sich darauf bezog, war hauptsächlich den Rezitativen zugewiesen, in denen also *gespielt* wurde, die aber kaum verbargen, daß sie eigentlich nur Verbindungsglieder für die formell geschlossenen *Nummern* der Arien, Duette, Terzette und Ensembles waren, die musikalisch zu genießen den Zweck des Opernbesuches bildete.

Während dann dramatisch begabte Komponisten allmählich solche Libretti wählten, die wahre menschliche Teilnahme erregten, hielt sich aber der Aufführungsstil ihrer Werke, obwohl sie aus ernsten dramatischen Intentionen entstanden waren, immer noch innerhalb der früheren Tradition, einfach weil deren Formprinzip keine Änderung erfahren hatte. Denn noch immer verlief die Oper in Rezitativen und *Nummern*; und wenn auch die letzteren immer sinnvoller dem Fortschreiten der Handlung dienten, blieb es doch noch lange bei jener hartnäckigen und altersschwachen Tradition der Opernaufführung, die die geschlossenen Formen selbst der Mozartschen oder Gluckschen Oper nur als Gelegenheiten zu brillanten Gesangsleistungen betrachteten. Erst verhältnismäßig spät erwuchs bei Künstlern und Publikum das Verständnis für die fundamentalen Unterschiede an dramatischem Gehalt zwischen den Werken dieser Komponisten und denen früherer Epochen, Unterschiede, die hinter der Ähnlichkeit ihrer Formen lange verborgen geblieben waren. Mit der wachsenden Erkenntnis für den neuen Wein, der da in die alten Schläuche geflossen war, vermehrten sich auch die Bemühungen um einen angemesseneren Aufführungsstil, die aber geraumer Zeit bedurften, um sich in der Opernregie entscheidend auszuwirken.

Erst aus dem Wagnerschen Werk entstand ein verantwortungsbewußter Darstellungsstil der Oper. Die Forderung nach Kontinuität der dramatischen Interpretation des

Gesamtwerkes und nach schauspielerischer Durcharbeitung der Einzelleistungen, die zunächst den Wagner-Aufführungen der Opernhäuser zugute kam, wirkte sich allmählich auch in Aufführungen von Werken der Vorgänger des Bayreuther Meisters aus. Die Unzulänglichkeit, der Unernst der bisherigen Aufführungen jener älteren Werke konnte sich nicht mehr halten neben den höheren Methoden der Opernregie, die Richard Wagner zu danken waren. Zunächst folgte freilich eine Epoche der Unsicherheit, des Suchens nach einem Stil der Aufführung für die Opern Mozarts, Webers usw., der den neueren Methoden nicht nachstand, ohne sie aber auf die dafür nicht geeignete *Nummernform* der älteren Opern anzuwenden. Es war Gustav Mahler vorbehalten, mittels seiner bewunderungswürdigen Kraft der Einfühlung in jene Werke ein Eigengesetz ihrer Darstellung aufzuspüren, und während der Epoche seiner Direktionsführung an der Wiener Oper als Schöpfer eines neuen Stils der Opern-Interpretation die Werke Mozarts, Glucks, Webers, Beethovens usw. zu höherem Leben zu erwecken. In aller Bescheidenheit glaube ich erwähnen zu dürfen, daß ich in meiner Direktionszeit an der Münchener Oper und später in Berlin um die Fortsetzung der Mahlerschen Reformen, das heißt um die Erweiterung und Vertiefung einer ernsten Methode der Opern-Aufführung bemüht war.

Schon in meinen jungen Jahren war mir die Diskrepanz zwischen der dramatischen Bedeutung der Opern und der damals üblichen Aufführungstradition aufgegangen. Ich erinnere mich an die betrübenden Eindrücke der Vorstellungen von Glucks Orpheus oder Iphigenie, Mozarts Entführung oder Zauberflöte, in denen ihre dramatische Wahrhaftigkeit, Beseeltheit, ihr Reichtum an Charakteren, ja die Klarheit der Handlung begraben lag unter den Anordnungen einer Regie, deren verstaubte Routine die Wirkung eines frischen Luftzuges nie erfahren hatte. Was ich als junger Musiker bereits erkannt hatte, war, daß nur von der Musik aus die Lebendigmachung der Opernszene erfolgen konnte, daß also von keinem Nichtmusiker die Schaffung eines sachgemäßen Stils der Opernregie zu erwarten war. Und so begab es sich denn auch in Wien, daß ein Musiker — und welch ein Musiker — begann, die Bühnenvorgänge von der Musik aus zu gestalten. Ohne Mahlers Bemühungen wäre vielleicht das Vor-Wagnersche Opernschaffen allmählich aus den Opertheatern verschwunden.

Aus Gründen der Gerechtigkeit aber will ich hinzufügen, daß nicht nur mangelndes Verständnis für die dramatischen Forderungen der Musik an der Hilflosigkeit der Opernregie vor Mahler Schuld trug. Bis zum heutigen Tage leidet der begabteste Opernleiter — und litt auch ich während meiner langen Operntätigkeit — unter dem gebieterischen Verlangen jedes Operninstitutes nach Sängern, die vor allem *stimmlich* ihrem Rollenfach gewachsen sein mußten. Während im gesprochenen Drama darstellerisches Talent und künstlerische Persönlichkeit bei den Engagements der Schauspieler entscheidend ins Gewicht fielen, gingen in der Oper die vokalen Fähigkeiten allen anderen voran, und wie oft war man nicht gezwungen, eine Partie aus stimmlichen Gründen mit einem Sänger zu besetzen, der ihrer dramatischen Ausschöpfung nicht gewachsen war. Wegen jenes unabweisbaren Primats der Stimme hat die Opernregie auch heute noch mit ernsten Hindernissen auf ihrem Weg zu schauspielerisch befriedigender Bühnenleistung zu kämpfen. Dazu kommt, daß ein lebhafter Gesichtsausdruck einer technisch einwandfreien Tongebung hinderlich sein, so wie eine temperamentvolle Darstellung der Atemführung des Sängers Schwierigkeiten bereiten kann.

Gesang und Darstellung stehen sich also oft gegenseitig im Wege, und die frühere Routine, bei der *Nummer* stillzustehen, und die Aktion hauptsächlich auf das Rezitativ zu beschränken, war mit physischen Bedingungen verknüpft, die auch der moderne Opernregisseur nicht außer acht lassen kann; sie gehören zu den Klippen, die er zu umsteuern hat. Was aber auch die schauspielerischen Leistungen in der Oper so oft zu ihrem Nachteil von denen im gesprochenen Drama unterscheidet, es wird reichlich aufgewogen durch die dramatische Ausdruckskraft der Musik selbst, falls es dem szenischen und dem musikalischen Leiter gelingt, ihren Einfluß in allen Einzelheiten der Aufführung zur Geltung zu bringen.

Die vielfältigere äußere Bewegtheit des Schauspiels wird in der Oper in beträchtlichem Grade durch die innere Bewegtheit der Musik aufgewogen, *und hieraus folgt der grundsätzliche Unterschied in den Methoden der Schauspiel- und der Opern-Regie.* Es wäre falsch, auf die Überrealität des musikalischen Dramas den wirklichkeitsnäheren Darstellungsstil des gesprochenen anzuwenden — die beiden Kunstarten gehen auf prinzipiell verschiedene Ziele aus.

Keineswegs aber soll aus meinen Ausführungen geschlossen werden, daß die individuelle darstellerische Leistung nicht auch in der Oper von größter Bedeutung sei. Die Zeiten sind vergangen, in denen das Opernpublikum damit einverstanden war, wenn Liebhaber, Helden, Intriganten, Zauberinnen, Priesterinnen und Sklavinnen plötzlich ihre Charaktere oder ihre Beziehungen zu Freund und Feind vergaßen und ganz in ihren gesanglichen Aufgaben aufgingen. Gewiß gibt es heute noch gelegentlich Opernbesucher, die sich behaglich im Hintergrund einer Loge dehnen und von dort aus dem Gesang und dem Orchester zuhören, weil sie Handlung und Darstellung in der Oper nicht ernst nehmen. Ihre Einstellung ist, wie ich zu zeigen versuchte, historisch bedingt, die entscheidende Erhöhung der Idee der Opernbühne durch Richard Wagner, sowie ihre daraus folgende Entwicklung von einer Stätte vokaler Unterhaltung zu einem ernsten dramatischen Kunstinstitut mit singenden Darstellern und suggestiver Szenengestaltung, hatte bei diesen Überlebenden aus einer früheren Generation kein Verständnis gefunden.

Für Wagner aber und die von ihm erzogene Generation, bedeutete sein Musikdrama den eigentlichen Beginn einer musikalisch-dramatischen Kunst, und sie erblickte in Mozart, Gluck, Weber usw. zwar Musiker mit dramatischen Impulsen, aber doch nur *Vorläufer*, die durch die veraltete Nummernform an der Schaffung eines vollendeten Kunstwerks verhindert waren. Wir sehen heute diese Meister in einem anderen Licht: denn gerade Wagners Werk, Lehre und Beispiel haben, wie gesagt, das Entstehen eines ernsten Aufführungsstils auf der Opernbühne in die Wege geleitet, dessen sinnvolle Anpassung an die andersartigen Forderungen jener älteren Werke offenbart hat, daß in ihnen ein wesentlich höheres dramatisches Leben pulsiert, als eine frühere Aufführungspraxis erkennen ließ.

Im Licht solcher Interpretation erschien nun erst die wahre Größe jener älteren Opern. Mozart, Gluck, Weber erwiesen sich dadurch als die musikalischen Dramatiker, die sie waren und die nur einer verständnisvollen Darstellung ihrer Werke bedurften, um ihre zeitlose Lebenskraft zu erweisen.

Die Formverschiedenheit des Wagnerschen oder späteren Bühnenwerkes von dem ihren berechtigt also meiner Ansicht nach nicht dazu, eine Grenzlinie zwischen ihnen zu ziehen, wie es früher üblich war. Vom Gesichtspunkt des Opernleiters, der dem dramatischen Gehalt der Musik die Gesetze für die Bühnengestaltung entnehmen will, stehen Mozart und Gluck näher zu Wagner als zu ihren eigenen Zeitgenossen oder Vorgängern. Denn auch ihre Musik ist aus dem Geist des Dramas entstanden, und so müssen denn ihre Werke, trotz der *Nummern*, ebenfalls als Dramen aufgeführt werden.

Andererseits aber empfehle ich dem Bühnenleiter, auch seinen Begriff von dem Musikdramatiker Wagner sorgfältig zu überprüfen. Der Musiker in Wagner widersetzt sich häufig seinen radikalen Maximen als Reformator der Oper. Während der letztere zugunsten eines ununterbrochenen Ablaufs der Handlung das Prinzip der geschlossenen Musikstücke theoretisch ablehnt, übertritt der Musiker Wagner dies selbsterlassene Verbot, wo ihn die musikalische Inspiration erfüllt. Was sind schließlich Wolframs Gesang an den Abendstern, Stolzings Preislieder, Siegmunds Liebeslied, ja selbst das Terzett der Rheintöchter in Götterdämmerung, und so weiter, anderes als eine Art von Musiknummern, die, nicht allzu fern der Art älterer Opern, als formvoll gestaltete Gesangstücke sich vom dramatischen Verlauf verweilend abheben? Und breitet sich nicht überhaupt in seinen Musikdramen die Musik beherrschend aus, wo nur emotional erregte Vorgänge der Handlung danach verlangen?

Das Zeitelement in der Oper

Probleme der Opernregie

Nicht nur sind es die Strecken musikalischen Verweilens, die dem Opernregisseur Aufgaben stellen, wie sie im Schauspiel nicht vorkommen. Selbst der volle Verzicht eines Komponisten auf ein solches *musikalisches Sich-Ausleben* in dafür geeigneten dramatischen Situationen, selbst eine grundsätzliche Vermeidung aller musikalischen Beredsamkeit zugunsten absoluter Vorherrschaft der Handlung vermag nichts gegen ein Gesetz, dem sich der Opernregisseur unbedingt und immer zu beugen hat: Tempo und Dauer der Musik bestimmen Tempo und Dauer der szenischen Vorgänge. Wo Schauspieler und Schauspielleiter frei schalten, waltet unerbittlich über dem Bühnengeschehen der Oper das zeitliche Element der Musik. Die Zeitdauer der Musik zu einer Szene überstimmt die Forderung des Regisseurs an das Tempo ihres Bühnengeschehens — er muß seine Auffassung und Anweisungen nach dem zeitlichen Ablauf der Musik richten, wobei ihm die natürliche Elastizität der musikalischen Tempoführung ein bescheidenes Maß von Freiheit läßt.

Wir rühren hier an eines der Hauptprobleme der Opernregie, durch das sie sich wesentlich von der Führung der Bühnenvorgänge im gesprochenen Drama unterscheidet: im letzteren bestimmen Wort, Handlung und dramatisches Gefühl das Tempo der Bühnenvorgänge — in der Oper diktiert die Musik Tempo und Dauer der Einzelheiten der Darstellung.

Im allgemeinen verläuft die Musik langsamer, oft sogar wesentlich langsamer als Vorgänge oder Worte ohne Musik, und so muß der Opernregisseur meist die Vorgänge auf der Bühne dehnen, um sie der Musik anzupassen. Diese Dehnung wächst mit der gesteigerten Eigenbedeutung der Tonsprache oder ihrer emotionalen Intensität und stellt den Regisseur oft vor die Frage: Mit welchem Bühnenvorgang kann ich wohl die Zeit sinnvoll ausfüllen, die diese Arie, dies Ensemble oder dieser Erguß der musikalischen Phantasie des Komponisten beanspruchen. Der hatte sich die Freiheit genommen, einen einzigen dramatischen Augenblick zu beträchtlicher Dauer musikalisch auszubreiten, einer Dauer, die in keinem Verhältnis zur dramatischen Bedeutung dieses Moments innerhalb des Fortschreitens der Handlung stehen muß. Was auf der Bühne geschieht, darf aber auch durchaus nicht ablenken von dem Vorgang, dem die Musik eine Dauer gibt, die dramatisch nicht zu rechtfertigen ist und daher eigentlich der Handlung Stillstand gebietet.

Es gab eine sehr drollige Parodie auf eine italienische

Opernszene: Jemand war ins Wasser gefallen und kämpfte mit der Gefahr des Ertrinkens. Der Chor aber sang mit zahllosen Wiederholungen in hoher und tiefer Stimmlage die Worte »Auf, eilet ihn zu retten« und konnte die Rettungsaktion natürlich erst beginnen, nachdem das effektvolle Musikstück beendet war. So komisch das scheint, es bedeutet nur eine leichte Übertreibung dessen, was wir in der Oper stets erfahren: nämlich, daß das Gesetz der Zeit im Drama nicht mit dem in der Musik übereinstimmt. Der musikalische Hörer akzeptiert das ohne Widerstand, und nichts in ihm wehrt sich gegen die Dauer der Rache-Arie des Baritons, der mit beträchtlichem Stimmaufwand den glühenden Wunsch ausdrückt, den Rivalen sofort zu erstechen, zu dieser Handlung aber erst nach beendetem ausgiebigem musikalischem Erguß schreitet. Keineswegs beschränkt sich das Einverständnis der Hörer mit dieser geheimnisvollen *Zeitlosigkeit* der Musik — denn darum handelt es sich hier — auf Werke wie Verdis Trovatore, wo wohl noch niemand je dagegen protestiert hat, daß Manrico erst eine Stretta singen, ja gelegentlich sogar wiederholen muß, bevor er davoneilt, um seine Mutter vor der wütenden Menge zu retten, die sie zum flammenden Holzstoß schleppt. In weniger drastischer Form herrscht in jedem Musikdrama und jeder Oper dieses musikeigene Zeitgesetz, das wohl am ehesten mit dem Zeitelement in unseren Träumen verglichen werden kann.

Denn die Musik umnachtet unser Zeitbewußtsein. Wie wir komplizierte und langdauernde Vorgänge träumen und beim Erwachen finden, daß wir nur drei Minuten geschlafen hatten, oder wie wir mit einem kurzen Traumvorgang eine ganze Nacht verbracht haben, so hat Musik die Zaubermacht, kurze Ereignisse, momentane Gefühls-Aufwallungen, drängende Situationen, sagen wir, zu *entzeitlichen*. In den Märchen aus Tausendundeiner Nacht lernen wir einen

Schneider kennen, der einen aus dem Fenster fallenden Mann durch Zauberkraft solange in der Luft hängen läßt, bis er von einem dringenden Geschäft zurückkehren kann, um den Fallenden aufzufangen. Genau das ist es, was Musik vermag: Sie verzögert die Dringlichkeit dramatischer Situationen, sie zieht die zeitlichen Forderungen der dramatischen Vorgänge in den Bereich ihrer Traumzeit und unterwirft die Dauer der dramatischen Vorgänge ihren wesenseigenen Gesetzen.

Die Bühnenvorgänge, wie sie die Dichtung fordert, der Musik zeitlich anzupassen — darin besteht also eine der wesentlichen Aufgaben der Opernregie. Ihr Problem stammt, wie gesagt, aus dem Mißverhältnis zwischen musikalischem Überfluß und kargen Bühnenvorgängen, und daraus ist abzuleiten, was ich die *gelockerte Kontinuität* der dramatischen Vorgänge auf der Opernbühne nennen möchte. An ihr liegt es, daß es auf der Opernszene, so heiße Leidenschaften, so heftige Vorgänge sie beleben, im ganzen stiller zugeht als auf der Schauspielbühne, die solche Ausbreitungstendenzen wie die der Musik nicht kennt. In der Oper kann nur vermieden werden, daß jene gelockerte Kontinuität der Handlung als Leere oder gar als Stillstand erscheint, wenn aus ihr ein absichtsvolles künstlerisches Stilprinzip gewonnen wird. Mit einfacheren Worten: die Aktion auf der Opernbühne verlangt, von dramatischen Höhepunkten abgesehen, eine unrealistische Stille und Breite, die im Zusammenhang mit der dramatischen Lebendigkeit der Musik ebenso natürlich und *legitim* wirkt wie das gedrängtere realistische Tempo der musiklosen Vorgänge auf der Schauspielbühne.

Zweifellos hat es die Aufführung der Wagnerschen Musikdramen oder späterer Werke leichter in dieser Beziehung: denn Wagner und seine Nachfolger berücksichtigten bereits eine Fülle von szenischen Einzelheiten und deren Dauer in ihrer Komposition — ich weise auf Sieglindes Aktion im ersten Akt der Walküre vor dem Verlassen des Saales —, während die früheren Meister kaum je sich von der Rücksicht auf szenische Aktionen im Komponieren beeinflussen ließen. Trotzdem existiert auch im Musikdrama das Problem des Zeitelementes; als Beispiel möchte ich erwähnen, daß die Worte des scheidenden Wotan an Brünnhilde in der Walküre »Der Augen leuchtendes Paar« bis »so küßt er die Gottheit von Dir« mit aller Intensität des Gefühls gesprochen etwa fünfundsiebzig Sekunden in Anspruch nehmen würden, während die herrliche Wagnersche Vertonung derselben ungefähr drei Minuten füllt. Nicht geringer ist der Zeitunterschied zwischen gesprochenem und gesungenem Wort bei Elektras Wiedersehen mit Orest in dem gewaltigen Straußschen Werk. Welcher Epoche also das dramatischmusikalische Werk auch angehören mag, wenn es sich um wahre Musik handelt, wird der Bühnenvorgang sich immer dem Gesetz jener Eigenzeit der Musik anzupassen haben.

Doch nicht nur durch Dehnung oder Zusammendrängung der Bühnenvorgänge wirkt sich die musikalische Gestaltung, die der Komponist einer Szene gegeben hat, zeitlich bestimmend aus. Auch der einzelne Vorgang, ja die einzelne Geste hat sich zeitlich und natürlich auch ausdrucksmäßig, worüber ich später sprechen werde, an die Musik anzupassen. Um die äußere zeitliche Übereinstimmung zwischen Musik und Aktion wird jeder musikalisch fühlende Sänger mehr oder weniger unbewußt bemüht sein: Kaum wird er eine energische Geste, die die Handlung verlangt, ausführen, ohne dafür einen orchestralen Akzent zu benutzen, kaum für einen Wechsel des Gesichtsausdrucks einen anderen Moment wählen, als den der Stimmungsänderung in der Musik. Es gehört zu den Aufgaben der Regie, dem Sänger den Weg zu bewußter zeitlicher Anpassung des Spiels an den musikalischen Verlauf zu weisen.

Im Tanz gibt die Musik den Befehl, und der Tanzende gehorcht. Doch ist es nur die Rhythmik seiner Bewegungen,
die dem musikalischen Rhythmus als einem Befehl folgt.
Die tänzerische Ausdeutung der melodischen Gestaltung
dagegen gehorcht zwar keinem solchen Befehl, aber folgt
mit künstlerischem Gefühl tänzerischen Impulsen, die sie
der Musik abgewinnt. Jedenfalls gibt im Verhältnis zwischen Musik und Tanz die erstere *den Ton an*, dem sich der
Tanz in Rhythmus, körperlicher Bewegung und Ausdruck
fügt. — In der Pantomime gehört das Primat zwar dem
Bühnenvorgang, den zu illustrieren die Musik geschrieben
wurde; trotzdem ist es in der Aufführung die Musik, die
rhythmisch und ausdrucksmäßig die Gestik oder den Bühnenvorgang kaum weniger dominiert als die körperliche
Bewegung im Tanz.

In der Oper begegnen wir zwar auch in manchen Szenen
dem Tanz und dem pantomimischen Vorgang — der dritte
Akt der Meistersinger enthält beides —, aber auf der Opernbühne stehen und handeln stets lebendige Menschen, spielen sich gefühlsbetonte Szenen zwischen ihnen ab, und daher darf die Verbindung zwischen Musik und Darstellung
im allgemeinen nie den Eindruck eines von der Musik aus-
gehenden Zwanges machen, sondern soll stets als eine
koordinierte harmonische Beziehung wirken. Wo allerdings
der Komponist seine Musik illustrativ gemeint hat, wie
Mozart zum Beispiel in der unzweideutigen musikalischen
Schilderung des Kampfes des Don Juan mit dem Comthur
oder Wagner in der Szene Beckmessers in Sachs' Werkstatt,
da hat die Darstellung für genaue Synchronisation zwischen
Musik und Szene zu sorgen.

Nun sind manche Regisseure, die den Begriff der notwendigen Harmonie zwischen Musik und Szene mißverstehen,
um eine auffällige Synchronisation solcher Art oder um
eine genaue pantomimische Ausdeutung der Musik auch da

bemüht, wo sie nicht in der Intention des Komponisten lag. Damit aber setzen sie die *Idee* der Oper herunter, indem sie eine seelisch gemeinte Musik als illustrativ behandeln und dem betreffenden Bühnenvorgang die Beimischung des Mechanischen geben, die nun einmal ein kaum vermeidbares Merkmal der Pantomime ist. Ich rate dringend, weit eher den seelischen Ursprung jeder Gestik zur Erscheinung zu bringen, ja selbst in der szenischen Ausdeutung so ausgesprochen illustrativer Musik, wie sie zum Beispiel Wagner für die stumme Szene zwischen Hunding, Sieglinde und Siegmund im ersten Akt der Walküre oder auch für die Beckmesserszene in der Schusterwerkstatt schrieb, die Präzision der Ausführung sorgfältig vor dem Charakter des Maschinellen zu bewahren. Mir schiene sogar das kleinere Übel, wenn Beckmesser das Fenster nicht genau auf das dafür bestimmte zweite Viertel des Taktes zuwerfen würde, als wenn die Geste nicht die Wut zeigte, die ihn in diesem Augenblick übermannt. Kurz — das mechanisch exakte Zusammengehen von illustrativ gemeinter Musik und Bewegung, so erwünscht es ist, darf selbst in solchen, an das Pantomimische streifenden Szenen nie den spontan seelischen Ursprung der Geste verdecken. Es handelt sich eben darum, der dramatischen Bedeutung der Musik in den Bühnenvorgängen der Oper Genüge zu tun, aber ihnen dabei den vollen Anschein ungezwungener Natürlichkeit zu wahren, wie sie den Charakteren und Gefühlen der handelnden Personen entspricht.

Wenn Leonore sagt, »Wie kalt ist es in diesem unterirdischen Gewölbe«, dann illustriert Beethovens Musik ihr Frieren — aber nur die diskreteste Andeutung des halb körperlichen, halb seelischen Erschauerns verträgt sich mit der Würde und dem Ernst der Beethovenschen Intention. Je überzeugender das Gefühl in Vorgängen auf der Opernszene wirken soll, desto sorgfältiger muß der rhythmische

Zusammenhang zwischen Musik und Bewegung verhüllt werden hinter deren seelischer Ausdeutung. Zu einem Musterbeispiel dafür bietet sich die Anfangsszene in der Walküre zwischen Siegmund und Sieglinde mit ihren strecken stummen Spiels. In Aubers »Die Stumme von Portici«, hat die Darstellerin der Fenella die schwere Aufgabe, sich mit pantomimischer Genauigkeit an die Musik zu halten und doch stets wie aus lebhaftester seelischer Bewegtheit zu agieren. Ich kann aus persönlicher Erfahrung berichten, daß es einer feinfühligen, musikalisch ebenso wie mimisch begabten Persönlichkeit, der Tänzerin Grete Wiesenthal, gelang, in der von mir an der Wiener Oper geleiteten Aufführung des Werkes die musikalisch-rhythmischen Forderungen der Partie an deren dramatisch emotionalen Gehalt anzupassen und letzteren in rührender Gestaltung auszudrücken. Das konnte allerdings nur dadurch erreicht werden, daß sie der pantomimischen Exaktheit zwar gerecht wurde, aber die dramatische Seite der Aufgabe durchaus als die primäre behandelte. Wo es sich dagegen um komische Wirkungen derberer Art handelt, darf allerdings auch in der Oper das rhythmisch exakte Zusammenfallen von Musik und Geste betont werden. Für durchaus legitim, ja erwünscht, möchte ich auch die genaue rhythmische Übereinstimmung zwischen Darstellung und deutlichen szenischen Hinweisen in der Musik erklären, wie sie zum Beispiel Mozart in Susannas Arie im zweiten Akt von Figaros Hochzeit gegeben hat, in der Cherubino als Mädchen verkleidet wird. Susanna befiehlt ihm, niederzuknien, verweist ihm seine schwärmerischen Blicke auf die Gräfin, läßt ihn aufstehen, in kleinen Schritten tänzeln. Mozarts Orchester illustriert Cherubinos Spiel mit voller Klarheit, sogar die schwärmerischen Blicke des Pagen erhalten durch den Wechsel in der Verwendung des reizenden Motivs die Anregung zu variierender Ausführung. Obgleich in den Partituren jener älteren Werke die wörtlichen Anweisungen fehlen, die Wagner und seine Nachfolger für die darstellerische Interpretation illustrativer Musik gegeben haben, wird der musikalische Spielleiter ohne Schwierigkeiten derartige Szenen entsprechend dem illustrativen Sinn der Musik zu gestalten verstehen, ohne sie durch Überbetonung rhythmischer Exaktheit zu entseelen oder dem Derb-Komischen anzunähern. Die erwähnte Arie der Susanna ist ein Prüfstein für die Feinfühligkeit von Spielleiter und Sänger in der darstellerischen Ausdeutung szenischer Elemente in der Musik.

Als weiteres Beispiel möge Zerlinas erste Arie in Mozarts Don Giovanni dienen: sie bittet Masetto, sie zu schlagen, zu mißhandeln, aber dann wieder gut zu sein. Worte und Musik geben der Sängerin Gelegenheit, alle Register anmutiger Schmeichelei, drolliger Kindlichkeit und weiblicher Verführung zu ziehen. Unsere Frage geht dahin, ob eine *beliebige* Verwendung solcher Ausdrucksmanieren in Gemäßheit der Textworte der Mozartschen Musik Genüge tun würde oder ob die thematische Substanz und der musikalische Verlauf bestimmtere szenische Anweisungen enthalten. Echtes musikalisches Gefühl wird kaum im Zweifel sein, welche anmutigen melodischen Wendungen Veranlassung zu schmeichelnder Gestik oder zu Liebkosungen geben könnten, welche keckeren Nuancen der Darstellung den Trillerketten der Geigen entsprechen würden.

Abgesehen von so unzweideutig illustrativem Sinn wie der der Musik zu der erwähnten Fechtszene in Mozarts Don Giovanni oder von den Fällen, wo des Komponisten ausdrückliche Vorschrift eine musikalische Phrase in Beziehung zu einer bestimmten szenischen Aktion setzt, befiehlt die Musik niemals diese oder jene bestimmte Geste oder Handlung. Sie enthält nur szenische Anregungen allgemeiner Art, das heißt sie gibt das Ausdrucksgebiet an, innerhalb dessen sich die Bühnenvorgänge zu halten haben, verlangt durch Wechsel im musikalischen Ausdruck einen entsprechenden Wechsel im emotionalen Charakter der Handlung usw. Wollte die Darstellung aber solche allgemeine Anpassung an den Charakter der Musik außer acht lassen, so würde sich zeigen, daß im *Konfliktsfall* die Musik die Oberhand behielte: die Ausdrucksmacht der Musik ist der der Darstellung durchaus überlegen und, um nicht unwirksam zu bleiben, muß der Verlauf der szenischen Gestaltung sich dem Sinn anpassen, den ihm der Komponist musikalisch gegeben hat.

Zur Gestik möchte ich noch bemerken, daß zwar, von ausdrücklichen Vorschriften der Komponisten abgesehen, die Musik keine bestimmten Bewegungen befiehlt, daß aber ein natürlich wirkendes Zusammengehen der Geste mit musikalischem Akzent oder rhythmischem Sinn zu empfehlen ist. Hat der Sänger eine energische Aktion auszuführen, etwa hinzufallen oder irgendwelche dramatisch bedeutsame Bewegung zu machen, so geschieht das besser *mit* dem orchestralen Akzent oder Rhythmus als dagegen. In Verdis Maskenball erhält Riccardo in der Nachtszene ein feierliches Versprechen von Renato: die düster dramatische Bedeutung des Handschlags, der es bestätigt, würde verstärkt werden durch den gleichzeitigen schreckhaften Akzent des Paukenwirbels und seinen finsteren Klang, anderenfalls wirkten szenischer und musikalischer Akzent gegeneinander.

Zusammenfassend sei gesagt: Eine energische musikalische Wendung verträgt sich nicht mit einer weichen Geste, eine lyrische musikalische Phrase dissoniert mit einer energischen Bewegung — Gegensätze solcher Art sollen also möglichst vermieden werden. Eine wache Sensitivität wird fühlen, ob Maß und Charakter der äußeren Aktion mit der Musik harmoniert, und die wichtige Frage, ob die Musik auch dem szenischen Vorgang *ihre Zustimmung erteilt*, soll dem Regisseur bei all seinen Anordnungen gegenwärtig bleiben.

In der Harmonie zwischen der szenischen Gestaltung und der Musik haben wir das oberste Gesetz der Opernregie. Jeder Verstoß dagegen, jede Außerachtlassung muß sich zu Ungunsten der dramatischen Vorgänge auf der Bühne auswirken. Unter dieser Harmonie verstehe ich natürlich etwas ungleich Wesentlicheres, Tieferes, *Künstlerischeres*, als die äußere Übereinstimmung zwischen orchestralem und szenischem Vorgang. Es ist die innere Angleichung der Stimmungen und Gefühle auf der Bühne an Stimmungs- und Gefühlsgehalt der Musik, um die vor allem andern Bühnenleiter, Dirigent und Sänger bemüht sein müssen. Als Musterbeispiel für eine Kombination innerer mit äußerer Musikalisierung der Szene sei hier die Ausführung der darstellerischen Aufgaben von Tristan und Isolde nach dem vermeintlichen Todestrunk im ersten Akt erwähnt. Äußere Gestik sowie seelischer Vorgang sind von Wagner in Worten vorgeschrieben und in der Musik mit größter Klarheit ausgedrückt — die beiden Darsteller können der dramatischen Forderung der Szene aber nur genügen, wenn sie sich vor allem dem seelischen Vorgang, dem Übergang »vom Todestrotz zur Liebesglut« hingeben, in inniger Übereinstimmung mit der orchestralen Schilderung dieses Wechsels der Gefühle. Ohne das Primat des Gefühlsvorgangs würde das genaue von Wagner gleichfalls geforderte Zusammengehen zwischen Gestik und Musik leer und sinnlos wirken, während gerade dieser stummen Szene die entscheidendste dramatische Bedeutung zukommt.

Von solchen Ausnahmefällen gleichzeitiger innerer *und* äußerer Musikalisierung des szenischen Vorgangs abgesehen, ist es recht eigentlich die *innere* Harmonie zwischen Bühnenvorgang und Musik, die über die künstlerische Bedeutung und Wirkung einer Opernaufführung entscheidet, und die nur durch die innigste Einfühlung von Regisseur und Sänger in den dramatischen Sinn der Musik erreicht werden kann. Ich möchte betonen, daß es in vielen Fällen keiner äußeren Bewegung oder Geste bedarf, um Darstellung und Musik in Harmonie zu bringen: wenn in Figaros Hochzeit die Sängerin der Gräfin ihr Herz mit der Schönheit des Orchestervorspiels zu ihrer ersten Arie erfüllt, wenn ihre Haltung der Schwermut dieser Musik entspricht und die Wechsel des musikalischen Verlaufs mit leichtem Wechsel in Blick und Stellung begleitet, hat sie ihre Aufgabe unvergleichlich künstlerischer und wirkungsvoller gelöst als durch die Gänge und Stellungswechsel, mit denen so häufig der Spielleiter das Vorspiel *auszufüllen* pflegt. Im allgemeinen empfehle ich überhaupt große Sparsamkeit in Gestik und sonstigen körperlichen Bewegungen und weise nochmals darauf hin, daß dem Wesen der Oper, wegen der Ausdruckskraft der Musik, eine geringere äußere Bewegtheit gemäßer ist als dem gesprochenen Schauspiel.

Um Mißverständnisse zu vermeiden: Musik hat nicht die präzise Ausdruckskraft, die befehlen könnte »knie nieder«, »balle die Faust«, »wirf die Tür zu«. Wohl aber schildert sie Demut, wachsende Empörung, Ausbruch des Zornes, die dann auf verschiedenste Weise in szenischen Handlungen Ausdruck finden können. Der Darsteller ist gebunden an den dramatischen Gefühlsgehalt der Musik, aber frei in der Wahl seiner Ausdrucksmittel.

Die Aufgabe des Regisseurs, den Strom der Musik auf die Räder seiner dramatischen Mühle zu lenken, ist aber weniger problematisch als sie scheint. Schließlich ist ihm der dramatische Gehalt jener Musik im allgemeinen wohl bekannt; war sie doch inspiriert durch die gleichen szenischen Vorgänge, die er darzustellen hat, und es hängt von dem Grad seiner musikalischen Sensitivität ab, ob er nicht nur im Gesamtcharakter seiner szenischen Interpretation, sondern auch in den Einzelheiten seiner Anordnungen in Harmonie mit der Musik zu verbleiben vermag.

Es gibt *eigenartige, interessante, einfallsreiche* Inszenierungen, in denen der Regisseur nicht nur die Musik, sondern sogar den ursprünglichen Sinn des Dramas ignoriert. Nichts leichter als mit völlig aus der Luft gegriffenen *Neuerungen,* mit der Einführung von Ideen, die mit dem Werk nichts zu tun haben, sensationelle Regie-Erfolge zu erzielen. Wie talentvoll, wie theatralisch wirksam solche *Einfälle,* wie sensationell die Erfolge solcher *Neuschöpfungen* sein mögen, sie gehen an ihrer *Nicht-Authentizität* früher oder später zugrunde. Authentisch wirkt nur der Regie-Einfall, der der dramatischen Grundintention des Bühnenvorgangs sowie dessen Vertonung Rechnung trägt. Und — die Musik ist wehrhaft. Die dramatische Deutung, die sie dem Bühnenvorgang gibt, siegt mühelos über werkfremde Kühnheiten der Regie, indem sie sie unwirksam macht.

Ich komme hier nochmals zurück auf Nietzsches Wort in »Die Geburt der Tragödie aus dem Geiste der Musik«: »Die Musik streut Bilderfunken um sich«, das heißt die Kunst, deren Bereich jenseits der sichtbaren Welt liegt, hat die Fähigkeit, Visionen im Hörer hervorzurufen. Diese geheimnisvollen Emanationen der Musik sind freilich zu vager, flüchtiger und wechselnder Natur, als daß von ihnen bestimmte Anregungen szenischer Art ausgehen könnten. Und doch — dem echten theatralischen Talent, dem musikalischen Gefühl wachsen von diesen Bild-Assoziationen der Musik wertvolle Hilfskräfte zu, die die szenische Phantasie steigern und vor Abwegen schützen.

Freilich, die Beziehung der Musik zur Sichtbarkeit ist nicht mit Klarheit zu verstehen oder zu definieren, aber doch empfindet der wahre Künstler *instinkthaft* Harmonie oder Dissonanz zwischen der Musik und dem, was auf der Bühne in

Farben und Formen erscheint. Auch in bezug auf szenisch dekorative Vorgänge und Beleuchtung haben wir eine äußere und eine innere Beziehung zwischen Musik und Bühne anzuerkennen. Die Musik kommandiert den Szenenwechsel vom Venusberg zur Wartburglandschaft im Tannhäuser, den Mondaufgang am Schluß des zweiten Aktes der Meistersinger oder die Blitze beim Kampf Hundings mit Siegmund, ebenso die Blitze im vierten Akt des Rigoletto. Wichtiger aber als dieses problemlose äußere Zusammengehen von Bühne und Musik ist die *Musikalisierung* der Szene, wenn es sich um die innere Auswirkung der Musik auf die tragische Stimmung auf der Bühne, zum Beispiel in der *Todesverkündigung* in der Walküre, auf die geisterhafte Atmosphäre in der Friedhofszene in Don Giovanni, die taufrische Morgenfrühe am Beginn des zweiten Finales der Zauberflöte handelt. Hier bietet sich der Musik im Licht und seinem Wechsel eine wirkungsvolle Bundesgenossenschaft, unproblematischer als irgendeine andere Form der Verbindung zwischen der hörbaren und der sichtbaren Sphäre des Operntheaters, und dabei von hoher Bedeutung für die zu erstrebende Musikalisierung des szenischen Vorgangs. Als Musterbeispiel hierfür erwähne ich noch den Beginn des dritten Aktes von Tristan und Isolde, wo die Trostlosigkeit der orchestralen Einleitung, des Spieles der Schalmei und der seelischen Atmosphäre dieser Szene sich mit den Formen und Farben der verfallenden Burg, des Ausblicks auf das Meer und dem Charakter der Beleuchtung zu tiefem und bedeutendem Eindruck verbinden können. Und welche Wirkung können Landschaft und Licht im Verein mit der Musik im Elysium in Glucks Orpheus ausüben! Der Regisseur kann der szenischen Gestaltung der Oper nicht besser dienen, als indem er sich zur dramatischen Darstellung wie zur Gestaltung ihrer szenischen Umwelt die Inspiration aus der Musik holt. Während durch die einfallsreichste Sensationsgier einer

um jeden Preis neuen Inszenierung die Werke der Verfäl-
schung, durch die nüchterne *Sachlichkeit* einer Über-Verein-
fachungs-Regie der Verdorrung erliegen, verspricht die Musikalisierung der Bühnenvorgänge im angedeuteten Sinn
den dargestellten Werken ihre vollste legitime und nach-
haltige Wirkung und der Opernbühne ein blühendes Leben.

BEMERKUNGEN ZU BACHS MATTHÄUS-PASSION

In meiner Autobiographie »Thema und Variationen« habe ich berichtet, mit welchen Empfindungen der Reue ich an meine alljährlichen Oster-Aufführungen der Matthäus-Passion während der zehn Jahre meines Wirkens in München zurückdachte, da ich — wohl wegen der großen Ansprüche meiner Operntätigkeit an meine Zeit und Kraft — die dort üblich gewesenen Striche in den Aufführungen des Werkes übernommen und, obgleich von den Auslassungen stets schmerzlich berührt, beibehalten hatte. Erst etwa zwanzig Jahre später bot sich mir die ersehnte Gelegenheit zur Wiedergutmachung meiner Schuld: es gelang mir, im Rahmen der philharmonischen Konzerte in New York Bachs Matthäus-Passion ungekürzt aufzuführen. Diesmal vermochte ich mir die Zeit zu eingehender Vorbereitung zu schaffen. Ich konnte Klarheit über zahlreiche Probleme gewinnen, die das Werk dem Interpreten stellt, erneuerte mein Studium der recht umfänglichen Literatur, die dem Bach-Vortrag im allgemeinen und der Matthäus-Passion im besonderen gilt, und so kam als Ergebnis solch intensiver Vorarbeit und gründlicher Proben eine Aufführung zustande, für die ich, soweit so etwas möglich, die volle künstlerische und moralische Verantwortung tragen konnte. Ich hatte beschlossen, das Werk auf englisch aufzuführen; den Hörern sollte mit der Musik auch der Wortinhalt unmittelbar zu Herzen gehen, und ich will hier meiner dauernden Dankbarkeit gegen den hochverdienten Übersetzer des Textes, Dr. Henry S. Drinker, wärmsten Ausdruck geben. Seine von ernster Einfühlung in die Musik und von sprachlichem Können zeugende Übertragung des deutschen Textes ins Englische trug Wesentlichstes bei zu der ergreifenden Wirkung jener Aufführung, die auch in folgenden Jahren erneuert werden konnte.

Neben der Bedeutung zahlreicher Einzelfragen war mir als ein entscheidendes Ergebnis meiner Studien aufgegangen, was ich schon damals in München geahnt, aber nicht klar erkannt hatte: die unabdingbare Ganzheit der Bachschen Schöpfung, die Unantastbarkeit ihrer Form, der Schaden, den ihr jede Kürzung zufügen müsse.

Die Literatur um die Matthäus-Passion ist so gründlich und so reich, daß mir eine eingehende Darstellung meiner eigenen, aus jenen Studien wie aus Proben und Aufführungen gewonnenen Einsichten überflüssig erscheint. Wohl aber glaube ich von einigen persönlichsten Erfahrungen und Gedanken berichten zu sollen, die mir als Ergebnisse jener Bemühungen verblieben sind und sich vielleicht als dienliche Ergänzung der erwähnten Literatur erweisen könnten.

Zur Gesamtanlage

Ich habe von jeher als nützlich empfunden, vor der Beschäftigung mit einzelnen Fragen der Interpretation mir einen Begriff von der Gesamtanlage eines von mir aufzuführenden Werkes zu verschaffen — von der seelischen Atmosphäre, aus der es entstanden, von seiner Struktur, vom Verhältnis seiner Teile zum Ganzen und zueinander usw. Der aus solchen Bemühungen gewonnenen Erkenntnis entnahm ich dann die Weisungen für *Grundton* und Einzelheiten der Ausführung. So verfuhr ich auch im Fall der Matthäus-Passion und glaube, einiges von dem Resultat der Bemühungen und der daraus für die Interpretation gewonnenen Einsichten in diesem Buch bewahren zu sollen.

Das Werk enthält eine Dreiheit von Gruppen, jede einer eigenen Sphäre angehörend, die Bachs formende Hand zu einer mächtigen Einheit zusammengefaßt hat. Die erste Gruppe bilden die Träger der Handlung, von der die Kapitel 26 und 27 des Matthäus-Evangeliums berichten. Der zweiten gehören die teilnehmenden frommen Einzelpersonen und die ihnen verbundenen Chöre an, die die Handlung mit ihren Gefühlen begleiten und kommentieren. Die dritte ist die christliche Gemeinde, deren Choräle innerhalb der vielfältigen Bewegtheit von Handlung und Empfindung als die festen Pfeiler erscheinen, die den Bau des Werkes tragen.

Schematisch hätten wir uns also drei verschiedene Regionen vorzustellen: den realen irdischen Raum des historischen Geschehens mit den Orten, an denen sich die Vorgänge ereignen, wie den Palast des Hohenpriesters, das Haus Simons des Aussätzigen, das Coenaculum, den Ölberg, den Hof Gethsemane, den Hügel von Golgatha, die Grabstätte. In diesem Raum bewegen sich, reden und handeln die Personen des Evangeliums: Jesus, Judas, Petrus, der Hohepriester, Pilatus, das Weib des Pilatus, die Zeugen, die Mägde, die Kriegsknechte mit dem Hauptmann, die Jünger, die Priester und Schriftgelehrten, das Volk. Zu ihrer Sphäre gehört der Evangelist Matthäus, der ihre Handlungen und Reden erzählt.

Die zweite Region ist eine geistig-seelische. Von dorther vernehmen wir die Stimmen der frommen Personen, die ihre innige Anteilnahme an den Worten, dem Verhalten, den Schicksalen Jesu in ihren Rezitativen und Arien ausdrücken. Diese seelenhaften Gestalten entsprechen etwa den Figuren der Frommen oder Anbetenden in ihrer Beziehung zum Heiland oder der Heiligen Familie auf mittelalterlichen Gemälden. Aus der gleichen überrealen Dimension ertönt auch die gewaltige Choralphantasie des Eingangs »Kommt, ihr Töchter, helft mir klagen«. Es sind, in Picanders Text, »die Gläubigen und die Tochter Zion«, die den Gang des Heilands nach Golgatha miterleben und mit ihrer Klage begleiten. Durch die Gewalt aber und tiefe Gefühlskraft der polyphonen Tonfluten Bachs, wird diese Choralphantasie zur weltweiten Klage und Selbstanklage der Menschheit feierlich übertönt vom Engels-Choral der Knabenstimmen »O Lamm Gottes unschuldig«. — Ich empfinde das Stück wie eine vokale Introduktion, die, ähnlich wie Beethovens dritte Leonoren-Ouverture, das innerlich Wesentliche des folgenden Dramas in den Bereich der Musik gehoben hat, und so die Seelen der Zuhörer für das bevorstehende dramatische Geschehen bereitet. — Der gleichen überrealen Sphäre gehört das Duett der beiden Frauen an, die über die Gefangennahme Jesu wehklagen, unterbrochen von den chorischen Angstrufen »Laßt ihn, haltet, bindet nicht«, und dann gefolgt von der verzweifelten Aufrufung der Höllenstrafen für den Verräter. — Auch die Choralphantasie am Schluß des ersten Teiles »O Mensch, bewein' dein Sünde groß«, gehört der gleichen Dimension an. Ihrem Wortinhalt und ihrem Gefühlston nach ist sie.ein ergriffener Rückblick auf das Leben Jesu von der Geburt bis zum Kreuzestod, und durch ihre Stellung im Werk nach der Gefangennahme Jesu unterbricht sie die fortschreitenden geschichtlichen Vorgänge im realen Raum. So rahmen die beiden gegensätzlichen Choralphantasien wie zwei himmelragende Säulen die irdische Szene des ersten Teiles ein, auf der das Passionsdrama bis zum Judaskuß und der Gefangennahme des Heilands vor sich geht. — Die Rezitative und Arien aus diesem Bezirk berichten in der Mehrzahl von einem innersten Seelischen und bilden den meditierend lyrischen Gegensatz zu der stets gesteigerten und im zweiten Teil zu ihren Höhepunkten wachsenden Dramatik des realen Geschehens. Ihnen folgt am Schluß des Werkes der feierlich versöhnende Nachruf aus jener transzendenten Region — der Dank und das Lebewohl der frommen Seelen an den Heiland und der Chor »Wir setzen uns mit Tränen nieder«.

Gemeinsam den beiden Gruppen, der der Personen des Evangeliums und jener der Mitfühlenden, ist ihre unmittelbare zeitliche Zugehörigkeit zu den geschichtlichen Vorgängen des Christusdramas im ersten Jahrhundert, das heißt also zu dem entstehenden Christentum. Die Choräle dagegen gehören einer dritten, ferneren Dimension, einem zeitlosen *Danach* an — in ihnen vernehmen wir den Laut des gewordenen, des seienden Christentums. Aus dem durch edle Vierstimmigkeit idealisierten protestantischen Gemeindegesang tönt ruhevoll und verheißend seine tröstende Botschaft hinein in die zeitlichen, leidensvoll bewegten Ereignisse des werdenden Christentums, von denen der Evangelist erzählt.

Wie Spitta berichtet, ließ Picander, der Verfasser des Textes, seine Dichtung nicht nur ohne den biblischen Text, sondern auch ohne den der Choräle drucken, und wieder abdrucken. Von ihm stammen also nur die Worte der Meditierenden, Mitfühlenden, Bekennenden jener zweiten, überrealen Region. Da nun Bach, wie gleichfalls aus Spittas klassischer Biographie hervorgeht, einen entscheidenden Einfluß auf die Arbeit des frommen, aber mäßig begabten Picander ausgeübt hat, so erschließt sich uns aus der emotional und musikalisch so tiefen Bedeutung dieser Teile des Werkes ein ergreifender Blick in Bachs eigenes Herz; denn aus ihrer Gefühlsgewalt, aus ihrer Frömmigkeit spricht des schöpferischen Musikers persönliches Christentum. Aus seiner bestimmenden Mitarbeit an der Dichtung ist denn auch zu verstehen, daß die reiche Vielfalt jener meditierenden Gesänge sich so planvoll und harmonisch zu den Reden und Handlungen der geschichtlichen Vorgänge der Karwoche fügen und sich auch mit dem kultischen Laut der Choräle so natürlich verbinden.

Fragen der Interpretation

Ich wurde einmal von einem jungen Musiker gefragt, ob Bach wohl *romantisch* aufgeführt werden solle. Die Frage zielte nicht auf jene Romantik, von der die Musik Schumanns oder Webers, die Dichtung Novalis', Eichendorffs oder E. T. A. Hoffmanns erfüllt sind. Dem Fragenden schwebte eine, seiner Anschauung nach abzulehnende, emotional bewegte Interpretation vor, im Gegensatz zu einer akademischen Genauigkeit und *Sachlichkeit*, die er als dem *Bach-Stil* angemessen empfand. Meine Antwort auf die Frage lautete — und kann nur lauten: folgen wir unserem Herzen, füllen wir unsere Aufführungen Bachscher Musik mit der gleichen Intensität und Wahrhaftigkeit des Gefühls, die aus ihr zu uns sprechen. Was ich im Kapitel »Vom Ausdruck« gesagt habe — daß es keine Musik gibt, der ein ausdrucksloser Vortrag angemessen wäre — gilt natürlich auch für das gesamte Schaffen Bachs, von Stücken wie die Inventionen für Klavier an bis zu den großen Vokalwerken. Aber freilich müssen Art und Grad des Gefühlsausdrucks in unserem Musizieren aus innig-ehrfürchtigem Einleben in den Seelengehalt der Bachschen Kompositionen gewonnen werden. Aus meinen eigenen Bemühungen um seine Werke wurde mir die Erkenntnis, daß all ihre Mannigfaltigkeit, all ihre Intensität des Ausdrucks bis zu den mächtigsten Emotionen zur Grundlage eine erhabene Ruhe haben. Bachs fester Glaube verband ihn mit einer höheren Welt — erst die Einfühlung in diese Verankerung gibt den Schlüssel zur Wiedergabe seiner Musik. Temperaments-Exzesse also, virtuose Brillanz, beständiger Wechsel in Dynamik oder Ausdrucksnuancen wären einem Kunstschaffen unangemessen, das bei seinen Interpreten wie deren Zuhörern innere Ruhe als Grundhaltung voraussetzt.

Wo allerdings Bach zum Dramatiker wird, wie zum Beispiel in der Charakteristik der realen handelnden und redenden Personen, da fordert er rückhaltlose Lebensfülle des Ausdrucks — von der Güte, der Feierlichkeit, dem Schmerz in den Reden Jesu bis zur reuigen Verzweiflung des Judas vor den Priestern, bis zu den Wutausbrüchen des Volkes. Die Vertreter solch scharf konturierter Gestalten wie Petrus, Kaiphas, Pilatus usw. müssen durch lebendigen Vortrag sich stets der dramatischen Bedeutung ihrer Aufgaben bewußt erweisen, ja, ich wage zu sagen, daß solche dramatischen Forderungen der eigentlichen Passionsvorgänge der Berücksichtigung jener Ruhe auf dem Grunde des Bachschen Wesens im Zweifelsfall voranzugehen haben. Der Evangelist gehört zwar nicht zu den handelnden Personen des Dramas — er erzählt es nur; aber er erzählt mit inniger Anteilnahme, für die der Vortrag solcher Stellen wie »und ging heraus und weinte bitterlich« das Beispiel gibt, das auch für seine ganze rezitativisch komponierte Erzählung gilt. Den Befürwortern eines *sachlichen* Erzählertones für den Evangelisten gebe ich zu bedenken, daß Bach die inspirierte apostolische Seele des Matthäus im Sinne hatte, als er diese Rezitative schrieb.

Während also Bach als Dramatiker nicht selbst, sondern mit den Stimmen der realen Personen der Passions-Vorgänge spricht, hören wir seine eigene Stimme, vernehmen sein eigenes Herz in den Gesängen jener Frommen, Teilnehmenden der zweiten Region. Die Sänger dieser Arien und Rezitative müssen ihren Ausdruck aus der Versenkung in die Frömmigkeit gewinnen, die Bach zu jenen Kompositionen inspiriert hatte. In dieser Sphäre ist keine dramatische Charakterisierung von Individuen am Platz, die Singenden tragen keine Namen, doch hat Bachs *gläubiges Herze* diese überrealen Gestalten mit dem reinen, warmen Lebensblut seiner Musik erfüllt und sie damit in einem hohen Sinne personifiziert. So hat sich der Gefühlsausdruck in diesen Kompositionen um innige Versenkung zu bemühen, bei aller Intensität im allgemeinen aber ein edles Maß zu wahren. Ein besonderer Rat gilt der Sopranistin und der Altistin: sie mögen bedenken, daß Bach ihre Partien für Knabenstimmen geschrieben hatte, daß also weder die Gefühlssphäre einer reifen Weiblichkeit noch ein üppiger Stimmklang sich für ihre Aufgaben eignet.

Die Befürwortung der Mäßigung gilt freilich nicht dem der Gefangennahme Jesu folgenden Chor »Sind Blitze und Donner in Wolken verschwunden«. Hier ist der Geist des Dramas in den überrealen Seelenraum eingedrungen und nur die volle Gewalt eines heftigsten Ausdrucks kann diesem Stück genugtun. Öfters aber haben wir es auch mit einer Art *gedämpfter* Dramatik in jener geistig-seelischen Sphäre zu tun: eine imaginäre *Szene* in ihrer Region spiegelt sozusagen die reale des Passionsdramas wider. Ich denke hierbei an das Tenorsolo »O Schmerz! Hier zittert das gequälte Herz« und den folgenden »Wachgesang« mit den leisen Chorsätzen — es ist als ob das schicksalsschwere Gethsemane-Ereignen sich in eine ähnlich nächtige Szene im Seelenbereich jener Teilnehmenden fortsetzte. Aus diesem ihr eigentümlichen geheimnisvoll dramatischen Gehalt muß sich der Ausdruck für Solisten und Chor ergeben.

Die innige Lyrik der Rezitative und Arien dieser zweiten

Gruppe enthält einen Höhepunkt in der schwermütigen Stimmung des Frauenduetts — »So ist mein Jesus nun gefangen. Mond und Licht ist vor Schmerzen untergangen« —, die aufblitzenden Lichter der chorischen Angstrufe lassen die nächtige Szene nur schwärzer erscheinen.

Auch der Beginn des zweiten Teiles bringt uns einen imaginären dramatischen Vorgang: Zion sucht Jesum, klagt um den Verlust des Freundes, und die Gläubigen klagen mit ihr, wollen ihr suchen helfen, sprechen liebend zu ihr mit Worten aus dem Hohenlied Salomos. Hier bietet sich der Phantasie die Szene der suchenden »Schönsten unter den Weibern«, umgeben von Mitfühlenden, Hilfsbereiten, und aus diesem bewegten Bild von zart erotischem Charakter, wohl dem einzigen solcher Art in Bachs Schaffen, hat die Interpretation die Anregung für die emotionale und musikalische Ausführung zu gewinnen.

Zu den *Szenen* im überrealen Bereich der Teilnehmenden rechne ich auch die Baß-Arie »Gebt mir meinen Jesum wieder«, sie hebt sich durch ihren kühn fordernden Ausdruck von dem Gesamtton der Arien aus dieser Sphäre ab, und es hat mir stets den Eindruck gemacht, als forderte hier der die Herausgabe des gefangenen Heilands, der das Schwert gezogen und dem Knecht des Hohenpriesters das Ohr abgehauen hatte. Zu den Arien, die einen imaginären szenischen Vorgang uns vor die Seele stellen, gehört auch »Komm süßes Kreuz« — wir sehen hier die Gestalt des Simon von Kyrene, der dem wankenden Heiland das Kreuz abnimmt. Auch aus dem Alt-Rezitativ »Erbarm es Gott« ersteht als erschütternde Vision die der Geißelung. In anderen Gesängen dieser Gruppe aber spricht sich nur ein Seelisches aus, wie im Rezitativ »Er hat uns allen wohlgetan« und der folgenden Arie »Aus Liebe will mein Heiland sterben«. Diese letztere habe ich von je als eine der verklärtesten Kompositionen Bachs empfunden: ihre Melodiebildung ist aus reinster Liebeskraft erflossen, und der immateriell schwebende Orchesterklang der Soloflöte mit den beiden Oboi da caccia — ohne Baß, ohne Orgel — trägt dazu bei, daß sie wie eine Engelsbotschaft aus der Gralssphäre wirkt.

Der Vortrag der Choräle ergibt sich aus ihrer Bedeutung in der Anlage des Werkes. In ihnen unterbricht — wie ich schon sagte — die Stimme der zeitlosen christlichen Gemeinde in feierlicher Vorausnahme die historischen Vorgänge ihrer Entstehung. In Bachs Chorälen vernehmen wir die Entscheidung im Bereich der Ewigkeit über das zeitliche Menschheitsgeschehen im ersten Jahrhundert. Die Aufführung muß diese anachronistische Sonderbedeutung des Chorals im Verlauf des Werkes klarmachen. Als Beispiel dafür wähle ich den Choral »Ich bin's, ich sollte büßen«, der nur scheinbar in den Verlauf der Szene zwischen Jesus und den Jüngern gehört, indem er auf die elffache betroffene Frage »Herr, bin ich's?« mit den Worten »Ich bin's« antwortet, die somit die Jünger zu singen hätten. Aber Jesus selbst gibt ja — nach dem Choral — die Antwort auf die Frage der Jünger, indem er sagt »der mit der Hand mit mir in die Schüssel tauchet, der wird mich verraten«. Zwischen der Frage der Jünger und der Antwort Jesu steht also — trennend — der Choral, das heißt die ideale Gemeinde unterbricht den Fortgang der Handlung mit dem wahrhaft christlichen Bekenntnis der Sündhaftigkeit und Schuld. Nach der Unterbrechung, die uns aus dem historischen Fortgang der Handlung ins Zeitlose entrückt, kehren wir zur Szene des Abendmahls zurück. — Ein anderes Beispiel gibt uns der Choral »O Haupt voll Blut und Wunden«. Wer sind wohl die, die ihn anstimmen? Der Evangelist erzählt, daß die Kriegsknechte Jesus anspien und mit dem Rohr sein Haupt schlugen, und wir wissen von der Feindschaft des Volkes. Es kann nur die zeitlose Gemeinde der Christen sein, der lebenden und der verewigten, die über alle Zeiten und

Räume hin die Ergriffenheit und die heiße Liebe zu Christus, von denen dieser Choral erfüllt ist, bekennen; es sind die sichtbare und die unsichtbare Kirche gemeinsam, aus deren Region dieser erhabene Gemeindegesang den erschütterten Anteilnehmern an den Passions-Vorgängen erhebend ertönt.

Die Erkenntnis von solcher Sonderstellung der Choräle ist mir nicht nur aus dem Studium der Matthäus-Passion entstanden — es konnte mir nur bestätigen, was ich unmittelbar an meinen eigenen Aufführungen erlebte. Schon in München hatte ich mich gefragt, wieso mich eigentlich jeder Choraleinsatz so in tiefster Seele erschütterte. Die Antwort, die ich damals fand und in der mich meine in New York erneuten Erfahrungen bestärkten, gewann ich aus einer kaum mit Worten anzudeutenden — Intuition. Nicht anders als mit diesem hohen Begriff kann ich beschreiben, was mir geschah: mit dem Einsatz des Chorals öffnete sich mir stets zu kosmischer Weite, was ich vorher als geschichtlich und örtlich begrenzte Szene eines Dramas aus eigener Gefühlskraft zu interpretieren hatte. Was da über mich kam, war jenseits des Dramas, auch jenseits der Gefühle der teilnehmenden Frommen — ich vernahm im Wort und im erhabenen Gang des Chorals eine geeinte, hingegebene, bekennende, betende Menschheit; und jedesmal fühlte ich den harten Wechsel, wenn wir nach dem Choral aus der Weltweite seiner Sphäre wieder zum begrenzten Raum des Passionsdramas zurückkehrten. Somit also empfinde ich die Choräle niemals als Teile des Dramas, auch wenn ihre Worte, wie aus ferner Vergangenheit aufgerufen, scheinbar auf eine Äußerung handelnder Personen oder des Evangelisten Bezug nehmen.

Zur Ausführung der Choräle möchte ich sagen, daß sie — als Gemeinschaftsgesang — ebenso wie individuellen Ausdruck so gefühlsbetonten dynamischen Wechsel und

Temposchwankungen zu vermeiden haben. Als Vorbild darf der Choralgesang der Gemeinde in der Kirche nicht außer acht gelassen werden, der keine dynamischen Schattierungen, keine Freiheiten der Tempoführung kennt und auf den Fermaten anhält, um von der Orgel den Antrieb zu gemeinsamem Fortschreiten abzuwarten. Da aber der Bachsche Choral das primitive unisono des Kirchensingens durch seine kunstvolle Vierstimmigkeit ersetzt, so scheint mir eine entsprechende *Stilisierung* auch auf den Gebieten der Dynamik und des Ausdrucks erlaubt, ja sogar geboten: ich hätte den Choral »O Haupt voll Blut und Wunden« nicht anders als in höchster Feierlichkeit und mit voller Kraft, den Choral »Wenn ich einmal soll scheiden« nur in tiefer Ergriffenheit und leise singen lassen können und weiß mich darin übrigens eins mit der Tradition. Somit also sollte der Vortrag der Choräle stets in Gefühl und Dynamik dem Inhalt der Worte angemessen, der dynamische Grad aber vom Beginn bis zum Ende beibehalten werden. So glaube ich, dem Sinn des Gemeindegesanges, und zwar eines idealisierten, genugzutun.

Woher die Neigung mancher Musiker stammt, die von Bach vorgeschriebenen Fermaten an den Strophenenden der Choräle nicht zu halten, ist mir unerfindlich. Da ich wegen meiner eigenen *Fermaten-Treue* Widerspruch erfahren habe, möchte ich darauf hinweisen, daß bis zum heutigen Tage in der Kirche die Fermaten traditionsgemäß gehalten werden — sie dienten wohl von je als *Treffpunkt* nach kaum vermeidbaren Schwankungen im unisono der vielen Singenden —, und daß Bach sie nicht nur in den Chorälen vorgeschrieben, sondern sogar in den Choralphantasien am Beginn und am Schluß des ersten Teils *auskomponiert* hat.

Die Anzahl der Ausführenden in der Leipziger Thomas-
kirche unter Bachs Leitung kann nicht mehr maßgebend für
uns sein, wir müssen sie den musikalischen und gefühlsmäßigen Forderungen des Werkes wie den akustischen Verhältnissen unserer großen Konzertsäle — oder Kirchen —
anpassen. Der Klang der doppelchörigen Choralphantasie
am Anfang hat den Eindruck wogender Fülle zu machen,
soll sie Bachs Intention entsprechen — der Choral in den
Knabenstimmen muß zahlreich genug besetzt sein, um sich
darin zu behaupten, und nur eine solche Anzahl von Mitwirkenden ist akzeptabel, die den dynamischen Forderungen der gewaltigen Komposition in dem dafür gewählten
Aufführungsraum genugtut. Doch warne ich vor der Verwendung von Chormassen, wie es zuweilen bei Aufführungen des Händelschen Messias geschieht — eine größere
Zahl von Singenden, als die Choralphantasie oder der
Chor »Sind Blitze und Donner in Wolken verschwunden«
fordern oder die den Jesus-feindlichen Chören des zweiten Teils die genügende Kraft gibt, ergäbe eine zu materielle Art der Fülle und wäre damit dem strengen Ernst
der Bachschen Tonsprache abträglich. Eine angemessene
Einschränkung der Zahl der Singenden für den Doppelchor
der Hohenpriester und Schriftgelehrten »Ja nicht auf das
Fest« oder für die mißbilligende Bemerkung der Jünger
»Wozu dient dieser Unrat« ist zu empfehlen. Und sorgfältig muß die Zahl der Singenden dem liebend ehrfürchti-
gen Ausdruck der Frage der Jünger angepaßt werden: »Wo
willst Du, daß wir dir bereiten, das Osterlamm zu essen?«
Bach hat diese Stelle wie die bestürzte Frage der Jünger
»Herr, bin ich's?« für vierstimmigen, gemischten Chor komponiert. Ich bin überzeugt, daß sein Chor mit Sopran und
Alt die beiden Stellen auch chorisch gesungen hat, obgleich

es sich nur um zwölf — männliche — Fragende, ja, in der zweiten Stelle um elf, handelt. Elfmal wird gefragt »Herr, bin ich's?« — Judas beteiligt sich nicht, sondern fragt erst nach dem Choral »Bin ich's, Rabbi?«; ich finde, wir haben diese Stellen gleichfalls chorisch, allerdings mit einer kleinen Zahl von Sängern, auszuführen: eine Einfühlung in den dramatischen Sinn der beiden Stellen wird einen vollen chorischen Klang vermeiden und durch dynamische Abtönung und quantitative Einschränkung um dramatische Wahrhaftigkeit bemüht sein, in der ich — ich wiederhole es — die wesentlichste Forderung Bachs für den Vortrag der eigentlichen Passions-Vorgänge erkenne. Um so mächtiger wird dann der Einsatz Aller in »Ich bin's, ich sollte büßen« die Eigen-Bedeutung des Chorals im Organismus des Werkes offenbaren. So sollte natürlich auch die mäßige Zahl der im Palast zu Petrus Sprechenden wie der auf Judas Selbstbezichtigung Antwortenden — »Was gehet uns das an?« — durch zahlenmäßige Einschränkung von den wilden Doppelchören der Jesus-Feinde unterschieden werden, denen die größte klangliche Wucht zukommt. Der fanatische Aufschrei »Barrabam« offenbart eine dramatische Drastik und dynamische Kraft in Bachs Intention, wie sie seine damaligen chorischen Mittel ihm bestimmt nicht gewähren konnten. — Trotz diesem Prinzip der Einschränkung der Zahl der Singenden, wie sie dem szenischen Vorgang entspricht, habe ich an einer Stelle mich gezwungen gesehen — entgegen dem Wort des Evangeliums — alle verfügbaren Kräfte aufzurufen. Der Evangelist berichtet vom Aufruhr der Elemente, dem Aufspringen der Gräber nach dem Tode des Heilands und sagt »Aber der Hauptmann und die bei ihm waren . . . erschraken sehr und sprachen: ›Wahrlich, dieser ist Gottes Sohn gewesen‹«. Der Hauptmann und die bei ihm waren: es konnte sich hier also nur um ein kleines Häuflein handeln, aber ich hielt für richtig, die Takte von beiden Chören mit höchster Hingabe singen zu lassen, und sie mit Orchester und Orgel in voller Kraft zu begleiten. Denn Bachs gewaltige Vertonung dieser Worte ist nicht anders zu verstehen als ein Bekenntnis der *Menschheit* zur Gottessohnschaft Christi, und ich konnte nicht zweifeln, daß alles, was Zungen hatte, in das Bekenntnis einstimmen mußte.

In bezug auf die Streicherbesetzung dürfen wir uns völlig unabhängig von dem Bachschen Leipziger Orchester fühlen. Es versteht sich, daß sie zahlenmäßig für die Ansprüche der ersten Choralphantasie oder des Chores »Sind Blitze und Donner in Wolken verschwunden« wie grundsätzlich für die akustischen Verhältnisse des Aufführungsraumes genügen muß. Dem *Heiligenschein* der Streicherbegleitung zu den Worten Jesu sind wenige Pulte angemessen, um den zart verklärten Klang zu erzielen, den Bachs inneres Ohr vernahm. Für die Sechzehntel bei »Ich werde den Hirten schlagen, und die Schafe der Herde werden sich zerstreuen« empfehle ich dagegen volle Streicherbesetzung, die bis zum Schluß des Rezitativs beibehalten werden muß. Ähnlicher Stellen, wo eine plötzliche Vermehrung der Streicherzahl das Umschimmern der Jesus-Worte zu vollerem orchestralen Klang steigert, gibt es mehr: zum Beispiel in der Antwort des Heilands an den Hohenpriester »Doch sage ich euch, von nun an wird's geschehen, daß ihr sehen werdet des Menschen Sohn ...«. Die Bedeutung der orchestralen Sprache wächst hier mit der der Worte, und damit muß auch ihre Sonorität wachsen. Eine durchaus volle Streicherbesetzung verlangen meines Erachtens Jesu Worte der Abendmahls-Einsetzung. Hier handelt es sich durchaus nicht um jenen zarten Glanz der Streicher-Harmonien, mit dem Bach die Rezitative des Heilands von denen aller anderen Personen unterscheidet. Hier hat das Orchester volle musikalische Bedeutung, und ich war bemüht, sie, wenn auch begleitunghaft im Verhältnis zur Gesangstimme, voll zur Geltung zu bringen. Auch die Orgel muß hier den Klang des Streichorchesters feierlich unterstützen.

Damit komme ich zu der dornigen Frage des Continuo. Wir wissen, daß Bach in seinen Aufführungen in allen Rezitativen, Arien, Chören und Chorälen für die Ausführung des Continuo stets die Orgel verwendete. Trotz meinem Bemühen, den Intentionen Bachs treu zu sein, konnte ich mich nicht dazu entschließen, hierin seinem Beispiel zu folgen. Der andauernde Orgelklang durch die fünf Stunden der Aufführung hätte, selbst bei reichstem Registerwechsel, eine Quelle der Ermüdung bedeutet, der die Aufnahmefähigkeit der Hörer wohl erlegen wäre. Das Ohr, das unter dem Einfluß der stets gesteigerten klanglichen Mannigfaltigkeiten seit Bachs Zeiten zu einem verfeinerten, vervollkommneten Organ geworden war, die Seele und die Nerven, die in mehr als zweihundert Jahren eine gesteigerte Sensitivität, einen vermehrten Bedarf an Abwechslung entwickelt hatten, besaßen nicht mehr die Stetigkeit und Ruhe jener früheren Kultur-Epoche. In einem Zeitraum von solcher Dauer, in dem schicksalvolle welt- und kulturgeschichtliche Ereignisse auf die Menschheit gewirkt haben, mußte gewiß auch eine veränderte musikalische Hörerschaft und ein neues Hören entstehen. Ich bin mir bewußt, welch unsicheren Boden ich mit diesen Behauptungen betrete, und daß ich nichts Beweisbares mit ihnen aussagen kann. Keine Unsicherheit aber in der Begründung konnte mich in der Sicherheit der entschiedenen Abneigung meines Ohres und meines Musikempfindens gegen einen ununterbrochenen Orgelklang durch die ganze Dauer des Werkes beirren. Wäre ich ein Musiker der Epoche um das Ende des siebzehnten und die erste Hälfte des achtzehnten Jahrhunderts gewesen, dann hätte mich wahrscheinlich eine solche klangliche Beharrlichkeit in keiner Weise irritiert. Von Jugend an aber an den Orchesterklang unserer Zeit gewöhnt, war ich mir

bewußt, daß ich bei aller Treue gegen Bach in meiner Aufführung die Entwicklung unseres Musik-Hörens und -Füh-
lens zu berücksichtigen hatte. Wie sehr ermutigte es mich,
in dem Buch der bedeutenden Bach-Kennerin Anna Gertrud
Huber »Auf den Geisteswegen von Johann Sebastian Bach
und Ludwig van Beethoven« einen Aufsatz Arnold Sche-
rings zustimmend erwähnt zu finden, in dem es heißt: »Angenommen nun, ein Bachsches Werk werde wirklich in jeder
Beziehung stilgetreu und im Originalgewande vorgeführt
— man versetze sich im Geiste in eine Leipziger Aufführung
von 1724 —, wird es als Kunstwerk im modernen Hörer
denselben Eindruck mit all seinen feinen Ausstrahlungen
hervorrufen wie im Hörer vor einhundertachtzig Jahren?
Offenbar nicht. Unser Ohr und Auffassungsvermögen sind
inzwischen an zahllosen Meisterwerken des vergangenen
Jahrhunderts zu ganz neuen Urteilsfunktionen herangezogen worden. Unser musikalischer Erfahrungsschatz enthält Eindrücke aus Haydn, Mozart, Beethoven, Weber,
Chopin, Schumann, Brahms, Liszt, Wagner und anderen,
Eindrücke, die so ganz in unser geistiges Eigentum über-
gingen, daß wie sie nicht mehr ablegen können« und so
weiter. Dieser Aufsatz stammt aus dem Jahre 1904. Inzwischen haben sich immer noch reichere Klangwelten aufge-
tan; durfte, nein, mußte ich nicht das veränderte Hören in
meiner klanglichen Realisierung der Bachschen Partitur in
Betracht ziehen?

Folgende Abweichungen von der Bachschen Aufführungspraxis glaubte ich verantworten zu können: Die Akkordbegleitung der Rezitative des Evangelisten, wie der Personen des Passions-Geschehens mit Ausnahme des Heilands,
gab ich dem Harpsichord (ein Cello und ein Kontrabaß ver-
stärkten den Baß). Auch die Harmonien in Stellen wie die
der Falschen Zeugen, der beiden Priester, ließ ich vom
Harpsichord ausführen; ferner das Continuo in *unfrommen*

Chören, wie zum Beispiel »Ja nicht auf das Fest«, oder »Wozu dienet dieser Unrat« — auch in allen Chören der Jesus-Feinde wurde das Continuo vom Harpsichord ausgeführt. Für die Rezitative, Arien und Chöre der zweiten Region aber konnte nur die Orgel in Betracht kommen, und selbstverständlich erklang sie in allen Chorälen. In der Registrierung der Orgelbegleitung wurde das Möglichste getan für sensitive Anpassung in Dynamik und Klangfarbe an den musikalischen und Gefühlsgehalt der zu begleitenden Teile — aus der Imagination, wie wohl Bach selbst, der Meister an der Orgel, alle Möglichkeiten des Instrumentes für solche Aufgaben improvisierend ausgenützt haben mochte.

Ich bemühte mich auch, dem Orchesterspiel dynamische Lebendigkeit zu geben, es von der Starrheit zu befreien, zu der das Fehlen dynamischer Bezeichnungen — außer den summarischen *forte* oder *piano* — so manchen Musiker verleitet. In den melodischen Bildungen Bachs liegt für jeden Fühlenden ein lebendiges dynamisches Fluten, dem er zur Klangwerdung verhelfen kann innerhalb jener von Bach vorgeschriebenen, oft lang ausgedehnten Forte- oder Piano-Strecken. Doch rate ich dringend, dieser Verlebendigung als Grundlage wiederum jene innere Ruhe zu wahren, die Bachs gläubiger Seele, wie freilich auch seiner Zeitgebundenheit, eigen ist. Jede Unruhe einer *modernen* dynamischen Mannigfaltigkeit muß aus ernsten stilistischen Gründen — und nicht nur aus *historischen* Rücksichten — vermieden werden. — Ich empfand auch die Verwendung der Oboe in zahlreichen Teilen des Werkes und durch lange Strecken — wie zum Beispiel in der Baßarie »Mache dich, mein Herze, rein« — unvereinbar mit unserem Klangempfinden und nahm mir die Freiheit, ihrer monotonen Wirkung durch ein *tacet* an dafür geeignet erscheinenden Stellen abzuhelfen. Auch glaubte ich, einige der Choräle, in denen Bach durchweg die Oboen mit dem Sopran gehen läßt, von ihrem durch die Dauer ermüdenden Klang befreien zu dürfen; so auch in dem Choral nach dem Tode Jesu »Wenn ich einmal soll scheiden«. Doch hielt ich mich nicht für berechtigt, diesen letzteren, wie es so häufig geschieht, a capella singen zu lassen — er ist, wie alle anderen Choräle, als Gemeindegesang gedacht und verliert diesen Charakter, wenn er a capella gesungen wird.

Die Frage des da capo in den Arien belastete lange Zeit hindurch mein Gewissen. Aus gewichtigen Gründen der Form erschien es mir notwendig, der Vorschrift zu folgen; und noch heute bedrückt es mich, es nicht getan, sondern statt der Wiederholung des ganzen Hauptteils mich mit der des Ritornells begnügt zu haben, wodurch ich aber wenigstens erreichte, daß die Arie in der Grundtonart schloß. — Kurz, ich habe versucht, auf diese Art und in anderen Beziehungen, die zu erwähnen mir nicht notwendig erscheint, dem Unterschied unseres Hörens von dem der Zeit Bachs in der Aufführung der Matthäus-Passion soweit Rechnung zu tragen, als mir die Ehrfurcht nicht nur vor dem Geist, sondern sogar auch vor dem Buchstaben des Werkes erlauben wollte, und glaube, die Verantwortung dafür tragen zu können.

Ein Gedanke zur Ornamentik

Verwirrend und oft widerspruchsvoll sind die Vorschriften der umfänglichen Literatur über die Verzierungen. Nach eifrigem Studium derselben und langjähriger Beschäftigung mit diesem Thema bin ich zu dem Entschluß gekommen, mich in der Ausführung der Ornamente nur noch von meinem Gefühl leiten zu lassen. Denn es ist mir nicht gelungen, mich in der Welt der kleinen Noten und Symbole genügend heimisch zu machen, um mich in ihrer Ausführung *fachlich* sicher zu fühlen. Wohl aber glaube ich, aus der Fülle der Verzierungen ihren gemeinsamen Sinn erkannt zu haben: durch Einfügung eines flüchtigen dissonanten Elementes in einen sonst einfachen musikalischen Verlauf ihn zu *würzen*. Aus der Vorschrift, daß der Vorhalt auf den Taktteil eintritt, auf den die Hauptnote, der er gilt, notiert ist, deren Dauer um die seine dann verkürzt wird, folgt, daß es sich dabei durch Betonung des harmoniefremden, also dissonanten, Tones um einen Reiz im harmonischen Fortschreiten handelt. Philipp Emanuel Bach schreibt in seiner »Wahren Kunst, das Klavier zu spielen«: »der Vorhalt ändert die Akkorde, die ohne ihn zu einfach wären«, also die flüchtige Dissonanz soll *salzen*, was ohne sie zu nüchtern klänge. Die Regel, den Triller mit dem Oberton zu beginnen, dient dem gleichen Zweck. Aber nicht nur den Harmonien, auch den Melodien bedeuten die Ornamente eine Würze — diese Triller, Schneller, Pralltriller, Mordente usw. beleben einen sonst vielleicht zu einfachen Verlauf und geben ihm Reize, wie sie dem musikalischen Geschmack jener Kultur-Periode entsprachen. Die Verzierungskunst hat einer ausgedehnten Epoche der Musikpraxis ihre Signatur aufgedrückt, wie Adolf Beyschlag in seiner »Ornamentik« feststellt. Die Einwirkung der Verzierungen auf die Richtung des musikalischen Geschmacks jener Zeit erinnert an den Einfluß der Entdeckung der Gewürzinseln auf die Verfeinerung des Gaumens — wenn ein so extravaganter Vergleich erlaubt ist.

Ich möchte nun die unbeweisbare und durchaus bestreitbare Behauptung wagen, daß die Reizwirkung des Ornaments — wie dem harmonischen und melodischen — so auch dem rhythmischen Verlauf zugute gekommen ist, und zwar vor allem durch den Vorhalt. Die Notierung dieser Verzierung läßt dem Wert der kleinen Noten alle Freiheit: daß zum Beispiel ein Vorhalt als Achtel oder als Sechzehntel notiert ist, bestimmt keineswegs auch solche Dauer. Auch die Gelehrten der Ornamentik lassen die Frage offen, ob zum Beispiel die Vorhalte im Violin-Solo der Arie »Erbarme dich«

als Sechzehntel:

oder als Achtel:

gespielt werden sollen.

Als ein zweites Beispiel wähle ich das Thema des Frauenduetts »So ist mein Jesus nun gefangen«:

um den Gedanken auszusprechen, den die Beschäftigung mit der Ornamentik in mir erweckt hat: ist nicht gerade die Ungenauigkeit oder Unklarheit in der Notierung des Wertes der Vorhalte der Schlüssel zu ihrem Sinn und ihrer Ausführung? Ich glaubte zu erkennen, daß sie eben nicht als Viertel oder Achtel oder Sechzehntel, das heißt also als rhythmisch bestimmte Unterteilungen in dem melodischen Verlauf gedacht waren, sondern gerade durch einen unbestimmten und unbestimmbaren Wert ein Element des Schwankens, der Unruhe in den rhythmischen Verlauf bringen und ihm so als rhythmische Würze dienen sollten.

Damit wirkte sich denn in allen drei Komponenten der Musik, der Melodie, der Harmonie und dem Rhythmus, die Ornamentik als Reiz aus. Ich habe seither die Ornamente der älteren Musik stets in diesem Sinn behandelt, und meine Erfahrung hat mir keine Enttäuschung darin gebracht. Doch befinde ich mich natürlich damit nicht auf sicherem Boden und glaubte nur, den Gedanken in einem Bericht über meine Bemühungen um die Matthäus-Passion erwähnen zu müssen.

Es liegt mir daran, noch von der hohen Bedeutung zu sprechen, die, meiner Überzeugung nach, der Alt-Arie »Sehet, Jesus hat die Hand uns zu fassen ausgespannt« zukommt. Greift nicht Bach hier über den Plan des Werkes hinaus, wie er ihn gemeinsam mit Picander geschaffen? Ich halte für wahrscheinlich, daß das Stück erst während des Fortschreitens der Arbeit entstanden ist, deren Inhalt nur die Kapitel sechsundzwanzig und siebenundzwanzig des Evangeliums umfaßt. Die Vorgänge beginnen am Kardonnerstag und enden mit dem Karsamstag — sie dauern also vom Abendmahl bis zur Grablegung Jesu, so daß das Werk mit dem gewaltigen Chor »Wir setzen uns mit Tränen nieder« seinen feierlich trauervollen Abschluß findet. Es enthält zwar in einigen Rezitativen des Heilands Hinweise auf die künftige Auferstehung, aber das achtundzwanzigste Kapitel des Evangeliums, in dem der Engel den Frauen von der Auferstehung berichtet und in dem erzählt wird, daß ihnen — und später den Jüngern — der Auferstandene begegnet, dieses achtundzwanzigste Kapitel hat keinen Platz mehr in Bachs Matthäus-Passion gefunden. Der Grablegung folgen nur noch die segnenden und dankenden Worte der vier Frommen und jener Schlußchor. — Die Arie nun ist nichts weniger als eine Vorwegnahme der Auferstehung — sie ist der einzige Teil des Werkes, der das Ostersonntags-Geschehen in seinen Bereich zieht. In Wort und Musik erfüllt von einem Licht der Verklärung, läßt sie uns teilnehmen an der Vision einer Seele, die die Blicke ihrer Umgebung dorthin weist, wohin sich die ihren richten: auf den Auferstandenen. Schon in dem lang ausgesponnenen, sich auf und ab schwingenden »Sehet« des Anfangs klingt Seligkeit, denn die Seherin erblickt die Gestalt des verklärten Jesus, wie er die Hand ausgespannt hält, um alle zu ihm Strebenden zu fassen. Wie könnten sich ihre Worte wohl auf den beziehen, dessen Hände ja ans Kreuz genagelt sind? Sie ruft »Kommt«, der Chor fragt »Wohin?« und sie antwortet »in Jesu Armen sucht Erlösung, nehmt Erbarmen«. Sie ruft »Suchet«, der Chor fragt »Wo?« und sie fährt fort »Lebet, sterbet, ruhet hier, ihr verlassenen Küchlein ihr — und bleibet in Jesu Armen«. Schon die Worte müssen es klar machen, daß sie den »verlass'nen Küchlein« die bleibende Zuflucht gewiß nicht in den Armen des am Kreuz Sterbenden verspricht. Nur die ausgebreiteten Arme des Auferstandenen, die ihr prophetischer Blick sieht, können es sein, die ihnen Zuflucht bieten. Jeder Zweifel aber, den vielleicht die Worte der Arie ungelöst ließen, muß schwinden vor der Seligkeit, die aus ihrer Musik spricht. Ihr schwebender Laut antwortet unmittelbar dem tragischen des Rezitativs »Ach, Golgatha, unsel'ges Golgatha« und löst den Schmerzenslaut in die Vorahnung des Ostersonntag-Geschehens.

Zum Schluß noch ein Wort über die geheimnisvolle Wendung im letzten Takt des Chorals »Wenn ich einmal soll scheiden«. Meines Wissens ist es das einzige Mal, daß Bach einen Choral, statt wie im Gemeindegesang üblich, mit dem Grundakkord, mit einer Modulation schließt. Der modulatorische Gang führt aus dem C-Dur des Chorals nach dem Grundakkord der dritten Stufe und dies E-Dur gibt gewiß kein Schlußgefühl, eher das einer Ahnung oder Erwartung: In dem Abgehen vom Grundcharakter eines Chorals — fast ist es ein Abbrechen — scheint mir Bach auf das Mysterium des Todes als ein Werden, einen Übergang, zu deuten, und der ergreifende Sinn dieser geheimnisvollen Wendung deutet auf die Worte des Paulus im Korinther-Brief »Wir werden nicht alle entschlafen, wir werden aber alle verwandelt werden«.

Die Größe der Bachschen Matthäus-Passion ermißt nur, wer in dem gewaltigen Meisterwerk die apostolische Erfülltheit erkennt, aus der es entstanden ist.

VOM MOZART DER ZAUBERFLÖTE

Zum 27. Januar 1956

Der Gedanke an die bevorstehende Feier der zweihundertsten Wiederkehr des Mozartschen Geburtstages hat mir die Verpflichtung bewußt gemacht, mich auch einmal mit dem Wort zu dem Genius und seinem Werk zu bekennen, dem als Musiker zu dienen ich mein Leben hindurch bemüht gewesen bin. Vor allem muß dies ein Wort der Dankbarkeit sein für das hohe Glück, mit dem das Schaffen Mozarts mein Leben erhellt, ja begnadet, hat. Dies Gefühl der Dankbarkeit im einzelnen zu begründen, das heißt auf die Schönheit und Bedeutung der Werke mit eindringenden Gedanken und Worten hinzuweisen, scheint mir angesichts der reichen und vielfach ausgezeichneten Mozart-Literatur überflüssig — auch darf ich kaum hoffen, ihm damit besser zu dienen als mit meinen künstlerischen Bemühungen in Oper und Konzert. — Wohl aber glaube ich, bei dieser feierlichen Gelegenheit mit dem Wort an ein Phänomen rühren zu sollen, auf das aus jener sonst so ergiebigen Literatur kein Licht fällt, das mir aber höchster Beachtung wert erscheint und mich seit langem in immer zunehmendem Maße gefesselt hat: Während vielleicht keines Komponisten Schaffen heute so allgemein geliebt, der Welt so innig vertraut ist wie die Werke Mozarts, ist seine Persönlichkeit ihr in seltsamer

Weise fern geblieben. Aus den Biographien, den musikologischen und musikgeschichtlichen Arbeiten, aus Berichten, Briefen und Anekdoten, erfährt man viel von seinen Werken, ihrer Entstehung, ihrer Bedeutung, vom äußeren Verlauf seines Lebens; man hört von seinen Äußerungen und Handlungen, aber die Gestalt, die aus all dem ersteht, ist kaum in Übereinstimmung zu bringen mit dem schöpferischen Genius, der sich in der Größe, dem Ernst, dem überschwenglichen Reichtum seines Werkes offenbart.

Beethovens menschliche Persönlichkeit steht uns klar vor Augen, und sie wirkt durchaus überzeugend als die eines Welteroberers im Reich des Geistes. In der Zerreißung der Widmung der Eroica an Napoleon erkennen wir die gleiche ungestüme Kraft, die sich in seiner Tonsprache äußert, das Heiligenstädter Testament mutet uns an wie ein Beethovensches Adagio in Worten, ja eigentlich alles, was uns von seinem persönlichen Wesen und Verhalten bekannt ist, seine menschlichen Beziehungen, seine Briefe, Berichte seiner Freunde, die Konversationshefte, sein tiefer Bildungsdrang — alles zeigt die mächtige prometheisch inspirierte, von allem Hohen erfüllte Seele, wie sie in so überwältigender Ausdruckskraft zu uns aus seiner Musik spricht.

Richard Wagner gab der Welt in seinen Schriften unerschöpflichen Aufschluß über sein Denken und Fühlen. Aus seinem Beethoven-Aufsatz, um nur ein Beispiel zu nennen, strömt dem Leser ein umfassendes Menschentum entgegen, wie es als Ursprungsgebiet seines ungeheuren Werkes angenommen werden kann. In den Briefen an Mathilde Wesendonck fühlt man die Liebeskraft des Herzens, dem die Welt das einmalige und unvergängliche Wunder des Tristan verdankt. Und die historische Tat der Schaffung der Bayreuther Festspiele fügt sich ergänzend in das einheitliche Bild einer gewaltigen Natur.

Was aber wissen wir von der menschlichen Persönlichkeit

des Wolfgang Amadeus Mozart? Seine Briefe weisen auf sein aufrichtiges, lebendiges, gütiges Wesen, seine offene, vertrauende Seele; er erscheint in ihnen als liebevoll gehorsamer Sohn, als gläubiger Katholik, als verliebter Ehemann usw., auch als Musiker, der den Problemen seiner Kunst nachsinnt und sich seines Genies voll bewußt ist, und, besonders häufig, als übermütiger, zum Scherz geneigter junger Salzburger. Doch weder aus solchen persönlichen Dokumenten, noch aus Berichten von Zeitgenossen oder aus Worten und Handlungen, die uns bekannt geworden sind, spricht der Meister unsterblicher Symphonien und Opern, der Dramatiker, dessen schöpferische Phantasie dem Theater lebensvollste Gestalten und Vorgänge schenkte; ja eigentlich aus nichts, was wir von dem Menschen Mozart wissen, wird uns der Schaffende glaubhaft, der mit der gewaltigen Stimme des Steinernen Gastes an die Ewigkeit mahnte, der aus sensitiver seelischer Einfühlung den Liebesirrungen in Cosi fan Tutte den ironischen und doch so gütig verstehenden Ausdruck in seiner Musik zu geben wußte, der in den Koloraturen der Königin der Nacht die Vision des nächtlich funkelnden Sternenhimmels beschwor, der in der erhabenen Botschaft des Sarastro tiefste Menschenliebe aussprach.

Eine ähnliche Unvereinbarkeit der menschlichen Persönlichkeit mit ihrer künstlerischen Größe könnte man in Bruckner zu finden glauben, dessen übrigens noch weit naivere, ja primitivere Natur gleichfalls in einem so rätselhaften Verhältnis zur Macht und Bedeutung ihres Schaffens zu stehen scheint. Ich gestehe, hier keine Vergleichsmöglichkeit zu sehen: Bruckner war absoluter Musiker, seine große Seele bedurfte keiner Fülle weltlicher Erfahrungen, gedanklichen Lebens, literarischer Bildung, um seine mächtigen Symphonien voll transzendentalen Gehaltes zu schreiben; sie entstanden aus den Impulsen, die sein elementarmusikalisches Schöpfertum von den grenzenlosen Gefühlskräften und hohen Visionen seiner Seele empfing. Und was seine Vokalkompositionen und Messen betrifft, so boten Wort und Sinn der geistlichen Werke seinem frommen, dogmatisch gläubigen Herzen kein Problem.

Mozart aber war, der Anlage und Neigung nach, dramatischer Musiker, und kein dramatisches Schaffen ist denkbar ohne eindringendes Verständnis für das schwer ergründliche menschliche Herz, für Beziehungen verschiedenster Art zwischen Menschen, für die Besonderheiten kultureller Zustände, das heißt also ohne reiche Welterfahrung und Menschenkenntnis, ohne eine Fülle geistiger Interessen, ohne vielseitige Bildung.

Freilich ist dieser Begriff des Dramatikers nicht ohne weiteres auch auf den dramatischen Musiker anwendbar, der die Handlungen und das innere Leben der Figuren eines Librettos von fremder Hand durch seine Musik intensiviert und *entrealisiert*. Aber die Gestalten der Mozartschen Libretti hatten ursprünglich oft kaum mehr als schattenhafte Umrisse und empfingen erst von seiner Imagination und dramatischen Vision mittels seiner musikalischen Ausdruckskraft ihr Lebensblut, ihre klaren Konturen, ihre ausgesprochenen Charaktere. So dürfen wir mit Recht in der musikalischen Charakterisierung der Bühnenvorgänge und solcher handelnden Personen wie des servilen Intriganten Basilio, des plumpen Osmin und des frisch-schlauen Pedrillo, des Leporello und Masetto, der Despina und Dorabella, des Monostatos und Papageno, den echten Dramatiker in Mozart erkennen, dessen Gestalten uns durch ihn klar erkenntlich, ja persönlich vertraut geworden sind.

Da nun kaum gelingen kann, von der zwar unendlich liebenswerten, aber schlichten Persönlichkeit, die aus der Mozart-Literatur ersteht, die Brücke zu den Wundern solchen Schaffens zu schlagen, so bliebe nur der Versuch eines

Brückenschlages in umgekehrter Richtung: in den Werken Aufschluß über die wahre geistige Gestalt Mozarts zu suchen.

Lichtgebend auf diesem Wege scheint mir nun das Gewahrwerden eines einzigartigen Grundzuges des Mozartschen Schaffens, der sich in zwei auf die gleiche Quelle weisenden Formen äußert — Wahrhaftigkeit wird zur Schönheit, Kompliziertheit zur Klarheit; jeder dramatische Ausdruck in Tönen, jede musikalische Charakterisierung von Menschen, Empfindungen, Stimmungen und Vorgängen in Mozarts Bühnenwerken wird, ohne Einbuße an überzeugender Wahrhaftigkeit, in die Sphäre einer hohen Schönheit erhoben, die lebhafteste Vielfalt dramatischen Geschehens ist zu musikalischer Formvollkommenheit gestaltet. Es sind diese Schönheit und Formvollendung, die einen Tiefblick in Mozarts Wesen gewähren; wir dürfen daraus schließen, daß sein Herz von einer transzendentalen Harmonie erfüllt war, die auf sein Künstlertum entscheidenden Einfluß ausübte. Alles was er schuf, seine dramatischen und vokalen Werke, wie seine absolute Musik, letztere auch wo sie dissonanten Gefühlen stärksten Ausdruck gab, bewahrte aus dieser unirdischen Sphäre die Obertöne einer *jenseitigen* Konsonanz. Im Gefühl von dieser in der Seele Mozarts waltenden Inspiration kann man wohl von einem seraphischen Impuls sprechen, der sein Musikertum und seine Musik beflügelte. Und vielleicht darf ich hier das persönliche Bekenntnis einfügen, daß ich das hohe Glück, das ich meiner Beschäftigung mit Mozarts Schaffen verdanke, aus jener Konsonanz verstehe, von der seine musikalische Welt klingende Kunde bringt.

Wenn uns aus Beethovens Werk oft das Feuer und die Macht eines Propheten entgegentönen, wenn das Brucknersche Schaffen von der inneren Welt eines Heiligen zu künden scheint, so öffnet sich in Mozarts Musik, ihrer Schönheit und Vollkommenheit, ihrer hohen Art der Heiterkeit und Reinheit, eine engelhafte Sphäre. Dies beherrschende unirdische Element in seiner Natur könnte vielleicht auch das Gefühl der Ferne erklären, das sich unserem Bild von der Persönlichkeit des Schöpfers vertrauter Kunstwerke so seltsam und geheimnisvoll beimischt. Ja, vielleicht ließe sich daraus sogar die tiefe Einfühlungsfähigkeit Mozarts in menschliche Charaktere und Empfindungen verstehen, welche der Erfahrungsfülle weltgemäßerer Naturen nicht bedurfte. Es ist durchaus fraglich, ob sich Mozart seiner höheren Natur bewußt war, die seine Musik impulsierte und von der diese kündet. Voll bewußt aber wurde ihm in den späteren Jahren seines kurzen Lebens die wachsende Übereinstimmung seines liebeerfüllten Herzens mit den freimaurerischen Lehren der Menschlichkeit und Brüderlichkeit. Aus der Synthese jenes — wohl unbewußten — Impulses mit den erwähnten moralischen Tendenzen ist die seelische Sphäre entstanden, die in der Zauberflöte künstlerischen Ausdruck fand.

So glaube ich denn, in dieser letzten, unsterblichen Oper Mozarts ihm selbst nah zu kommen, in ihr sein erstes persönliches Bekenntnis, ja eigentlich das einzige, das uns wirklich in die Tiefe seines Herzens blicken läßt, zu vernehmen. Wie Shakespeare nach der lebenslangen Anonymität des Dramatikers, der hinter den Gestalten seiner Bühnenwerke verborgen bleibt, in einem seiner letzten Dramen, »Der Sturm«, in der Gestalt des Prospero selbst vor uns erscheint, so glaube ich auch in der Zauberflöte der menschlichen Persönlichkeit Mozarts selbst zu begegnen.

Die ursprüngliche Gestaltung des Buches hätte freilich solche Begegnung nicht ermöglichen können. Das Märchenspiel, das Schikaneder nach einer Erzählung Wielands als Operntextbuch für Mozart geschrieben hatte, entbehrte völlig jener ethischen Motive, die in der endgültigen Fassung den Inhalt und Gang der Handlung entscheidend bestimmen. Es enthält abenteuerliche Vorgänge, phantastische Gestalten, lustige und ernste Szenen, von denen der bühnenkundige Schikaneder annehmen konnte, daß sie, zusammen mit Mozarts Musik, ihm einen großen theatralischen Erfolg bringen würden. Die Rolle des Papageno hatte er für sich selbst bestimmt, und so darf man wohl annehmen, daß er die lustigen Szenen als das beherrschende Geschehen der Handlung geplant hatte. Wir wissen nicht genau und können nur ahnen, welcher Anteil Mozart an den Veränderungen zukommt, die zu der definitiven Fassung des Textbuches führten. Ich vermute, daß es zuerst die Einführung der freimaurerischen Ideen in die Handlung war, zu der er Schikaneder am leichtesten bewegen konnte, da dieser, gleich Mozart, dem Freimaurer-Orden angehörte. Im Zusammenhang damit mußte dann zunächst wohl die einschneidendste Veränderung, die der Gestalt des Sarastro, erfolgen, der ursprünglich von Schikaneder als böser Zauberer gedacht war und nun als Weiser und edler Führer der Priestergemeinschaft zu erscheinen hatte. Daß diese Einführung hoher ethischer Ideale in der Person des Sarastro auf den fordernden Einfluß Mozarts zurückzuführen ist, kann wohl auch aus den Unklarheiten der Handlung geschlossen werden, die durch diese Änderung der zentralen Gestalt entstanden und die der geschickte Schikaneder gewiß vermieden hätte, wäre die Änderung aus seiner eigenen Initiative erfolgt. So bleibt es eine störende Unklarheit, daß der böse Monostatos im Dienst des edlen Sarastro steht und von diesem zum Gefängniswärter der zarten Pamina gemacht wird. Es ist nicht die einzige, wenngleich die auffallendste, der Unklarheiten des Buches, und wir dürfen aus diesen Schwächen wohl schließen, daß Schikaneders künstlerisches Gewissen nicht auf der Höhe seines Sinnes für wirksame Bühnenvorgänge stand. Wie dem sei, wir müssen dem Libretto, trotz seines empfindlichen Mangels an Geschlossenheit der Handlung, nicht nur theatralische Lebendigkeit, sondern auch ernst bedeutungsvolle Züge und poetische Reize zusprechen, die bis zum heutigen Tage ihre Wirkung bewahrt haben. Kein höheres Zeugnis für seine Vorzüge könnte angeführt werden als das Gefallen, das Goethe daran fand und das ihn zu einer Fortsetzung unter dem Titel »Der Zauberflöte Zweiter Teil« anregte. Die Zustimmung von so hoher Stelle, die dem Buche zuteil wurde, ist wohl zu verstehen, denn die Zauberflöte mit ihrer abenteuerlichen Phantastik und ihrer Mischung von kindlicher Lustigkeit und ernster Feierlichkeit entspricht in erstaunlichem Maße den Forderungen, die der Dichter des Faust in seinem »Vorspiel auf dem Theater« den Direktor und die lustige Person aussprechen läßt. Daß Schikaneder die Abenteuer und die Lustigkeit beisteuerte und Mozart die Feierlichkeit — und vielleicht auch etwas Lustigkeit —, darf man wohl annehmen. Die Botschaft der Menschenliebe aber, der Vergebung, der Freundschaft, der Aufblick zum »besseren Land«, gewannen durch Mozarts Vertonung eine so erhebende und überzeugende Macht, daß er damit, wohl sehr gegen Schikaneders ursprüngliche Intentionen, die Sarastro-Szenen zum Hauptgeschehen der Handlung gemacht hat. Wir hören denn auch in der Musik dieser Szenen den Schlag seines Herzens und dürfen nicht bezweifeln, daß er, als der Schöpfer der Gestalt des Sarastro, in ihr sein menschliches Ideal darstellen wollte.

Mit der Wandlung des finstren Sarastro Schikaneders in Mozarts Lichtgestalt eines priesterlich erhabenen Verkünders der Menschenliebe war natürlich auch dem Jüngling Tamino und seinem Streben nach Aufnahme in Sarastros Reich eine entsprechend hohe Bedeutung gegeben. Hat uns Mozart in der von ihm geschaffenen Figur des Sarastro mit seinen Gedanken von menschlicher Größe, Weisheit und Gottesnähe bekannt gemacht, so können wir in

Tamino, der so unwiderstehlich von der Welt des Sarastro angezogen wird, daß er sich allen Prüfungen unterwirft, die ihm die Zulassung auferlegt, Mozart selbst, sein inniges Sehnen nach hohem Menschentum, erkennen. Seine Liebe zu Pamina, das anfängliche Motiv seiner Wanderung, verschmilzt nach der Belehrung durch den Sprecher mit der Sehnsucht nach jener Einweihung. Pamina, der der vermeintliche Verlust von Taminos Liebe den Tod bedeutet, die ohne Zögern durch Feuer und Wasser mit ihm wandert, stellt sein weibliches Ideal dar. Und Papageno, der lustige Bursche, der einfache Sohn der Natur, der gern gut ißt und trinkt und sich nach hübschen Mädchen sehnt, wer ist er? Was bedeutet seine beständige Weggenossenschaft in einer Handlung, die so beredsam von Mozarts eigenem Wesen spricht? Nun, er begleitet Tamino überallhin, weil auch er Wolfgang Amadeus Mozart ist, weil auch er zu dessen Wesen gehört. Denn, wie in Faust, wohnten auch in Mozarts Brust zwei Seelen. Er war der hochgesinnte Strebende, gleich Tamino, voll von Idealen edler Menschlichkeit. Zugleich war er ein froher, treuherziger junger Mensch, dem der Sinn nach weltlichen Genüssen stand. Und wie in der Zauberflöte war der Tamino in seiner Seele stets dem Papageno überlegen und verwies ihm seine Schwächen; doch zeigte sich der letztere auch gelegentlich widerspenstig gegen des ersteren moralische Ermahnungen, und wir dürfen annehmen, daß der Kampf der beiden Seelen — wohl kein sehr heftiger — niemals ein Ende nahm. Wir wissen aber auch, daß die Kameradschaft mit Papageno unseren Tamino nicht verhindern konnte, den »Weg der Tugend« mit aller Entschlossenheit durch Gefahren und Prüfungen zu verfolgen und das Ziel der Wanderung, die Aufnahme in den Sonnentempel, zu erreichen. Nach einer Pamina freilich, wie sie Tamino beschieden war, sehnte sich Mozart vergeblich. Seine irdische Pilgerfahrt gewann ihm nicht die ideale

Lebensgefährtin, deren Bild in ihm lebte. Wohl aber wird in Taminos Entschlossenheit, die prüfungsreiche Wanderung zu unternehmen, und in ihrer siegreichen Durchführung Mozarts Glaube an den freimaurerischen Gedanken, der in ihr zum Ausdruck kommt, überzeugend erkennbar.

Mit einem Wort möchte ich noch auf den musikalischen Stil des Werks und seine Verschiedenheit von den früheren Opern des Meisters hinweisen. Nie vorher war in seinem Schaffen ein Laut erklungen wie der des c-Moll-Fugato über dem Choral der beiden Geharnischten. Die Feierlichkeit der Ouverture, die grotesk-komische Wildheit der Arie des Monostatos, der hohe Enthusiasmus von Taminos Monolog vor Paminas Bild, die blitzenden Ornamente der Königin der Nacht, die strömende Menschenliebe in Sarastros E-Dur-Arie, die mystische Anrufung der Isis und Osiris durch den Chor der Priester, — alles neue Inspirationen des Mozartschen Genius und neue Farben auf seiner Palette. Mit Ausnahme aber der *Ouverture* und der erwähnten Fuge zeigt sich zugleich in der Zauberflöte eine ausgesprochene Vereinfachung der orchestralen Sprache im Vergleich mit früheren Werken. Es ist die Einfachheit der höchsten Reife, wie sie auch zum Beispiel Wagners Parsifal im Vergleich mit seinen früheren Musikdramen aufweist und die durch die daraus erkennbare Zielsicherheit in der Steigerung des Mozartschen Genius zu höchstem Meistertum Entscheidendes über seine Individualität aussagt.

Mir ist aber nur ein einziges persönliches Wort Mozarts bekannt, das auf jene Tiefen seiner Seele deutet, von denen seine Musik Kunde gibt. Diese Ausnahme von dem meist so *weltlichen* Inhalt seiner zahlreichen Briefe enthält ein Schreiben des Einunddreißigjährigen an seinen Vater, in dem es heißt:

»Da der Tod, genau zu nehmen, der wahre Endzweck unseres Lebens ist, so habe ich mich seit ein paar Jahren mit diesem wahren, besten Freund des Menschen so bekannt gemacht, daß sein Bild nicht allein nichts Schreckendes mehr für mich hat, sondern recht viel Beruhigendes und Tröstendes. Und ich danke meinem Gott, daß er mir das Glück gegönnt hat, mir die Gelegenheit zu verschaffen, ihn als den wahren Schlüssel zu unserer wahren Glückseligkeit kennen zu lernen. Ich lege mich nie zu Bette, ohne zu bedenken, daß ich vielleicht, so jung als ich bin, den andern Tag nicht mehr sein werde. Und es wird doch kein Mensch von allen, die mich kennen, sagen können, daß ich im Umgang mürrisch oder traurig wäre. Für diese Glückseligkeit danke ich alle Tage meinem Schöpfer und wünsche sie von Herzen jedem meiner Mitmenschen.«

Er gedachte also täglich des Todes, »mit Glückseligkeit«; hierin offenbart sich überzeugend die Ewigkeitsnähe, die unirdische Harmonie in seinem Herzen, die als seraphischer Laut in seiner Musik mitschwingt. Sonst aber schwieg der äußerlich so Gesprächige, ja Mitteilungsfreudige, von jenen Tiefen seiner Seele, die vielleicht ihm selbst lange Zeit hindurch nur ahnend bewußt waren. Erst die Zauberflöte löste ihm die Lippen, und nun sprach er sein Herz aus mit Sarastros und Taminos Worten und Tönen, und in des ersteren Verkündigung mag die Welt Mozarts eigenes geistiges Testament erkennen. — Freilich, was Tamino vergönnt war, die strahlende Krönung seines Strebens, wurde Mozart erst sub specie aeterni zuteil — und lange, nachdem sein notvolles Erdenleben ein trauriges Ende gefunden hatte. Doch gab es noch auf dieser mühsamen irdischen Wanderung eine wunderhafte Analogie mit der seines Helden in der Zauberflöte. Wie diesem, hatten »die guten Götter« auch Mozart den Schutz der Töne für den Weg durch die Gefahren der Wanderung verliehen: die Musik, die seinen Lebenspfad begleitete, gab ihm den Mut, die edle Heiterkeit, die Schwungkraft der Seele, deren ihn nicht die schlimmsten Erfahrungen, nicht Armut, Not und Krankheit zu berauben vermochten.

Und wie die Melodien der Flöte Taminos ihren schützenden Zauber auch in Feuersglut und Wasserfluten bewährten, wie ihr Segen auch Pamina und Papageno zugute kam, so erweist sich noch heute, und heute vielleicht mehr denn je, die wohltätige, hilfreiche und beglückende Macht der Mozartschen Musik an Allen, zu denen sie spricht.

Die Arbeit an dem vorliegenden Buch, die nun ihrer Beendigung entgegengeht, hat mich — freilich mit häufigen
und langen Unterbrechungen — durch mehr als acht Jahre
beschäftigt. Die Grundstimmung besinnlicher Stille und
einer meinem Alter gemäßen Serenität, in der ich sie begonnen, blieb ihr nicht gewahrt. Ich bekenne, daß sich ihr
mehr und mehr ein Gefühl der Sorge, ja der Trauer bei-
mischte; denn bedrängender, je weiter das Buch fortschritt,
stieg aus ihm die Frage auf, ob nicht die Gedanken, Anschauungen und Ratschläge, wie sie sich in diesem »Testament« eines Musikers ansammelten, der Vergangenheit
angehörten — mitsamt dem Musiker, der in ihnen einem
wesentlichen Teil seines künstlerischen Lebensertrages Ausdruck zu geben versucht hat. Immer mehr wollte es mir
so vorkommen, als offenbarten die Weltbrände, deren Rauch
die erste Hälfte des zwanzigsten Jahrhunderts verfinstert
hatte, eine Götterdämmerung auch für das Reich des Geistes,
das mir Heimat gewesen war. Wodurch sonst konnte in mir
das schauerliche Gefühl der Fremdheit in der mir früher so
vertrauten Atmosphäre der Kunstöffentlichkeit entstehen
und zunehmen? Waren die Tempel, in denen ich zeit meines Lebens gebetet und geopfert hatte, wirklich in Verfall

begriffen? Ist der hohe Quell aller großen Kunst, die schöpferische Inspiration, im Versiegen und soll als *unzeitgemäß* nun ersetzt werden durch Laboratoriumsmethoden, die nach abstrakten Prinzipien, auf experimentellen Wegen, Kunst herstellen zur Befriedigung intellektueller Interessen? Ja, es sieht wirklich so aus, als ob Materialismus und Intellektualität sich der jetzigen Generation bemächtigten und den Künsten eine tiefere Ebene im sozialen Leben zuwiesen als die hohe Sphäre, in der sie bisher gewaltet. Auf jener tieferen Ebene freilich besteht dann kaum mehr ein Niveau-Unterschied zwischen der Kunst und der Alltags-Unterhaltung, sie wohnen Tür an Tür; und statt zur Kunst sich festlich aus dem Alltagsleben zu erheben oder von ihr aus ihm entrückt zu werden, kann man heute meist ohne seelischen Aufwand, ohne erhöhtes Gefühl, nach Belieben nachbarlich bei ihr eintreten. — Für mich aber, wie wohl für alle im bisherigen Sinne Kunstgläubigen, ist es gerade die Erhebung der Seele, die wir in der Kunst suchen und finden und die Schiller im Sinn hat, wenn er in »Die Teilung der Erde« Zeus zum Dichter die Worte sprechen läßt: »Willst du in meinem Himmel mit mir leben, so oft du kommst, er soll dir offen sein«. Muß man nicht fürchten für eine Generation, in deren Vokabular das Wort *Erhebung* bald vielleicht nur noch in flugtechnischer Bedeutung existieren wird, die vom Kunstwerk, statt herzbewegenden Erlebens nur noch Zerstreuung, Anregung intellektuellen Interesses oder auch die Befriedigung von Sensationsbedürfnissen verlangt?

Es mag helfen, den Sinn und die Tragweite dieser Änderung in der Geisteshaltung unserer Epoche besser zu verstehen, wenn man ein aktuelles Phänomen aufmerksam betrachtet, dessen zeitlicher Zusammenhang mit den kulturellen Verfallserscheinungen auch auf eine kausale Verbindung zu deuten scheint: ich spreche von der Überfülle an *Unterhaltungsstoff*, insbesondere aber von den Erleichterungen und Verannehmlichungen auf dem Gebiet des allgemeinen geistigen Tagesbedarfs, die, parallel zu ähnlichen Errungenschaften in bezug auf materielle Lebensbedingungen, eine drastische Verringerung persönlicher Bemühungen bewirken. So hoch die fundamentale Besserung auf dem Gebiet der materiellen Zustände zu schätzen ist, die wir zum großen Teil den erstaunlichen Errungenschaften der Technik danken, so bedenklich erscheint dagegen die Bequemlichkeit, mit der heute jedermann, ohne den *Umweg* des Erarbeitens, an zahlreichen künstlerischen und wissenschaftlichen Leistungen teilhaben kann. Denken wir daran, wie oberflächlich eine Bildung sein muß, die auf diese Weise verbreitet wird, welch trügerisches Gefühl von künstlerischen Einsichten, von vielseitigem Wissen, welche Verkennung der Tiefe wahrer geistiger Werte aus ihr entsteht. Und setzen wir dagegen das organische Wachstum und die reife Geistigkeit, die eben nur aus stetigem persönlichen Bemühen um Bildung und inneren Fortschritt folgen können, so werden wir den verhängnisvollen Verlust ermessen, der aus solcher *Verbilligung* geistiger Güter entstehen muß. Die musikalischen Sintfluten, die sich aus Radiostationen und anderen Stellen von früh bis spät ergießen, die Anpassung musikalischer und literarischer Werke an — vermeintlichen — Zeitgeschmack, die Überschwemmung der Massen mit Unterhaltung, Zeitvertreib, Zerstreuung, Ablenkung, gefährden heute das ernste Innenleben, das Höherstreben der daran Teilhabenden.

Zivilisation, wörtlich *Verbürgerlichung*, brachte ursprünglich die Überwindung unterbürgerlicher Primitivität im praktischen Leben, im sozialen Verhalten, im Bildungsstande. Und solange waren ihre Leistungen auch auf diesem letzteren Gebiet dankenswert, als sie von idealistischen

Gesichtspunkten aus für Verbreitung von Kenntnis und Einfühlung in Wissenschaften und Künsten wirkten. In solcher dienenden Bemühung um die Ausbreitung kultureller Werte bedeuteten sie eine Art Verzinsung von Anleihen bei dem Goldschatz der Kultur. In ihrer Verwaltung und Verteilung hatte sich die Zivilisation als wahre Volkswohltäterin erwiesen, der eine umfassende Hebung wie des materiellen und sozialen, so auch des Bildungs-Niveaus weiter Kreise zu danken war.

Die jetzige tiefgreifende Änderung aber im Zeitgeschehen kann nur als ein Überhandnehmen materialistischer und utilitaristischer Tendenzen der heutigen Zivilisation über jene früheren idealistischen Impulse verstanden werden. Nicht mehr bemüht sie sich um den Dienst an einer Kultur, die die Wissenschaft um des Wissens willen pflegt und in der Kunst eine Manifestation der höheren Natur des Menschen und eine Kraftquelle seelischer Erhebung erkennt. Die Ziele dieser materialistischen Zivilisation sind praktischer Fortschritt und Nutzen, Prosperität, Behagen, und in diesem Sinn will sie den Massen dienen. Im Bereich der Kultur aber herrscht der Begriff des Individuums. Die Kultur stammt ja auch und lebt von den Leistungen bedeutender Individualitäten: die Erkenntnisse des Denkers oder Forschers, die Werke des schöpferischen Künstlers, das soziale Wirken des Philanthropen, die beispielhafte Existenz und Lehre des religiös Erfüllten — kurz, die Hochleistungen großer menschlicher Persönlichkeiten haben die Kultur geschaffen und befruchtet und der geistigen Entwicklung der Menschheit die Wege gewiesen. Das Phänomen nun, auf das ich hinwies, ist die Ausnutzung eines beträchtlichen Teiles von Kulturleistungen zu allgemeinen Unterhaltungszwecken. Aus den früher erwähnten »Anleihen bei dem Goldschatz der Kultur« zur Förderung der allgemeinen Bildung ist ein Raubzug zum Zweck eines Massenkonsums an

Unterhaltung geworden. Mit anderen Worten: die Zivilisation hat die Verwaltung der Kulturwerte usurpiert, ja, sie hat sich recht eigentlich den Platz der Kultur angemaßt. In ihrem Reich bedeutet die Technik, was in dem der Kultur die Kunst, thront statt der Seele — der Intellekt. Damit wird das Klima unserer Welt kälter, mit der steigenden Perfektion des äußeren Lebenszustandes erleben wir eine Verarmung des inneren, aus Herzlichkeit wird Höflichkeit, aus Bildungshunger Sensationsbedürfnis, das Gespräch macht der Television Platz, das Buch der Zeitung oder der Illustrierten, das Musizieren dem Musikhören am Radio, das Wandern dem Sport, und zahllose solche Zivilisations-Errungenschaften stehen den Massen als Zeitvertreib zur Verfügung. Die Kultur aber will die Zeit nicht vertreiben, sie will sie eifervoll ausnützen für die Bemühungen um ihre hohen Ziele, und so sehen wir die heutige Zivilisation statt als Dienerin der Kultur als ihre Gegnerin, gefährlich dadurch, daß sie sich in deren eigenem Lager befindet. Denn schließlich gehört die Zivilisation in den Bezirk der Kultur, von der sie durch keine klare Grenzlinie getrennt ist, und so kann sie die Waffen für ihre Rebellion dem Arsenal der edlen Schwester entnehmen. Den sozialen Fortschritten, die ihr zu danken sind, steht der kulturelle Rückgang gegenüber, den ihr Erobererzug bewirkt hat.

Das Gewahrwerden dieser schicksalhaften Wendung in der kulturellen Entwicklung und die Sorge um ihre weitreichenden Konsequenzen hat mich freilich niemals zur Abkehr von der Gegenwart, vom Werden, zur Zuflucht im Vergangenen veranlassen können. Ganz im Gegenteil: ich bemühe mich, das Geschehen meiner Zeit zu verstehen — nicht nur um bloßen Verstehens willen, sondern weil ich mich schicksalhaft davon ergriffen fühle und meine aus dem Verstehen folgenden Verpflichtungen in Leben und Kunst tätig auf mich nehmen will. So war denn für mich das Nächstliegende, auf meinem eigensten Gebiet, der Musik, die Forderungen des Zeitgeistes zu erfüllen. — Daß ich gerade hierin nicht nur die Erwartungen Anderer enttäuschen, sondern meine eigenen Intentionen unbefriedigt lassen mußte, wurde mir Veranlassung zu stets erneuten Gewissens-Erforschungen — mit unverändertem Resultat. Hier ist nun der Platz, von diesem schmerzlichen Erleben zu reden und die innere Notwendigkeit meines Verhaltens zu begründen. Ein kurzer autobiographischer Hinweis mag den Bericht einleiten.

Ein Zug meines Wesens, der von der Kindheit an bis zum heutigen Tage bestimmend in mir gewirkt hat, ist die Neigung, den Sinn ins Neue und Unbekannte zu wenden, meinen Horizont zu erweitern. Diese Sehnsucht nach Grenze und Grenzübertritt brachte mir schon früh musikalische Erlebnisse, die mich leidenschaftlich bewegten: besonders deutlich erinnere ich mich an die Faszination, die auf mich als Knaben die revolutionär kühne Tonsprache Hector Berlioz' ausübte. Die Pauken-Episode am Schluß der Szène aux champs, die Drastik des Hinrichtungsmarsches, die groteske Wildheit des Hexen-Sabbaths in der Symphonie Phantastique — all solch abenteuerndes Verlassen betretener Pfade zog mich, als Eroberungszug in musikalisches Neuland, unwiderstehlich an. Ich begrüßte das originelle Werk Claude Debussys, und die mit Empörung abgelehnte Wiener Uraufführung von Schönbergs Sextett »Verklärte Nacht« hatte mich sofort zu ergriffener Bewunderung hingerissen. Die radikale Subjektivität der Mahlerschen Symphonik, die oft unerhört kühne Harmonik und Polyphonie Richard Strauß' — ich denke da zum Beispiel an die Klytämnestra-Szenen seiner Elektra — wurden mir sogleich willkommenste künstlerische Erlebnisse, und es waren gerade die Episoden besonderen Wagens in Meisterwerken wie der »Trauermarsch in Callots Manier« in Mahlers erster Symphonie oder, um ein höchstes Beispiel zu nennen, die Kriegsmusik im Agnus Dei der Beethovenschen Missa Solemnis, die, über die tiefe Bewunderung für ihre Größe hinaus, mein Herz noch mit einer Art persönlichster Genugtuung erfüllten. Wo immer es sich um »einen Weg ins Unbetretene, nicht zu Betretende« handelte, um mit Mephisto zu sprechen, fühlte ich mich immer gefesselt und war mit höchstem Interesse um Verstehen bemüht.

Wenn ich trotz dieser Richtung in meiner Natur mich im Laufe der Jahre immer weniger zur Aufführung zeitgenössischer Werke entschließen konnte, so war mein Verhalten also nie durch bequemes Festhalten am Gewohnten oder durch eigensinniges Ablehnen von Fremdartigem bestimmt, denn nichts wäre mir erwünschter gewesen als in Schritt fallen zu können mit dem Gang des Zeitgeistes. Doch wenn mir auch die Begriffe des *Heutigen*, des *Neuen*, des *Fremdartigen*, der Weg ins *Unbetretene* höchst anziehend waren, so konnten sie mir doch keineswegs an und für sich Wertbeweise bedeuten, und es hieße mich selber aufgeben, wollte ich, uneingedenk des in mir waltenden und an höchsten und kühnsten Meisterwerken genährten Kunstgefühls, an mein Herz nehmen, was der Tag bringt, nur weil es heutig oder neu, fremdartig oder gewagt ist. Höher als meine Pflicht gegen das Heute steht mir meine Verantwortung gegen die Kunst, der mein Leben gehört, und ich durfte mich nicht zum Anwalt solcher Tendenzen machen, die, wie ich überzeugt bin, zu ihrem Verderb führen können: es sind vor allem Atonalität und Zwölftonsystem, von denen ich hier spreche, die, wie ich fürchte, den Verfall der Musik androhen. Ihre überragende Bedeutung im zeitgenössischen musikalischen Schaffen macht es mir zur Pflicht, meinen Standpunkt — außer durch ihre Vermeidung in meinen Programmen — auch mit dem Wort zum Ausdruck zu bringen.

Den Begriff einer tonalen Musik halte ich für einen Pleonasmus, denn Musik ist ihrem Wesen nach tonal — alle unsere westliche Musik ruht auf der Tonalität. Wohl kann eine atonale Komposition hie und da durch Stimmungs-Qualitäten oder emotionalen Gehalt Eindruck auf künstlerisch veranlagte Menschen machen, aber nur auf solche, die nicht eigentlich musikalisch sind. Echte Musikalität wird durch keine Ausdruckselemente dazu gebracht werden, eine Tonsprache als Musik zu empfinden und anzuerkennen, die entgegen der Eigengesetzlichkeit unserer Kunst und der inneren Logik ihres zeitlichen Verlaufs von experimentierender Willkür erzeugt wurde. — Im Gegensatz zu diesem atonalen Schaffen steht die in strenge Gesetze eingezwängte Zwölftonmusik, das Erzeugnis eines abstrakten Systems, das die elementare Logik unserer musikalischen Fortschreitungen durch künstliche Regeln ersetzt. Für die Musik sind, wie schon früher erwähnt, die inhärenten Gesetze ihrer Fortschreitungen, was die Regeln der Grammatik für die Wortsprache bedeuten, und sowenig wie man ungrammatikalisch sprechen oder schreiben kann, ohne unverständlich zu werden oder sich an der Sprache zu vergehen, sowenig kann als Musik gelten und aufgefaßt werden, was wichtigste Eigengesetze der musikalischen Gestaltungen verletzt. Atonalität und Zwölftonsystem haben eine — negative — Gemeinsamkeit: beide lehnen die modulatorischen Wesensgesetze der Musik ab oder leugnen sie; ihre positive Verwandtschaft äußert sich in ihrer Abstraktheit — was sie hervorbringen, ist in einem tiefen Sinne lebensfern.

Trotz der Abstraktheit und Unfruchtbarkeit solchen musikalischen Esperantos haben aber Musiker von allgemeiner geistiger Lebendigkeit es zu ihrem Idiom gemacht und — eben durch die Intensität ihrer ungewöhnlichen allgemeinen Begabungen — ihr Schaffen mit einer beträchtlichen dialektischen Überredungskraft erfüllt. Da es ihnen an elemen-

tarer Musikalität fehlt, haben sie sich ein Kunstgebiet geschaffen, auf dem sie glauben dürfen, mittels ihrer vielseitigen musikalischen Bildung, fachlichen Tüchtigkeit und
konstruktiven Fähigkeiten – *unbeirrt* durch die Gnaden der
Inspiration, die ihnen nicht gegeben sind – eine durchaus
neuartige *zeitgemäße* Epoche musikalischen Schaffens her-
aufgeführt zu haben. Der lebendig schöpferische Vorgang
in der Kunst wurde durch die Einführung abstrakter Prinzipien des Schaffens, das Künstlerische durch das Künstliche
ersetzt. So spricht sich die entschiedene Richtung der Gegenwart, vom Seelischen fort zum Intellekt hin, auch in der
Musik aus.

Der *thematische Einfall*, dies Kind wahrhaft kreativen
Musikertums, ist ein Lebendgeborenes mit individuellen
Qualitäten, bei dessen Behandlung, Ausgestaltung und
Fortentwicklung der Erzeuger im Sinn der Eigenart seines
Kindes und nicht mit Willkür vorzugehen hat. Der wahre
Komponist verfährt nicht als Tyrann mit seiner themati-
schen Substanz, sondern wie ein fürsorglicher Vater folgt
er ihren individuellen Hinweisen auf Entwicklungsmöglich-
keiten, die seine bildende Phantasie befruchten und lenken.
Von solcher Art des Vorgehens, einem der Charakteristika
des wahrhaft musikalischen Schaffens, unterscheidet sich
grundsätzlich die systematisch konstruierende Methode der
Zwölftöner wie der willkürliche Schaffensakt der Atonalen.
Gleich Wagner, dem Famulus des Faust, »erklären sie, wie
sonst das Zeugen Mode war, für eitel Possen«, und statt eines
Lebendgeborenen bringen sie einen musikalischen Homun-
kulus, ein Künstliches, zur Welt, das durch ihre oft erstaunliche konstruktive Technik in der Tat als ein völlig neu-
artiges Kunstprodukt erscheinen mag.

Wir haben im Schaffen dieser Neutöner zweifellos eine
wichtige, ja symptomatische Erscheinung im kulturellen
Leben unserer Zeit anzuerkennen. Mir bedeutete es zugleich

ein rätselhaftes Erlebnis insofern, als Komponisten echt schöpferischer, ja genialer Begabung, von deren Frühwerken ich beglückt gewesen, mit deren Musikertum, auch in seinen kühnsten Manifestationen, ich mich verwandt gefühlt hatte, die verhängnisvolle Wendung vom Künstlerischen zum Künstlichen, von der Musik zur Unmusik, zu vollziehen, das heißt also, das Unvereinbare zu vereinbaren vermocht hatten. Unter dem starken Eindruck von der wirkungsvollen Verwendung solcher Unmusik im Dienst emotional echter Dramatik und Lyrik durch diese Komponisten fühlte ich mich wieder und wieder getrieben zu ergründen, ob es nicht vielleicht doch eine Art künstlerischer Engherzigkeit war, die mir das Verständnis für die radikale Änderung im musikalischen Zeugungsvorgang verschloß. Doch nein, ich war nicht engherzig, aber ich liebte die Musik, und ich konnte ihre Vergewaltigung nicht ertragen, noch weniger ihr Hilfe leisten.

Die Wendung vom natürlichen zum künstlichen Schaffen jener Komponisten ist wohl nur mit dem vielleicht unbewußten Drang zu erklären, ihre zu früh versiegenden schöpferischen Quellen durch Erschließung anderer innerer Kräfte zu ersetzen, Kräfte, die eben nicht mehr von dem ermattenden Seelischen her, sondern von dem höchst wachen Intellekt impulsiert werden. Auf diesem Wege können ihnen Musiker, denen solche Quellen vom Schicksal versagt waren, unschwer folgen, und so ist jene Komponisten-Generation entstanden, deren Werke auf eine starke und scharfe Intellektualität als ihren eigentlichen Ursprungsbezirk hinweisen. Wie im Schaffen offenbart sie sich häufig auch in ihrem Kunstdenken, und ich kann die unbeirrbare Sicherheit, Zielbewußtheit und das fachliche Können in ihrem Werke, wie die Denkschärfe in ihren oft interessanten theoretischen Darlegungen, nur bewundern — wenngleich gerade diese Vorzüge die führende Rolle des Intellekts in ihrem inneren Haushalt in ein gar zu klares Licht setzen. Und ich glaube eben nicht, daß die Vorgänge im inneren Haushalt einer Künstlerpersönlichkeit vom Intellekt gelenkt werden können. So interessante Wege sein klares, kühles Licht weisen mag — aus tieferen Schichten des Menschenwesens müssen Wärmeströme quellen, ohne die kein musikalisches Erleben und Schaffen in ihm singend erblühen und Frucht bringen können. Der Intellekt aber singt nicht, blüht nicht und trägt nicht Frucht. Da ihm also keine Autorität im Bereich der Kunst zukommt, muß ich es auch ablehnen, den Theorien und der beredsamen Dialektik von der Seite der Atonalen und Zwölftöner mit Gegengründen aus dem gleichen Bereich, dem des Intellekts, zu antworten.

Was für die Vertreter jener Bewegung spricht, ist — neben dem Eindruck, daß sie können was sie wollen — ihre Tapferkeit und ihr konzessionsloser Wagemut, das heißt also moralische Vorzüge. Die kulturellen Auswirkungen dagegen dieser Qualitäten erinnern mich an den Vorgang am Schluß des zweiten Aktes in Wagners Parsifal: »der Garten verdorrt zur Einöde«.

Doch selbst die Einöde übt, wie es scheint, ihre Anziehung aus, ja sie findet sogar ihre Bewunderer, wenn auch solche anderer Art als derer, die beglückt die hohen Schönheiten des Gartens genossen hatten. Neben denen, die die Einöde ernstlich erforschen wollen, weil es sie drängt, sich mit den Erzeugnissen eines besonderen *Kunstklimas* der Gegenwart auseinanderzusetzen, neben allgemein geistig Interessierten, neben Sensationsbedürftigen, neben Freunden des Experiments, haben jene extremen Erscheinungen in der Musik, wie in den anderen Künsten, auch einen neuen Typus hervorgebracht: den Philister der Moderne. In früheren Zeiten nannte man die, die in der Kunst nur das Gewohnte gelten ließen und alles Neue ablehnten, philiströs. Der Kunst-Snob, der alles Neue akzeptiert, weil es eben modern ist, und es verschmäht, sich überhaupt noch mit der Kunst einer früheren Epoche abzugeben, erscheint mir als ein ebensolcher Philister. Aus diesem Typus ist dem *modernen* Schaffen ein beträchtlicher Teil seiner Anhänger erstanden, und selbst die wildesten Auswüchse und Experimente der Kunst finden die Zustimmung solcher Unselbständigen und Urteilslosen. Sie bedeuten eine Gefahr für das kulturelle Leben, weil sie allem, was ihnen geboten wird, statt offener Seelenbereitschaft die stumpfe Gebundenheit an ein Schlagwort — *modern* —, sei es in zustimmender oder ablehnender Voreingenommenheit, entgegenbringen.

Ich betrachte es nicht als meine Aufgabe, hier ein umfassendes Bild der musikalischen Gegenwart zu geben. Die Vielfalt des heutigen musikalischen Geschehens darzustellen, wäre eine Aufgabe der Musikwissenschaft. Mir war es darum zu tun, an charakteristisch hervortretenden Vorgängen in der Musik und ihren Wirkungen auf mein Leben ein besseres Verständnis für den Kulturwandel in der gegenwärtigen Epoche zu gewinnen und daraus zu ergründen, warum ich dem Gefühl meiner Pflicht gegen die Gegenwart und meinem tiefen Interesse für das Heute keinen lebendigen Ausdruck in meiner Tätigkeit als Dirigent geben konnte. Nun, gewiß übt die Gegenwart eine legitime Macht aus, und als unabweisbar müssen wir die Ansprüche anerkennen, die sie an uns stellt. Aber wenn auch alles, was in ihr geschieht, in einem gewissen Sinne eine bleibende und nachwirkende Qualität hat, die Gegenwart selbst vergeht — sie ist ebenso vergänglich wie sie mächtig ist. Bedeutet das nicht eine Hoffnung und eine Mahnung, der Daueransprüche noch weit höherer Mächte immer bewußt zu bleiben? So war ich, neben den Bemühungen, dem Heute gerecht zu werden, stets bestrebt, den Blick weit hinaus über das bedrückende Bild der Gegenwart dahin zu richten, woher uns die zeitlosen Kraftquellen zuströmen. Ohne mich über die weltweite Menschheitskrise zu täuschen, die uns heute am Geist, ja vielleicht selbst am Leben bedroht, und die sich bis in die Verfallserscheinungen auf den künstlerischen Gebieten auswirkt, konnte ich mir so eine tiefe Zuversicht und stete Bereitschaft bewahren. Zeigen sich heute die Musen erschöpft, hat ein kalter Seelenherbst dem Blühen und Fruchttragen ein zeitweiliges Ende gemacht, richten sich die Begabungen und Bestrebungen der jetzigen Generation im wesentlichen aufs Materielle und Technische, ist, wie das tellurische, so auch das geistige Klima unserer Epoche bedrohlich verändert, so sagt mir jene Zuversicht, daß der Genius der Menschheit die Krankheits-Epoche überleben kann, wenn er die geistigen und moralischen Kräfte wieder mobilisieren wird, die aus jenen Quellen gespeist werden. »Wo aber Gefahr ist, wächst das Rettende auch« — mit diesem Wort des Dichters und Sehers Friedrich Hölderlin aus seinem gewaltigen Gedicht »Patmos« und mit dem Bekenntnis meines innigen Glaubens an seine feierliche Verheißung sei also dies dissonante Kapitel konsonant beendet.

EPILOG

Mir ist im hohen Alter das Glück zuteil geworden, in die Welt der Anthroposophie eingeführt zu werden und mich im Laufe der letzten Jahre in die Lehre Rudolf Steiners versenken zu können. Hier lebt und wirkt jenes Rettende im Hölderlinschen Sinn; sein Segen hat sich auch auf mich ergossen, und so soll denn dies Buch mit dem Bekenntnis zur Anthroposophie ausklingen. Es gibt kein Gebiet meines Innenlebens, das nicht von der hohen Lehre Rudolf Steiners neues Licht und entscheidende Förderung empfangen hätte. Doch wage ich hier nur als Musiker zu sprechen — ich müßte mich sonst ins Grenzenlose verlieren. Als solcher aber durfte ich mit anfänglicher Verwunderung und späterer tiefer Genugtuung aus den Strahlen, die aus der anthroposophischen Lichtquelle auch auf die Musik fallen, erfahren, daß ich vom dunklen Drang meiner Jugendjahre wie vom folgenden bewußten Suchen nach Erkenntnis auf den rechten Weg gewiesen worden war, und daß die aus meinem Musikertum entstandenen Gedanken über Ursprung und Wesen der Musik vor der anthroposophischen Anschauung bestehen können. Ja, mehr als das: sie finden in der erhabenen Weltschau Rudolf Steiners eine unendlich vertiefte, weisheitsvollere Begründung und eine Erweiterung, wie sie mir mein

Musikertum allein nie hätte gewähren können, und die meine mehr intuitiven Erkenntnisse zur Gewißheit machten. Nichts hätte mich über die mir angeborene Richtung zur Anthroposophie überzeugender aufklären können als die Erfahrung, daß der grundlegende Teil dieses Buches, der lange vor meiner ersten Berührung mit der Lehre Rudolf Steiners geschrieben war, seine wesentliche Gültigkeit auch im Schein der mir so spät gewordenen höheren Einsicht bewahrte. Freilich, die Einheitlichkeit dieses meines musikalischen Testamentes fand ich durch die bis dahin nicht geahnte plötzliche Geistesfülle, die mitten während seiner Abfassung mein Leben überflutete, in Frage gestellt. Da aber, wie gesagt, der damals vorhandene Teil des Buches im wesentlichen mit den Aufschlüssen und Aussagen Rudolf Steiners über die Musik wunderbar übereinstimmte, so fühlte ich mich ermutigt, den einmal eingeschlagenen Weg fortzusetzen, mit anderen Worten, weiterhin als fachlicher Musiker zu schreiben und nicht als Anthroposoph. Was ich hier geschrieben, ist also nicht auf dem Boden der Anthroposophie entstanden, doch fühle ich mich in dem kühnen Glauben sicher, daß sie es im wesentlichen billigen kann. Eine aus der anthroposophischen Weltschau entstandene umfassende Deutung der Musik ist freilich erst zu erwarten, und es wird Sache erfahrenerer Jünger Rudolf Steiners sein als ich es bin, sie der Welt zu schenken. Sie wird nicht weniger als eine grundsätzlich neue Methode einer, ich möchte sagen, elementarischen musikgeschichtlichen Darstellung im Zusammenhang mit ihrer integralen Einordnung in die allgemeine Geistesgeschichte der Menschheit schaffen und als systematische Ausgestaltung anthroposophischer Ideen über Wesen und Bedeutung der Musik die menschliche Weite und Fruchtbarkeit seiner Lehre bestätigen.

Ich bin mir klar, daß ein solches Werk nicht meine Sache sein kann — eine andere, eine tiefere Vertrautheit mit dem

Lehrgebäude, das Rudolf Steiner errichtete, wäre dazu erforderlich als die, die ich mir in den wenigen Jahren meiner Bemühungen hatte erwerben können. Doch drängt es mich, all das, was ich hier als Musiker geschrieben, mit einem Wort an die Anthroposophie zu beschließen. Denn — ich wiederhole es — groß ist meine Dankbarkeit für die unermeßliche Bereicherung, die sie meinem hohen Alter gewährt hat. Es ist herrlich, in meinen Jahren noch einmal Schüler geworden zu sein. Ich fühle in meinem ganzen Wesen die Verjüngung, die stärkend und erneuernd auch auf mein Musikertum, ja auf mein Musizieren wirkt. Diese besondere Dankbarkeit des Musikers geht aber völlig auf in dem überwältigenden Gefühl einer allgemeinen Dankbarkeit, das mich erfüllt und das zu bekennen es mich drängt. In dieses Gefühl mündet nun mein wechselvolles, vielbewegtes, musik-gesegnetes Leben: in Dankbarkeit lebe ich, blicke in die Vergangenheit, blicke in das Künftige — und blicke ich nach oben.

Beverly Hills
August 1955